COLLECTION
LITTÉRATURES ET CULTURES

ANALYSES, DOCUMENTS ET ICONOGRAPHIE

MICHEL THÉRIEN, MURIELLE DE SERRES ET JULIE JEAN

La Vie devant soi

Romain Gary/Émile Ajar

Texte intégral du roman

Beauchemin

COLLECTION
LITTÉRATURES ET CULTURES

ANALYSES, DOCUMENTS ET ICONOGRAPHIE

MICHEL THÉRIEN, MURIELLE DE SERRES ET JULIE JEAN

© 1996 **Éditions Beauchemin ltée**
3281, avenue Jean-Béraud
Laval (Québec) H7T 2L2
Téléphone : (514) 334-5912
              1 800 361-4504
Télécopieur : (514) 688-6269

ISBN : 2-7616-0677-9

La Vie devant soi
Romain Gary/Émile Ajar
© 1975 Mercure de France

Dépôt légal 1er trimestre 1996
Bibliothèque nationale du Québec   Imprimé au Canada
Bibliothèque nationale du Canada   2 3 4 5   99 98 97

Supervision éditoriale : Andrée Lacombe
Production : Carole Ouimet, Andrée Bisson
Révision linguistique : François Morin
Correction d'épreuves : Suzie Le May
Mise en pages : Les éditions Multi
Illustration de la couverture : Michel Poirier
Impression : Imprimerie Gagné

TABLE DES MATIÈRES

Né en Russie en 1914, venu en France à l'âge de quatorze ans, Romain Gary a fait ses études secondaires à Nice et son droit à Paris.

Engagé dans l'aviation en 1938, il est instructeur de tir à l'École de l'air de Salon. En juin 1940, il rejoint la France libre. Capitaine à l'escadrille Lorraine, il prend part à la bataille d'Angleterre et aux campagnes d'Afrique, d'Abyssinie, de Libye et de Normandie de 1940 à 1944. Il sera fait commandeur de la Légion d'honneur et Compagnon de la Libération. Il entre au ministère des Affaires étrangères en 1945 comme secrétaire et conseiller d'ambassade à Sofia, à Berne, puis à la Direction d'Europe au Quai d'Orsay. Porte-parole à l'O.N.U. de 1952 à 1956, il est ensuite nommé chargé d'affaires en Bolivie et consul général à Los Angeles. Quittant la carrière diplomatique en 1961, il parcourt le monde pendant dix ans pour des publications américaines et tourne comme auteur-réalisateur deux films, Les oiseaux vont mourir au Pérou (1968) et Kill (1972). Il a été marié à la comédienne Jean Seberg de 1962 à 1970.

Dès l'adolescence, la littérature va toujours tenir la première place dans la vie de Romain Gary. Pendant la guerre, entre deux missions, il écrivait Éducation européenne qui fut traduit en vingt-sept langues et obtint le prix des Critiques en 1945. Les Racines du ciel reçoivent le prix Goncourt en 1956. Son œuvre compte une trentaine de romans, essais, souvenirs.

Romain Gary s'est donné la mort le 2 décembre 1980. Quelques mois plus tard, on a révélé que Gary était aussi l'auteur des quatre romans signés Émile Ajar.

Ils ont dit : «Tu es devenu fou à cause de Celui que tu aimes.»

J'ai dit : «La saveur de la vie n'est que pour les fous.»

Yâfi'î, *Raoudh al rayâhîn.*

La première chose que je peux vous dire c'est qu'on habitait au sixième à pied et que pour Madame Rosa, avec tous ces kilos qu'elle portait sur elle et seulement deux jambes, c'était une vraie source de vie quotidienne, avec tous les soucis et les peines. Elle nous le rappelait chaque fois qu'elle ne se plaignait pas d'autre part, car elle était également juive. Sa santé n'était pas bonne non plus et je peux vous dire aussi dès le début que c'était une femme qui aurait mérité un ascenseur.

Je devais avoir trois ans quand j'ai vu Madame Rosa pour la première fois. Avant, on n'a pas de mémoire et on vit dans l'ignorance. J'ai cessé d'ignorer à l'âge de trois ou quatre ans et parfois ça me manque.

Il y avait beaucoup d'autres Juifs, Arabes et Noirs à Belleville, mais Madame Rosa était obligée de grimper les six étages seule. Elle disait qu'un jour elle allait mourir dans l'escalier, et tous les mômes se mettaient à pleurer parce que c'est ce qu'on fait toujours quand quelqu'un meurt. On était tantôt six ou sept tantôt même plus là-dedans.

Au début, je ne savais pas que Madame Rosa s'occupait de moi seulement pour toucher un mandat à la fin du mois. Quand je l'ai appris, j'avais déjà six ou sept ans et ça m'a fait un coup de savoir que j'étais payé. Je croyais que Madame Rosa m'aimait pour rien et qu'on était quelqu'un l'un pour l'autre. J'en ai pleuré toute une nuit et c'était mon premier grand chagrin.

Madame Rosa a bien vu que j'étais triste et elle m'a expliqué que la famille ça ne veut rien dire et qu'il y en a même qui partent en vacances en abandonnant leurs chiens attachés à des arbres et que chaque année il y a trois mille chiens qui meurent ainsi privés de l'affection des siens. Elle m'a pris sur ses genoux et elle m'a juré que j'étais ce qu'elle avait de plus cher au monde mais j'ai tout de suite pensé au mandat et je suis parti en pleurant.

Je suis descendu au café de Monsieur Driss en bas et je m'assis en face de Monsieur Hamil qui était marchand de tapis ambulant en France et qui a tout vu. Monsieur Hamil a de beaux yeux qui font du bien autour de lui. Il était déjà très vieux quand je l'ai connu et depuis il n'a fait que vieillir.

— Monsieur Hamil, pourquoi vous avez toujours le sourire?

— Je remercie ainsi Dieu chaque jour pour ma bonne mémoire, mon petit Momo.

Je m'appelle Mohammed mais tout le monde m'appelle Momo pour faire plus petit.

— Il y a soixante ans, quand j'étais jeune, j'ai rencontré une jeune femme qui m'a aimé et que j'ai aimée aussi. Ça a duré huit mois, après, elle a changé de maison, et je m'en souviens encore, soixante ans après. Je lui disais : je ne t'oublierai pas. Les années passaient, je ne l'oubliais pas. J'avais parfois peur car j'avais encore beaucoup de vie devant moi et quelle parole pouvais-je donner à moi-même, moi, pauvre homme, alors que c'est Dieu qui tient la gomme à effacer? Mais maintenant, je suis tranquille. Je ne vais pas oublier Djamila. Il me reste très peu de temps, je vais mourir avant.

J'ai pensé à Madame Rosa, j'ai hésité un peu et puis j'ai demandé :

— Monsieur Hamil, est-ce qu'on peut vivre sans amour?

Il n'a pas répondu. Il but un peu de thé de menthe qui est bon pour la santé. Monsieur Hamil portait toujours une jellaba grise, depuis quelque temps, pour ne pas être surpris en veston s'il était appelé. Il m'a regardé et a observé le silence. Il devait penser que j'étais encore interdit aux mineurs et qu'il y avait des choses que je ne devais pas savoir. En ce moment je devais avoir sept ans ou peut-être huit, je ne peux pas vous dire juste parce que je n'ai pas été daté, comme vous allez voir quand on se connaîtra mieux, si vous trouvez que ça vaut la peine.

— Monsieur Hamil, pourquoi ne me répondez-vous pas?

— Tu es bien jeune et quand on est très jeune, il y a des choses qu'il vaut mieux ne pas savoir.

— Monsieur Hamil, est-ce qu'on peut vivre sans amour?

— Oui, dit-il, et il baissa la tête comme s'il avait honte.

Je me suis mis à pleurer.

Pendant longtemps, je n'ai pas su que j'étais arabe parce que personne ne m'insultait. On me l'a seulement appris à l'école. Mais je ne me battais jamais, ça fait toujours mal quand on frappe quelqu'un.

Madame Rosa était née en Pologne comme Juive mais elle s'était défendue au Maroc et en Algérie pendant plusieurs années et elle savait l'arabe comme vous et moi. Elle savait aussi le juif pour les mêmes raisons et on se parlait souvent dans cette langue. La plupart des autres locataires de l'immeuble étaient des Noirs. Il y a trois foyers noirs rue Bisson et deux autres où ils vivent par tribus, comme ils font ça en Afrique. Il y a surtout les Sarakollé, qui sont les plus nombreux et les Toucouleurs, qui sont pas mal non plus. Il y a beaucoup d'autres tribus rue Bisson mais je n'ai pas le temps de vous les nommer toutes.

Le reste de la rue et du boulevard de Belleville est surtout juif et arabe. Ça continue comme ça jusqu'à la Goutte d'Or et après c'est les quartiers français qui commencent.

Au début je ne savais pas que je n'avais pas de mère et je ne savais même pas qu'il en fallait une. Madame Rosa évitait d'en parler pour ne pas me donner des idées. Je ne sais pas pourquoi je suis né et qu'est-ce qui s'est passé exactement. Mon copain le Mahoute qui a plusieurs années de plus que moi m'a dit que c'est les conditions d'hygiène qui font ça. Lui était né à la Casbah à Alger et il était venu en France seulement après. Il n'y avait pas encore d'hygiène à la Casbah et il était né parce qu'il n'y avait ni bidet ni eau potable ni rien. Le Mahoute a appris tout cela plus tard, quand son père a cherché à se justifier et lui a juré qu'il n'y avait aucune mauvaise volonté chez personne. Le Mahoute m'a dit que les femmes qui se défendent ont maintenant une pilule pour l'hygiène mais qu'il était né trop tôt.

Il y avait chez nous pas mal de mères qui venaient une ou deux fois par semaine mais c'était toujours pour les autres. Nous étions presque tous des enfants de putes chez Madame Rosa, et quand elles partaient plusieurs mois en province pour se défendre là-bas, elles venaient voir leurs mômes avant et après. C'est comme ça que j'ai commencé à avoir des ennuis avec ma mère. Il me semblait que tout le monde en avait une sauf moi. J'ai commencé à avoir des crampes d'estomac et des convulsions pour la faire venir. Il y avait sur le trottoir d'en face un môme qui avait un ballon et qui m'avait dit que sa mère venait toujours quand il avait mal au ventre. J'ai eu mal au ventre mais ça n'a rien donné et ensuite j'ai eu des convulsions, pour rien aussi. J'ai même chié partout dans l'appartement pour plus de remarque. Rien. Ma mère n'est pas venue et Madame Rosa m'a traité de cul d'Arabe pour la première fois, car elle n'était pas française. Je lui hurlais que je voulais voir ma mère et pendant des semaines j'ai continué à chier partout pour me venger. Madame Rosa a fini par me dire que si je continuais c'était l'Assistance publique et là j'ai eu peur, parce que l'Assistance publique c'est la première chose qu'on apprend aux enfants. J'ai continué à chier pour le principe mais ce n'était pas une vie. On était alors sept enfants de putes en pension chez Madame Rosa et ils se sont tous mis à chier à qui mieux mieux car il n'y a rien de plus conformiste que les mômes et il y avait tant de caca partout que je passais inaperçu là-dedans.

Madame Rosa était déjà vieille et fatiguée même sans ça et elle le prenait très mal parce qu'elle avait déjà été persécutée comme Juive. Elle grimpait ses six étages plusieurs fois par jour avec ses quatre-vingt-quinze kilos et ses deux pauvres jambes et quand elle entrait et qu'elle sentait le caca, elle se laissait tomber avec ses paquets dans son fauteuil et elle se mettait à pleurer car il faut la comprendre. Les Français sont cinquante millions d'habitants et elle disait que s'ils avaient tous fait comme nous même les Allemands n'auraient pas résisté, ils auraient foutu le camp. Madame Rosa avait bien connu l'Allemagne pendant la guerre mais elle en était revenue. Elle entrait, elle sentait le caca, et elle se mettait à gueuler «C'est Auschwitz! C'est Auschwitz!», car elle avait été déportée à Auschwitz pour les Juifs. Mais elle était toujours très correcte sur le plan raciste. Par exemple il y avait chez nous un petit Moïse qu'elle traitait de sale bicot mais jamais moi. Je ne me rendais pas compte à l'époque que malgré son poids elle avait de la délicatesse. J'ai finalement laissé tomber, parce que ça ne donnait rien et ma mère ne venait pas mais j'ai continué à avoir des crampes et des convulsions pendant longtemps et même maintenant ça me fait parfois mal au ventre. Après j'ai essayé de me faire remarquer autrement. J'ai commencé à chaparder dans les magasins, une tomate ou un melon à l'étalage. J'attendais toujours que quelqu'un regarde pour que ça se voie. Lorsque le patron sortait et me donnait une claque je me mettais à hurler, mais il y avait quand même quelqu'un qui s'intéressait à moi.

Une fois, j'étais devant une épicerie et j'ai volé un œuf à l'étalage. La patronne était une femme et elle m'a vu. Je préférais voler là où il y avait une femme car la seule chose que j'étais sûr, c'est que ma mère était une femme, on ne peut pas autrement. J'ai pris un œuf et je l'ai mis dans ma poche. La patronne est venue et j'attendais qu'elle me donne une gifle pour être bien remarqué. Mais elle s'est accroupie à côté de moi et elle m'a caressé la tête. Elle m'a même dit :

— Qu'est-ce que tu es mignon, toi!

J'ai d'abord pensé qu'elle voulait ravoir son œuf par les sentiments et je l'ai bien gardé dans ma main, au fond de ma poche. Elle n'avait qu'à me donner une claque pour me punir, c'est ce qu'une mère doit faire quand elle vous remarque. Mais elle s'est levée, elle est allée au comptoir et elle m'a donné encore un œuf. Et puis elle m'a embrassé. J'ai eu un moment d'espoir que je ne peux pas vous décrire parce que ce n'est pas possible. Je suis resté toute la matinée devant le magasin à attendre. Je ne sais pas ce que j'attendais. Parfois la bonne femme me souriait et je restais là avec mon œuf à la main. J'avais six ans ou dans les environs et je croyais que c'était pour la vie, alors que c'était seulement un œuf. Je suis rentré chez moi et j'ai eu mal au ventre toute la journée. Madame Rosa était à la police pour un faux témoignage que Madame Lola lui avait demandé. Madame Lola était une travestie de quatrième étage qui travaillait au Bois de Boulogne et qui avait été champion de boxe au Sénégal avant de traverser et elle avait assommé un client au Bois qui était mal tombé comme sadique, parce qu'il ne

12

pouvait pas savoir. Madame Rosa était allée témoigner qu'elle avait été au cinéma avec Madame Lola ce soir-là et qu'après elles ont regardé la télévision ensemble. Je vous parlerai encore plus de Madame Lola, c'était vraiment une personne qui n'était pas comme tout le monde car il y en a. Je l'aimais bien pour ça.

Les gosses sont tous très contagieux. Quand il y en a un, c'est tout de suite les autres. On était alors sept chez Madame Rosa, dont deux à la journée, que Monsieur Moussa l'éboueur bien connu déposait au moment des ordures à six heures du matin, en absence de sa femme qui était morte de quelque chose. Il les reprenait dans l'après-midi pour s'en occuper. Il y avait Moïse qui avait encore moins d'âge que moi, Banania qui se marrait tout le temps parce qu'il était né de bonne humeur, Michel qui avait eu des parents vietnamiens et que Madame Rosa n'allait pas garder un jour de plus depuis un an qu'on ne la payait pas. Cette Juive était une brave femme mais elle avait des limites. Ce qui se passait souvent, c'est que les femmes qui se défendaient allaient loin où c'était très bien payé et il y avait beaucoup de demande et elles confiaient leur gosse à Madame Rosa pour ne plus revenir. Elles partaient et plouff. Tout ça, c'est des histoires de mômes qui n'avaient pas pu se faire avorter à temps et qui n'étaient pas nécessaires. Madame Rosa les plaçait parfois dans des familles qui se sentaient seules et qui étaient dans le besoin, mais c'était difficile car il y a des lois. Quand une femme est obligée de se défendre, elle n'a pas le droit d'avoir la puissance paternelle, c'est la prostitution qui veut ça. Alors elle a peur d'être déchue et elle cache son môme pour ne pas le voir confié. Elle le met en garderie chez des personnes qu'elle connaît et où il y a la discrétion assurée. Je ne peux pas vous dire tous les enfants de putes que j'ai vus passer chez Madame Rosa, mais il y en avait peu comme moi qui étaient là à titre définitif. Les plus longs après moi, c'étaient Moïse, Banania et le Vietnamien, qui a été finalement pris par un restaurant rue Monsieur le Prince et que je ne reconnaîtrais plus si je le rencontrais maintenant, tellement c'est loin.

Quand j'ai commencé à réclamer ma mère, Madame Rosa m'a traité de petit prétentieux et que tous les Arabes étaient comme ça, on leur donne la main, ils veulent tout le bras. Madame Rosa n'était pas comme ça elle-même, elle le disait seulement à cause des préjugés et je savais bien que j'étais son préféré. Quand je me mettais à gueuler, les autres se mettaient à gueuler aussi et Madame Rosa s'est trouvée avec sept gosses qui réclamaient leur mère avec des hurlements à qui mieux mieux et elle a fait une véritable crise d'hystérie collective. Elle s'arrachait les cheveux qu'elle n'avait déjà pas et elle avait des larmes qui coulaient d'ingratitude. Elle s'est caché le visage dans les mains et a continué à pleurer mais cet âge est sans pitié. Il y avait même du plâtre qui tombait du mur, pas parce que Madame Rosa pleurait, c'était seulement des dégâts matériels.

Madame Rosa avait des cheveux gris qui tombaient eux aussi parce qu'ils n'y tenaient plus tellement. Elle avait très peur de devenir chauve, c'est une chose terrible pour une femme qui n'a plus grand-chose d'autre. Elle avait plus de fesses et de seins que n'importe qui et quand elle se regardait dans le miroir elle se faisait de grands sourires, comme si elle cherchait à se plaire. Dimanche elle s'habillait des pieds à la tête, mettait sa perruque rousse et allait s'asseoir dans le square Beaulieu et restait là pendant plusieurs heures avec élégance. Elle se maquillait plusieurs fois par jour mais qu'est-ce que vous voulez y faire. Avec la perruque et le maquillage ça se voyait moins et elle mettait toujours des fleurs dans l'appartement pour que ce soit plus joli autour d'elle.

Quand elle s'est calmée, Madame Rosa m'a traîné au petit endroit et m'a traité de meneur et elle m'a dit que les meneurs étaient toujours punis de prison. Elle m'a expliqué que ma mère voyait tout ce que je faisais et que si je voulais la retrouver un jour, je devais avoir une vie propre et honnête, sans délinquance juvénile. Le petit endroit était encore plus petit que ça et Madame Rosa n'y tenait pas tout entière, à cause de son étendue et c'était même curieux combien il y en avait pour une personne si seule. Je crois qu'elle devait se sentir encore plus seule, là-dedans.

Lorsque les mandats cessaient d'arriver pour l'un d'entre nous, Madame Rosa ne jetait pas le coupable dehors. C'était le cas du petit Banania, son père était inconnu et on ne pouvait rien lui reprocher; sa mère envoyait un peu d'argent tous les six mois et encore. Madame Rosa engueulait Banania mais celui-ci s'en foutait parce qu'il n'avait que trois ans et des sourires. Je pense que Madame Rosa aurait peut-être donné Banania à l'Assistance mais pas son sourire et comme on ne pouvait pas l'un sans l'autre, elle était obligée de les garder tous les deux. C'est moi qui étais chargé de conduire Banania dans les foyers africains de la rue Bisson pour qu'il voie du noir, Madame Rosa y tenait beaucoup.

— Il faut qu'il voie du noir, sans ça, plus tard, il va pas s'associer.

Je prenais donc Banania et je le conduisais à côté. Il était très bien reçu car ce sont des personnes dont les familles sont restées en Afrique et un enfant, ça fait toujours penser à un autre. Madame Rosa ne savait pas du tout si Banania qui s'appelait Touré était un Malien ou un Sénégalais ou un Guinéen ou autre chose, sa mère se défendait rue

Saint-Denis avant de partir en maison à Abidjan et ce sont des choses qu'on ne peut pas savoir dans le métier. Moïse était aussi très irrégulier mais là Madame Rosa était coincée parce que l'Assistance publique ils pouvaient pas se faire ça entre Juifs. Pour moi, le mandat de trois cents francs arrivait chaque début de mois et j'étais inattaquable. Je crois que Moïse avait une mère et qu'elle avait honte, ses parents ne savaient rien et elle était d'une bonne famille et puis Moïse était blond avec des yeux bleus et sans le nez signalitique et c'étaient des aveux spontanés, il n'y avait qu'à le regarder.

Mes trois cents francs par mois rubis sur ongle infligeaient à Madame Rosa du respect à mon égard. J'allais sur mes dix ans, j'avais même des troubles de précocité parce que les Arabes bandent toujours les premiers. Je savais donc que je représentais pour Madame Rosa quelque chose de solide et qu'elle y regarderait à deux fois avant de faire sortir le loup des bois. C'est ce qui s'est passé dans le petit endroit quand j'avais six ans. Vous me direz que je mélange les années, mais ce n'est pas vrai, et je vous expliquerai quand ça me viendra comment j'ai brusquement pris un coup de vieux.

— Écoute, Momo, tu es l'aîné, tu dois donner l'exemple, alors ne nous fais plus le bordel ici avec ta maman. Vos mamans, vous avez la chance de ne pas les connaître, parce qu'à votre âge, il y a encore la sensibilité, et c'est des putains comme c'est pas permis, on croit même rêver, des fois. Tu sais ce que c'est, une putain?

— C'est des personnes qui se défendent avec leur cul.

— Je me demande où tu as appris des horreurs pareilles, mais il y a beaucoup de vérité dans ce que tu dis.

— Vous aussi, vous vous êtes défendue avec votre cul, Madame Rosa, quand vous étiez jeune et belle?

Elle a souri, ça lui faisait plaisir d'entendre qu'elle avait été jeune et belle.

— Tu es un bon petit, Momo, mais tiens-toi tranquille. Aide-moi. Je suis vieille et malade. Depuis que je suis sortie d'Auschwitz, je n'ai eu que des ennuis.

Elle était si triste qu'on ne voyait même pas qu'elle était moche. Je lui ai mis les bras autour du cou et je l'ai embrassée. On disait dans la rue que c'était une femme sans cœur et c'est vrai qu'il n'y avait personne pour s'en occuper. Elle avait tenu le coup sans cœur pendant soixante-cinq ans et il y avait des moments où il fallait lui pardonner.

Elle pleurait tellement que j'ai eu envie de pisser.

— Excusez-moi, Madame Rosa, j'ai envie de pisser.

Après, je lui ai dit :

— Madame Rosa, bon, pour ma mère je sais bien que c'est pas possible, mais est-ce qu'on pourrait pas avoir un chien à la place?

— Quoi? Quoi? Tu crois qu'il y a de la place pour un chien là-dedans? Et avec quoi je vais le nourrir? Qui est-ce qui va lui envoyer des mandats?

Mais elle n'a rien dit quand j'ai volé un petit caniche gris tout frisé au chenil rue Calefeutre et que je l'ai amené à la maison. Je suis entré dans le chenil, j'ai demandé si je pouvais caresser le caniche et la propriétaire m'a donné le chien quand je l'ai regardée comme je sais le faire. Je l'ai pris, je l'ai caressé et puis j'ai foutu le camp comme une flèche. S'il y a une chose que je sais faire, c'est courir. On ne peut pas sans ça, dans la vie.

Je me suis fait un vrai malheur avec ce chien. Je me suis mis à l'aimer comme c'est pas permis. Les autres aussi, sauf peut-être Banania, qui s'en foutait complètement, il était déjà heureux comme ça, sans raison, j'ai encore jamais vu un Noir heureux avec raison. Je tenais toujours le chien dans mes bras et je n'arrivais pas à lui trouver un nom. Chaque fois que je pensais à Tarzan ou Zorro je sentais qu'il y avait quelque part un nom qui n'avait encore personne et qui attendait. Finalement j'ai choisi Super mais sous toutes réserves, avec possibilité de changer si je trouvais quelque chose de plus beau. J'avais en moi des excès accumulés et j'ai tout donné à Super. Je sais pas ce que j'aurais fait sans lui, c'était vraiment urgent, j'aurais fini en tôle, probablement. Quand je le promenais, je me sentais quelqu'un parce que j'étais tout ce qu'il avait au monde. Je l'aimais tellement que je l'ai même donné. J'avais déjà neuf ans ou autour et on pense déjà, à cet âge, sauf peut-être quand on est heureux. Il faut dire aussi sans vouloir vexer personne que chez Madame Rosa, c'était triste, même quand on a l'habitude. Alors lorsque Super a commencé à grandir pour moi au point de vue sentimental, j'ai voulu lui faire une vie, c'est ce que j'aurais fait pour moi-même, si c'était possible. Je vous ferai remarquer que ce n'était pas n'importe qui non plus, mais un caniche. Il y a une dame qui a dit oh le beau petit chien et qui m'a demandé s'il était à moi et à vendre. J'étais mal fringué, j'ai une tête pas de chez nous et elle voyait bien que c'était un chien d'une autre espèce.

Je lui ai vendu Super pour cinq cents francs et il faisait vraiment une affaire. J'ai demandé cinq cents francs à la bonne femme parce que je voulais être sûr qu'elle avait les moyens. Je suis bien tombé, elle avait même une voiture avec chauffeur et elle a tout de suite mis Super dedans, au cas où j'aurais des parents qui allaient gueuler. Alors maintenant je vais vous dire, parce que vous n'allez pas me croire. J'ai pris les cinq cents francs et je les ai foutus dans une bouche d'égout. Après je me suis assis sur un trottoir et j'ai chialé comme un veau avec les poings dans les yeux mais j'étais heureux. Chez Madame Rosa il y avait pas la sécurité et on ne tenait tous qu'à un fil, avec la vieille malade, sans argent et avec l'Assistance publique sur nos têtes et c'était pas une vie pour un chien.

Quand je suis rentré à la maison et que je lui ai dit que j'ai vendu Super pour cinq cents francs et que j'ai foutu l'argent dans une bouche d'égout, Madame Rosa a eu une peur bleue, elle m'a regardé et elle a couru s'enfermer à double clé dans sa piaule. Après ça, elle s'enfermait toujours à clé pour dormir, des fois que je lui couperais la gorge encore une fois. Les autres mômes ont fait un raffut terrible quand ils ont su, parce qu'ils n'aimaient pas vraiment Super, c'était seulement pour jouer.

On était alors un tas, sept ou huit. Il y avait Salima, que sa mère avait réussi à sauver quand les voisins l'ont dénoncée comme pute sur trottoir et qu'elle a eu une descente de l'Assistance sociale pour indignité. Elle a interrompu le client et elle a pu faire sortir Salima qui était à la cuisine par la fenêtre au rez-de-chaussée et l'a cachée pendant toute la nuit dans une poubelle. Elle est arrivée chez Madame Rosa le matin avec la môme qui sentait l'ordure dans un état d'hystérie. Il y avait aussi de passage Antoine qui était un vrai Français et le seul d'origine et on le regardait tous attentivement pour voir comment c'est fait. Mais il n'avait que deux ans, alors on voyait pas grand-chose. Et puis je ne me souviens plus qui, ça changeait tout le temps avec les mères qui venaient reprendre leurs mômes. Madame Rosa disait que les femmes qui se défendent n'ont pas assez de soutien moral car souvent les proxynètes ne font plus leur métier comme il faut. Elles ont besoin de leurs enfants pour avoir raison de vivre. Elles revenaient souvent quand elles avaient un moment ou qu'elles avaient une maladie et partaient à la campagne avec leur mioche pour en profiter. J'ai jamais compris pourquoi on ne permet pas aux putes cataloguées d'élever leur enfant, les autres ne se gênent pas. Madame Rosa pensait que c'est à cause de l'importance du cul en France, qu'ils n'ont pas ailleurs, ça prend ici des proportions qu'on peut pas imaginer, quand on ne l'a pas vu. Madame Rosa disait que le cul c'est ce qu'ils ont de plus important en France avec Louis XIV et c'est pourquoi les prostituées, comme on les appelle, sont persécutées car les honnêtes femmes veulent l'avoir uniquement pour elles. Moi j'ai vu chez nous des mères pleurer, on les avait dénoncées à la police comme quoi elles avaient un môme dans le métier qu'elles faisaient et elles mouraient de peur. Madame Rosa les rassurait, elle leur expliquait qu'elle avait un commissaire de police qui était lui-même un enfant de pute et qui la protégeait et qu'elle avait un Juif qui lui faisait des faux papiers que personne ne pouvait dire, tellement ils étaient authentiques. J'ai jamais vu ce Juif car Madame Rosa le cachait. Ils s'étaient connus dans le foyer juif en Allemagne où ils n'ont pas été exterminés par erreur et ils avaient juré qu'on les y reprendrait plus. Le Juif était quelque part dans un quartier français et il se faisait des faux papiers comme un fou. C'est par ses soins que Madame Rosa avait des documents qui prouvaient qu'elle était quelqu'un d'autre, comme tout le monde. Elle disait qu'avec ça, même les Israéliens auraient rien pu prouver contre elle. Bien sûr, elle n'était jamais tout à fait tranquille là-dessus car pour ça il faut être mort. Dans la vie c'est toujours la panique.

Je vous disais donc que les mômes ont gueulé pendant des heures quand j'ai donné Super pour assurer son avenir qui n'existait pas chez nous, sauf Banania, qui était très content, comme toujours. Moi je vous dis que ce salaud-là n'était pas de ce monde, il avait déjà quatre ans et il était encore content.

La première chose que Madame Rosa a fait le lendemain, c'était de me traîner chez le docteur Katz pour voir si je n'étais pas dérangé. Madame Rosa voulait me faire faire une prise de sang et chercher si je n'étais pas syphilitique comme Arabe, mais le docteur Katz s'est foutu tellement en colère que sa barbe tremblait, parce que j'ai oublié de vous dire qu'il avait une barbe. Il a engueulé Madame Rosa quelque chose de maison et lui a crié que c'étaient des rumeurs d'Orléans. Les rumeurs d'Orléans, c'était quand les Juifs dans le prêt-à-porter ne droguaient pas les femmes blanches pour les envoyer dans les bordels et tout le monde leur en voulait, ils font toujours parler d'eux pour rien.

Madame Rosa était encore toute remuée.

— Comment ça s'est passé, exactement?

— Il a pris cinq cents francs et il les a jetés dans une bouche d'égout.

— C'est sa première crise de violence?

Madame Rosa me regardait sans répondre et j'étais bien triste. J'ai jamais aimé faire de la peine aux gens, je suis philosophe. Il y avait derrière le docteur Katz un bateau à voiles sur une cheminée avec des ailes toutes blanches et comme j'étais malheureux, je voulais m'en aller ailleurs, très loin, loin de moi, et je me suis mis à le faire voler, je montai à bord et traversai les océans d'une main sûre. C'est là je crois à bord du voilier du docteur Katz que je suis parti loin pour la première fois. Jusque-là je ne peux pas vraiment dire que j'étais un enfant. Encore maintenant, quand je veux, je peux monter à bord du voilier du docteur Katz et partir loin seul à bord. Je n'en ai jamais parlé à personne et je faisais toujours semblant que j'étais là.

— Docteur, je vous prie d'examiner bien cet enfant. Vous m'avez défendu les émotions, à cause de mon cœur, et il a vendu ce qu'il avait de plus cher au monde et il a jeté cinq cents francs dans l'égout. Même à Auschwitz, on ne faisait pas ça.

Le docteur Katz était bien connu de tous les Juifs et Arabes autour de la rue Bisson pour sa charité chrétienne et il soignait tout le monde du matin au soir et même plus tard. J'ai gardé de lui un très bon souvenir, c'était le seul endroit où j'entendais parler de moi et où on m'examinait comme si c'était quelque chose d'important. Je venais souvent tout seul, pas parce que j'étais malade, mais pour m'asseoir dans sa salle d'attente. Je restais là un bon moment. Il voyait bien que j'étais là pour rien et que j'occupais une chaise alors qu'il y avait tant de misère dans le monde, mais il me souriait toujours très gentiment et n'était pas fâché. Je pensais souvent en le regardant que si j'avais un père, ce serait le docteur Katz que j'aurais choisi.

— Il aimait ce chien comme ce n'est pas permis, il le tenait dans ses bras même pour dormir et qu'est-ce qu'il fait? Il le vend et il jette l'argent. Cet enfant n'est pas comme tout le monde, docteur. J'ai peur d'un cas de folie brusque dans sa famille.

— Je peux vous assurer qu'il ne se passera rien, absolument rien, Madame Rosa.

Je me suis mis à pleurer. Je savais bien qu'il ne se passerait rien mais c'était la première fois que j'entendais ça ouvertement.

— Il n'y a pas lieu de pleurer, mon petit Mohammed. Mais tu peux pleurer si ça te fait du bien. Est-ce qu'il pleure beaucoup?

— Jamais, dit Madame Rosa. Jamais il ne pleure, cet enfant-là, et pourtant Dieu sait que je souffre.

— Eh bien, vous voyez que ça va déjà mieux, dit le docteur. Il pleure. Il se développe normalement. Vous avez bien fait de me l'amener, Madame Rosa, je vais vous prescrire des tranquillisants. C'est seulement de l'anxiété, chez vous.

— Lorsqu'on s'occupe des enfants, il faut beaucoup d'anxiété, docteur, sans ça ils deviennent des voyous.

En partant, on a marché dans la rue la main dans la main, Madame Rosa aime se faire voir en compagnie. Elle s'habille toujours longtemps pour sortir parce qu'elle a été une femme et ça lui est resté encore un peu. Elle se maquille beaucoup mais ça sert plus à rien de vouloir se cacher à son âge. Elle a une tête comme une vieille grenouille juive avec des lunettes et de l'asthme. Pour monter l'escalier avec les provisions, elle s'arrête tout le temps et elle dit qu'un jour elle va tomber morte au milieu, comme si c'était tellement important de finir tous les six étages.

À la maison, nous avons trouvé Monsieur N'Da Amédée, le maquereau qu'on appelle aussi proxynète. Si vous connaissez le coin, vous savez que c'est toujours plein d'autochtones qui nous viennent tous d'Afrique, comme ce nom l'indique. Ils ont plusieurs foyers qu'on appelle taudis où ils n'ont pas les produits de première nécessité, comme l'hygiène et le chauffage par la Ville de Paris, qui ne va pas jusque-là. Il y a des foyers noirs où ils sont cent vingt avec huit par chambre et un seul W.-C. en bas, alors ils se répandent partout car ce sont des choses qu'on ne peut pas faire attendre. Avant moi, il y avait des bidonvilles mais la France les a fait démolir pour que ça ne se voie pas. Madame Rosa racontait qu'à Aubervilliers il y avait un foyer où on asphyxiait les Sénégalais avec des poêles à charbon en les mettant dans une chambre avec les fenêtres fermées et le lendemain ils étaient morts. Ils étaient étouffés par des mauvaises influences qui sortaient du poêle pendant qu'ils dormaient du sommeil du juste. J'allais souvent les voir à côté rue Bisson et j'étais toujours bien reçu. Ils étaient la plupart du temps musulmans comme moi mais ce n'était pas une raison. Je pense que ça leur faisait plaisir de voir un môme de neuf ans qui n'avait encore aucune idée en tête. Les vieux ont toujours des idées en tête. Par exemple, ce n'est pas vrai que les Noirs sont tous pareils.

Madame Sambor, qui leur faisait la popote, ne ressemblait pas du tout à Monsieur Dia, lorsqu'on s'est habitué à l'obscurité. Monsieur Dia n'était pas drôle. Il avait les yeux comme si c'était pour faire peur. Il lisait tout le temps. Il avait aussi un rasoir long comme ça qui ne se repliait pas quand on appuyait sur un truc. Il s'en servait pour se raser mais tu parles. Ils étaient cinquante dans le foyer et les autres lui obéissaient. Quand il ne lisait pas il faisait des exercices par terre pour être le plus fort. Il était très costaud mais n'en avait jamais assez. Je ne comprenais pas pourquoi un monsieur qui était déjà tellement trapu faisait des efforts pareils pour s'augmenter. Je ne lui ai rien demandé mais je pense qu'il ne se sentait pas assez costaud pour tout ce qu'il voulait faire. Moi aussi j'ai parfois envie de crever, tellement j'ai envie d'être fort. Il y a des moments où je rêve d'être un flic et ne plus avoir peur de rien et de personne. Je passais mon temps à rôder autour du commissariat de la rue Deudon mais sans espoir, je savais bien qu'à neuf ans c'est pas possible, j'étais encore trop minoritaire. Je rêvais d'être flic parce qu'ils ont la force de sécurité. Je croyais que c'était ce qu'il y a de plus fort, je ne savais pas que les commissaires de police existaient, je pensais que ça s'arrêtait là. C'est seulement plus tard que j'ai appris qu'il y avait beaucoup mieux, mais j'ai jamais pu m'élever jusqu'au Préfet de Police, ça dépassait mon imagination. Je devais avoir quoi huit, neuf ou dix ans et j'avais très peur de me trouver avec personne au monde. Plus Madame Rosa avait du mal à monter les six étages et plus elle s'asseyait après, et plus je me sentais moins et j'avais peur.

Il y avait aussi cette question de ma date qui me turlupinait pas mal, surtout lorsqu'on m'a renvoyé de l'école en disant que j'étais trop jeune pour mon âge. De toute façon, ça n'avait pas d'importance, le certificat qui prouvait que j'étais né et que j'étais en règle était faux. Comme je vous ai dit, Madame Rosa en avait plusieurs à la maison et elle pouvait même prouver qu'elle n'a jamais été juive depuis plusieurs générations, si la police faisait des perquisitions pour la trouver. Elle s'était protégée de tous les côtés depuis qu'elle avait été saisie à l'improviste par la police française qui fournissait les Allemands et placée dans un Vélodrome pour Juifs. Après on l'a transportée dans un foyer juif en Allemagne où on les brûlait. Elle avait tout le temps peur, mais pas comme tout le monde, elle avait encore plus peur que ça.

Une nuit j'ai entendu qu'elle gueulait dans son rêve, ça m'a réveillé et j'ai vu qu'elle se levait. Il y avait deux chambres et elle gardait une pour elle toute seule, sauf quand il y avait la cohue et alors Moïse et moi, on dormait avec elle. C'était le cas cette nuit-là, mais Moïse n'était pas avec nous, il avait une famille juive sans enfants qui s'intéressait à lui et l'avait pris chez eux en observation, pour voir s'il était bon à adopter. Il revenait claqué à la maison, tellement il faisait des efforts pour leur plaire. Ils avaient une épicerie kasher, rue Tienné.

Quand Madame Rosa a hurlé, ça m'a réveillé. Elle a allumé et j'ai ouvert un œil. Elle avait la tête qui tremblait et des yeux comme si elle voyait quelque chose. Puis elle est sortie du lit, elle a mis son peignoir et une clé qui était cachée sous l'armoire. Quand elle se penche, elle a un cul encore plus grand que d'habitude.

Elle est allée dans l'escalier et elle l'a descendu. Je l'ai suivie parce qu'elle avait tellement peur que je n'osais pas rester seul.

Madame Rosa descendait l'escalier tantôt dans la lumière tantôt dans le noir, la minuterie chez nous est très courte pour des raisons économiques, le gérant est un salaud. Un moment, quand le noir est tombé, c'est moi qui l'ai allumée comme un con et Madame Rosa, qui était un étage plus bas, a poussé un cri, elle a cru qu'il y avait là une présence humaine. Elle a regardé vers le haut et puis vers le bas et puis elle a recommencé à descendre et moi aussi, mais je touchais plus à la minuterie, on se faisait peur tous les deux avec ça. Je ne savais pas du tout ce qui se passait, encore moins que d'habitude, et ça fait toujours encore plus peur. J'avais les genoux qui tremblaient et c'était terrible de voir cette Juive qui descendait les étages avec des ruses de Sioux comme si c'était plein d'ennemis et encore pire.

Quand elle est arrivée au rez-de-chaussée, Madame Rosa n'est pas sortie dans la rue, elle a tourné à gauche, vers l'escalier de la cave où il n'y a pas de lumière et où c'est le noir même en été. Madame Rosa nous interdisait d'aller dans cet endroit parce que c'est toujours là qu'on étrangle les enfants. Quand Madame Rosa a pris cet escalier, j'ai cru vraiment que c'était la fin des haricots elle était devenue macaque et j'ai voulu courir réveiller le docteur Katz. Mais j'avais à présent tellement peur que je préférais encore rester là et ne pas bouger, j'étais sûr que si je bougeais, ça allait hurler et sauter sur moi de tous les côtés, avec des monstres qui allaient enfin sortir d'un seul coup au lieu de rester cachés, comme ils le faisaient depuis que j'étais né.

C'est alors que j'ai vu un peu de lumière. Ça venait de la cave et ça m'a un peu rassuré. Les monstres font rarement de la lumière, c'est toujours le noir qui leur fait le plus de bien.

Je suis descendu dans le couloir qui sentait la pisse et même mieux parce qu'il n'y avait qu'un W.-C. pour cent dans le foyer noir à côté et ils faisaient ça où ils pouvaient. La cave était divisée en plusieurs et une des portes était ouverte. C'est là que Madame Rosa était entrée et c'est de là que sortait la lumière. J'ai regardé.

Il y avait au milieu un fauteuil rouge complètement enfoncé, crasseux et boiteux, et Madame Rosa était assise dedans. Les murs, c'était que des pierres qui sortaient comme des dents et ils avaient l'air de se marrer. Sur une commode, il y avait un chandelier avec des branches juives et une bougie qui brûlait. Il y avait à ma grande surprise un lit dans un état bon à jeter, mais avec matelas, couvertures et oreillers. Il y avait aussi des sacs de pommes de terre, un réchaud, des bidons et des boîtes à carton pleines de sardines. J'étais tellement étonné que je n'avais plus peur, sauf que j'avais le cul nu et que je commençais à me sentir froid.

Madame Rosa est restée un moment dans ce fauteuil miteux et elle souriait avec plaisir. Elle avait pris un air malin et même vainqueur. C'était comme si elle avait fait quelque chose de très astucieux et de très fort. Puis elle s'est levée. Il y avait un balai dans un coin et elle a commencé à balayer la cave. C'était pas une chose à faire, ça faisait de la poussière et la poussière pour son asthme, il n'y avait rien de pire. Elle a commencé tout de suite à avoir du mal à respirer et à siffler des bronches, mais elle a continué à balayer et il n'y avait personne pour lui dire sauf moi, tout le monde s'en foutait. Bien sûr, on la payait pour s'occuper de moi et la seule chose qu'on avait ensemble, c'est qu'on avait rien et personne, mais il y avait rien de plus mauvais pour son asthme que la poussière. Après, elle a posé le balai et elle a essayé d'éteindre la bougie en soufflant dessus, mais elle avait pas assez de souffle, malgré ses dimensions. Elle a mouillé ses doigts avec la langue et elle a éteint la bougie comme ça. J'ai tout de suite filé, je savais qu'elle avait fini et qu'elle allait remonter.

Bon, je n'y comprenais rien, mais ça faisait seulement une chose de plus. Je ne savais pas du tout pourquoi elle avait la satisfaction de descendre six étages et des poussières au milieu de la nuit pour s'asseoir dans sa cave avec un air malin.

Quand elle a remonté, elle n'avait plus peur et moi non plus, parce que c'est contagieux. On a dormi à côté du sommeil du juste. Moi j'ai beaucoup réfléchi là-dessus et je crois que Monsieur Hamil a tort quand il dit ça. Je crois que c'est les injustes qui dorment le mieux, parce qu'ils s'en foutent, alors que les justes ne peuvent pas fermer l'œil et se font du mauvais sang pour tout. Autrement ils seraient pas justes. Monsieur Hamil a toujours des expressions qu'il va chercher, comme «croyez-en ma vieille expérience» ou «comme j'ai eu l'honneur de vous dire» et des tas d'autres qui me plaisent bien, elles me font penser à lui. C'était un homme comme on ne peut pas faire mieux. Il m'apprenait à écrire «la langue de mes ancêtres», et il disait toujours «ancêtres», parce que mes parents, il voulait même pas m'en parler. Il me faisait lire le Koran, car Madame Rosa disait que c'était bon pour les Arabes. Quand je lui ai demandé comment elle savait que je m'appelais Mohammed et que j'étais un bon musulman, alors que je n'avais ni père ni mère et qu'il n'y avait aucun document qui me prouvait, elle était embêtée et elle me disait qu'un jour quand je serais grand et solide elle m'expliquerait ces choses-là, mais elle ne voulait pas me causer un choc terrible alors que j'étais encore sensible. Elle disait toujours que la première chose à ménager chez les enfants, c'est la sensibilité. Pourtant, ça m'était égal de savoir que ma mère se défendait et si je la connaissais, je l'aurais aimée, je me serais occupé d'elle et j'aurais été pour elle un bon proxynète, comme Monsieur N'Da Amédée, dont j'aurai l'honneur. J'étais très content d'avoir Madame Rosa mais si je pouvais avoir quelqu'un de mieux et de plus à moi, j'allais pas dire non, merde. Je pouvais m'occuper de Madame Rosa aussi, même si j'avais une vraie mère à m'occuper. Monsieur N'Da a plusieurs femmes à qui il donne sa protection.

Si Madame Rosa savait que j'étais Mohammed et musulman, c'est que j'avais des origines et je n'étais pas sans rien. Je voulais savoir où elle était et pourquoi elle ne venait pas me voir. Mais alors Madame

Rosa se mettait à pleurer et elle disait que je n'avais pas de gratitude, que je ne sentais rien pour elle et que je voulais quelqu'un d'autre. Je laissais tomber. Bon, je savais que lorsqu'une femme se défend dans la vie, il y a toujours un mystère quand elle a un môme qu'elle a pas pu arrêter à temps par l'hygiène et ça fait ce qu'on appelle en français des enfants de pute, mais c'était marrant que Madame Rosa était sûre et certaine que j'étais Mohammed et musulman. Elle avait quand même pas inventé ça pour me faire plaisir. J'en parlai une fois à Monsieur Hamil pendant qu'il me racontait la vie de Sidi Abderrahmân, qui est le patron d'Alger.

Monsieur Hamil nous vient d'Alger où il a été il y a trente ans en pèlerinage à La Mecque. Sidi Abderrahmân d'Alger est donc son saint préféré parce que la chemise est toujours plus proche du corps, comme il dit. Mais il a aussi un tapis qui montre son autre compatriote, Sidi Ouali Dada, qui est toujours assis sur son tapis de prière qui est tiré par les poissons. Ça peut paraître pas sérieux, des poissons qui tirent un tapis à travers les airs, mais c'est la religion qui veut ça.

— Monsieur Hamil, comment ça se fait que je suis connu comme Mohammed et musulman, alors que j'ai rien qui me prouve?

Monsieur Hamil lève toujours une main quand il veut dire que la volonté de Dieu soit faite.

— Madame Rosa t'a reçu quand tu étais tout petit et elle ne tient pas un registre de naissance. Elle a reçu et vu partir beaucoup d'enfants depuis, mon petit Mohammed. Elle a le secret professionnel, car il y a des dames qui exigent la discrétion. Elle t'a noté comme Mohammed, donc musulman, et puis l'auteur de tes jours n'a plus donné signe de vie. Le seul signe de vie qu'il a donné, c'est toi, mon petit Mohammed. Et tu es un bel enfant. Il faut penser que ton père a été tué pendant la guerre d'Algérie, c'est une belle et grande chose. C'est un héros de l'indépendance.

— Monsieur Hamil, moi j'aurais préféré avoir un père que ne pas avoir un héros. Il aurait mieux fait d'être un bon proxynète et s'occuper de ma mère.

— Tu ne dois pas dire des choses pareilles, mon petit Mohammed, il faut penser aussi aux Yougoslaves et aux Corses, on nous met toujours tout sur le dos. C'est difficile d'élever un enfant dans ce quartier.

Mais j'avais bien l'impression que Monsieur Hamil savait quelque chose qu'il ne me disait pas. C'était un très brave homme et s'il n'avait pas été toute sa vie marchand de tapis ambulant, il aurait été quelqu'un de très bien et peut-être même aurait-il été lui-même assis sur un tapis volant tiré par les poissons, comme l'autre saint du Maghreb, Sidi Ouali Dada.

— Et pourquoi on m'a renvoyé de l'école, Monsieur Hamil? Madame Rosa m'a dit que c'était parce que j'étais trop jeune pour mon âge, puis que j'étais trop vieux pour mon âge et puis que j'avais pas l'âge que j'aurais dû avoir et elle m'a traîné chez le docteur Katz qui lui a dit que je serais peut-être très différent, comme un grand poète?

Monsieur Hamil paraissait tout triste. C'est ses yeux qui faisaient ça. C'est toujours dans les yeux que les gens sont les plus tristes.

— Tu es un enfant très sensible, mon petit Mohammed. Ça te rend un peu différent des autres...

Il sourit.

— La sensibilité, ce n'est pas ce qui tue les gens aujourd'hui.

On parlait arabe et ça ne se dit pas aussi bien en français.

— Est-ce que mon père était un grand bandit, Monsieur Hamil, et tout le monde en a peur, même pour en parler?

— Non, non, vraiment pas, Mohammed. Je n'ai jamais rien entendu de tel.

— Et qu'est-ce que vous avez entendu, Monsieur Hamil?

Il baissait les yeux et soupirait.

— Rien.

— Rien?

— Rien.

C'était toujours la même chose, avec moi. Rien.

La leçon était terminée et Monsieur Hamil s'est mis à me parler de Nice, qui est mon récit préféré. Quand il parle des clowns qui dansent dans les rues et des géants joyeux qui sont assis sur les chars, je me sens chez moi. J'aime aussi les forêts de mimosas qu'ils ont là-bas et les palmiers et il y a des oiseaux tout blancs qui battent des ailes comme pour applaudir tellement ils sont heureux. Un jour, j'avais décidé Moïse et un autre mec qui s'appelait autrement de partir à Nice à pied et de vivre là-bas dans la forêt de mimosas du produit de nos chasses. Nous sommes partis un matin et nous sommes allés jusqu'à la place Pigalle mais là on a eu peur parce qu'on était loin de chez nous et on est revenu. Madame Rosa a cru devenir folle mais elle dit toujours ça pour s'exprimer.

Donc, comme j'ai eu l'honneur, quand je suis rentré avec Madame Rosa, après cette visite chez le docteur Katz, nous avons trouvé à la maison Monsieur N'Da Amédée, qui est l'homme le mieux habillé que vous pouvez imaginer. C'est le plus grand proxynète et maquereau de tous les Noirs de Paris et il vient voir Madame Rosa pour qu'elle lui écrive des lettres à sa famille. Il ne veut dire à personne d'autre qu'il ne sait pas écrire. Il portait un costume en soie rose qu'on pouvait toucher et un chapeau rose avec une chemise rose. La cravate était rose aussi et cette tenue le rendait remarquable. Il nous venait du Niger qui est un des nombreux pays qu'ils ont en Afrique et il s'était fait lui-même. Il le répétait tout le temps. «Je me suis fait moi-même», avec son costume et ses bagues diamantaires aux doigts. Il en avait une à chaque doigt et quand il a été tué dans la Seine, on lui a coupé les doigts pour avoir les bagues parce que c'était un règlement de comptes. Je vous dis ça tout de suite pour vous épargner les émotions plus tard. Il avait de son vivant les meilleurs vingt-cinq mètres de trottoir à Pigalle et il se faisait les ongles chez les manicures qui étaient roses aussi. Il avait aussi un gilet que j'ai oublié. Il touchait tout le temps sa moustache du bout d'un doigt, très doucement, comme pour être gentil avec elle. Il apportait toujours un petit cadeau à manger à Madame Rosa qui préférait le parfum parce qu'elle avait peur de grossir encore plus. Je ne l'ai jamais vue sentir mauvais jusqu'à beaucoup plus tard. Le parfum était donc ce qui allait le mieux à Madame Rosa comme cadeau et elle en avait des flacons et des flacons, mais je n'ai jamais compris pourquoi elle s'en mettait surtout derrière les oreilles, comme le persil chez les veaux. Ce Noir dont je vous parle, Monsieur N'Da Amédée, était en réalité analphabète car il était devenu quelqu'un trop tôt pour aller à l'école. Je ne vais pas refaire ici l'histoire mais les Noirs ont beaucoup souffert et il faut les comprendre quand on peut. C'est pourquoi Monsieur N'Da Amédée se faisait écrire des lettres par Madame Rosa qu'il envoyait à ses parents au Niger dont il connaissait le nom. Le racisme a été terrible pour eux là-bas, jusqu'à ce qu'il y a eu la révolution et qu'ils ont eu un régime et ont cessé de souffrir. Moi je n'ai pas eu à me plaindre du racisme, alors je ne vois pas ce que je peux attendre. Enfin, les Noirs doivent bien avoir d'autres défauts.

Monsieur N'Da Amédée s'asseyait sur le lit où on dormait quand on n'était pas plus de trois ou quatre, on allait dormir avec Madame Rosa, quand il y avait plus. Ou alors, il mettait un pied sur le lit et restait debout pour expliquer à Madame Rosa ce qu'elle devait dire par écrit à ses parents. Quand il parlait, Monsieur N'Da Amédée faisait des gestes et s'émouvait et finissait même par se fâcher sérieusement et par se mettre en colère, pas du tout parce qu'il était furieux mais parce qu'il voulait dire à ses parents beaucoup plus de choses qu'il ne pouvait s'offrir avec ses moyens de bas étage. Ça commençait toujours par cher et vénéré père et puis il se foutait en rogne car il était plein de choses merveilleuses qui n'avaient pas d'expression et qui restaient dans son cœur. Il n'avait pas les moyens, alors qu'il lui fallait de l'or et des diamants à chaque mot. Madame Rosa lui écrivait des lettres dans lesquelles il faisait des études d'autodidacte pour devenir entrepreneur de travaux publics, construire des barrages et être un bienfaiteur pour son pays. Quand elle lui lisait ça, il avait un immense plaisir. Madame Rosa lui faisait construire aussi des ponts et des routes et tout ce qu'il faut. Elle aimait quand Monsieur N'Da Amédée était heureux en écoutant toutes les choses qu'il faisait dans ses lettres et il mettait toujours de l'argent dans l'enveloppe pour que ce soit plus vrai. Il était enchanté, avec son costume rose des Champs-Élysées et peut-être même davantage et Madame Rosa disait après que quand il écoutait, il avait des yeux de vrai croyant et que les Noirs d'Afrique, car il y en a ailleurs, sont encore ce qu'il y a de mieux dans le genre. Les vrais croyants sont des personnes qui croient en Dieu, comme Monsieur Hamil, qui me parlait de Dieu tout le temps et il m'expliquait que ce sont des choses qu'il faut apprendre quand on est jeune et qu'on est capable d'apprendre n'importe quoi.

Monsieur N'Da Amédée avait un diamant dans sa cravate qui étincelait. Madame Rosa disait que c'était un vrai diamant et pas un faux comme on pourrait le croire, car on ne se méfie jamais assez. Le grand-père maternel de Madame Rosa était dans les diamants et elle en avait hérité des connaissances. Le diamant était au-dessous du visage de Monsieur N'Da Amédée, qui brillait aussi, mais pas pour les mêmes raisons. Madame Rosa ne se souvenait jamais ce qu'elle avait mis la dernière fois dans la lettre à ses parents en Afrique, mais ça n'avait pas d'importance, elle disait que plus on a rien et plus on veut croire. D'ailleurs Monsieur N'Da Amédée ne cherchait pas la petite bête et ça lui était égal, à partir du moment que ses parents étaient heureux. Parfois, il oubliait même ses parents et il se disait tout ce qu'il était déjà et tout ce qu'il allait être encore davantage. Je n'avais encore jamais vu quelqu'un qui pouvait parler ainsi de lui-même comme si c'était possible. Il hurlait que tout le monde le respectait et qu'il était le roi. Oui, il gueulait, «je suis le roi!» et Madame Rosa mettait ça par écrit, avec les ponts et les barrages et tout. Après, elle me disait que Monsieur N'Da Amédée était complètement *michougué*, ce qui veut dire fou en juif, mais que c'était un fou dangereux et qu'il fallait donc le laisser faire pour ne pas avoir d'ennuis. Il paraît qu'il avait déjà tué des hommes mais que c'étaient des Noirs entre eux et qui n'avaient pas d'identité, parce qu'ils ne sont pas français comme les Noirs américains et que la police ne s'occupe que de ceux qui ont une existence. Un jour, il allait se cogner aux Algériens ou aux Corses et elle allait être obligée d'écrire à ses parents une lettre qui ne fait plaisir à personne. Il ne faut pas croire que les proxynètes n'ont pas de problèmes comme tout le monde.

Monsieur N'Da Amédée venait toujours avec deux gardes du corps car il était peu sûr et il fallait le protéger. Ces gardes du corps, on leur aurait vite donné le bon Dieu sans confession, tellement ils avaient des sales têtes et faisaient peur. Il y avait un qui était boxeur et qui avait pris tant de coups sur la gueule que tout avait perdu sa place et il avait un œil qui n'était pas à la hauteur, un nez écrasant et des sourcils arrachés par des interruptions du combat de l'arbitre à l'arcade sourcilière, et un autre œil qui n'était pas tellement chez lui non plus, comme si le coup qu'on avait donné à l'un avait fait sortir l'autre. Mais il avait du poing et ça ne s'arrêtait pas là, il avait aussi des bras qu'on ne rencontre pas ailleurs. Madame Rosa m'avait dit que quand on rêve beaucoup on grandit plus vite, et les poings de ce Monsieur Boro avaient dû rêver toute leur vie, tellement ils étaient énormes.

L'autre garde du corps avait une tête encore intacte mais c'était dommage. Moi j'aime pas les gens qui ont des visages où ça change tout le temps et fuit de tous les côtés et qui n'ont jamais la même gueule deux fois de suite. Un faux jeton, on appelle ça, et bien sûr, il devait avoir ses raisons, qui n'en a pas, et tout le monde a envie de se cacher, mais celui-là je vous jure avait l'air tellement falsifié qu'on avait les cheveux qui se dressaient sur la tête rien qu'à penser ce qu'il devait cacher. Vous voyez ce que je veux dire? Par-dessus le marché, il me souriait tout le temps et c'est pas vrai que les Noirs mangent des enfants dans leur pain, c'est des rumeurs d'Orléans, tout ça, mais j'avais toujours l'impression que je lui donnais de l'appétit et ils ont quand même été cannibaux en Afrique, on peut pas leur enlever ça. Quand je passais à côté de lui, il me saisissait, il me prenait sur ses genoux et il me disait qu'il avait un petit garçon qui avait mon âge et qu'il lui avait même offert une panoplie de cow-boy dont j'ai toujours eu envie. Une vraie ordure, quoi. Peut-être qu'il y avait du bon en lui, comme dans tout le monde quand on fait des recherches, mais il me foutait les chocottes, avec ses yeux qui n'avaient pas de sens unique deux fois de suite. Il devait le savoir, parce qu'il m'avait même apporté une fois des pistaches, tellement il mentait bien. Les pistaches, ça ne veut rien dire du tout, c'est un franc tout compris. S'il se croyait faire un ami avec ça, il se trompait, croyez-moi. Je raconte ce détail parce que c'est dans ces circonstances indépendantes de ma volonté que j'ai fait une nouvelle crise de violence.

Monsieur N'Da Amédée venait toujours se faire dicter le dimanche. Ce jour-là les femmes ne se défendent pas, c'est la trêve des confiseurs, et il y en avait toujours une ou deux à la maison qui venaient chercher leur môme pour l'emmener respirer dans un jardin public ou l'inviter à déjeuner. Je peux vous dire que les femmes qui se défendent sont parfois les meilleures mères du monde, parce que ça les change des clients et puis un môme, ça leur donne un avenir. Il y en a qui vous laissent tomber, bien sûr, et on n'en entend plus parler mais ça ne veut pas dire qu'elles ne sont pas mortes et n'ont pas d'excuses. Elles ramenaient parfois leurs mômes seulement le lendemain midi, pour les garder le plus longtemps possible, avant de reprendre le travail. Ce jour-là, il n'y avait donc à la maison que les mômes qui étaient les permanents, et ça faisait surtout moi et Banania, qui ne payait plus depuis un an mais qui s'en foutait complètement et faisait comme chez lui. Il y avait aussi Moïse mais il était déjà en instance dans une famille juive qui voulait seulement s'assurer qu'il n'avait rien d'héréditaire, comme j'ai eu l'honneur, parce que c'est la première chose à laquelle il faut penser avant de se mettre à aimer un môme si on ne veut pas être embêté plus tard. Le docteur Katz lui avait fait un certificat mais ces gens-là voulaient bien regarder avant de plonger. Banania était encore plus heureux que d'habitude, il venait de découvrir sa quéquette et c'était la première chose qui lui arrivait. J'apprenais des trucs auxquels je ne comprenais absolument rien mais Monsieur Hamil me les avait écrits de sa main et ça n'avait pas d'importance. Je peux vous les réciter encore parce que ça lui ferait plaisir : *elli habb allah la ibri ghirhou soubhân ad daîm lâ iazoul...* Ça veut dire celui qui aime Dieu ne veut rien d'autre que Lui. Moi, je voulais bien plus, mais Monsieur Hamil me faisait travailler ma religion, car même si je restais en France jusqu'à ce que mort s'ensuive, comme Monsieur Hamil lui-même, il fallait me rappeler que j'avais un pays à moi et ça vaut mieux que rien. Mon pays, ça devait être quelque chose comme l'Algérie ou le Maroc, même si je ne figurais nulle part du point de vue documentaire, Madame Rosa en était sûre, elle ne m'élevait pas comme Arabe pour son plaisir. Elle disait aussi que pour elle, ça ne comptait pas, tout le monde était égaux quand on est dans la merde, et si les Juifs et les Arabes se cassent la gueule, c'est parce qu'il ne faut pas croire que les Juifs et les Arabes sont différents des autres, et c'est justement la fraternité qui fait ça, sauf peut-être chez les Allemands où c'est encore plus. J'ai oublié de vous dire que Madame Rosa gardait un grand portrait de Monsieur Hitler sous son lit et quand elle était malheureuse et ne savait plus à quel saint se vouer, elle sortait le portrait, le regardait et elle se sentait tout de suite mieux, ça faisait quand même un gros souci de moins.

Je peux dire ça à la décharge de Madame Rosa comme Juive, c'était une sainte femme. Bien sûr elle nous faisait bouffer toujours ce qui coûtait le moins cher et elle me faisait chier avec le ramadan quelque chose de terrible. Vingt jours sans bouffer, vous pensez, c'était pour elle la manne céleste et elle prenait un air triomphal quand le ramadan arrivait et que j'avais plus le droit au *gefillte fisch* qu'elle préparait elle-même. Elle respectait les croyances des autres, la vache, mais je l'ai vue manger du jambon. Quand je lui disais qu'elle n'avait pas le droit au jambon, elle se marrait et c'est tout. Je ne pouvais pas l'empêcher de triompher quand c'était le ramadan et j'étais obligé de voler à l'étalage de l'épicerie, dans un quartier où j'étais pas connu comme Arabe.

C'était donc chez nous un dimanche et Madame Rosa avait passé la matinée à pleurer, elle avait des jours sans explication où elle pleurait tout le temps. Il ne fallait pas l'embêter quand elle pleurait, car c'étaient ses meilleurs moments. Ah oui je me souviens aussi que le petit Viet avait reçu le matin une fessée parce qu'il se cachait toujours sous le lit quand on sonnait à la porte, il avait déjà changé vingt fois de famille depuis trois ans qu'il était sans personne et il en avait sérieusement marre. Je ne sais pas ce qu'il est devenu mais un jour j'irai voir. D'ailleurs les sonnettes ne faisaient du bien à personne chez nous, parce qu'on avait toujours peur d'une descente de l'Assistance publique. Madame Rosa avait tous les faux papiers qu'elle voulait, elle s'était organisée avec un ami juif qui ne s'occupait que de ça pour l'avenir depuis qu'il était revenu vivant. Je ne me souviens plus si je vous ai dit, mais elle était aussi protégée par un commissaire de police qu'elle avait élevé pendant que sa mère se disait coiffeuse en province. Mais il y a toujours des jaloux et Madame Rosa avait peur d'être dénoncée. Il y avait aussi qu'elle avait été réveillée une fois à six heures du matin par un coup de sonnette à l'aube et on l'avait emmenée dans un Vélodrome et de là dans les foyers juifs en Allemagne. C'est donc là-dessus que Monsieur N'Da Amédée est arrivé avec ses deux gardes du corps, pour se faire écrire une lettre, dont celui qui avait tellement l'air d'un faux jeton que personne ne pouvait l'encaisser. Je ne sais pas pourquoi je l'avais pris en grippe mais je crois que c'était parce que j'avais neuf ou dix ans et des poussières et qu'il me fallait déjà quelqu'un à détester comme tout le monde.

Monsieur N'Da Amédée avait mis un pied sur le lit et il avait un gros cigare qui jetait des cendres partout sans regarder à la dépense et il a tout de suite déclaré à ses parents qu'il allait bientôt revenir au Niger pour vivre en tout bien tout honneur. Moi maintenant je pense qu'il y croyait lui-même. J'ai souvent remarqué que les gens arrivent à croire ce qu'ils disent, ils ont besoin de ça pour vivre. Je ne dis pas ça pour être philosophe, je le pense vraiment.

J'ai oublié de préciser que le commissaire de police qui était un fils de pute avait tout appris et tout pardonné. Il venait même parfois embrasser Madame Rosa, à condition qu'elle ferme sa gueule. C'est ce que Monsieur Hamil exprime quand il dit que tout est bien qui finit bien. Je raconte ça pour mettre un peu de bonne humeur.

Pendant que Monsieur N'Da Amédée parlait, son garde du corps de gauche était dans un fauteuil qui se tenait là en train de se polir les ongles, pendant que l'autre ne faisait pas attention. J'ai voulu sortir pour pisser mais le deuxième garde du corps, celui dont je vous parle, m'a saisi au passage et m'a installé sur ses genoux. Il m'a regardé, il m'a fait un sourire, il a même mis son chapeau en arrière et il a tenu des propos pareils :

— Tu me fais penser à mon fils, mon petit Momo. Il est à la mer à Nice avec sa maman pour ses vacances et ils reviennent demain. Demain, c'est la fête du petit, il est né ce jour-là et il va avoir une bicyclette. Tu peux venir à la maison quand tu veux pour jouer avec lui.

Je ne sais pas du tout ce qui m'a pris mais il y avait des années que j'avais ni mère ni père même sans bicyclette, et celui-là qui venait me faire chier. Enfin, vous voyez ce que je veux dire. Bon, *inch' Allah*, mais c'est pas vrai, je dis ça seulement parce que je suis un bon musulman. Ça m'a remué et j'ai été pris de violence, quelque chose de terrible. Ça venait de l'intérieur et c'est là que c'est le plus mauvais. Quand ça vient de l'extérieur à coups de pied au cul, on peut foutre le camp. Mais de l'intérieur, c'est pas possible. Quand ça me saisit, je veux sortir et ne plus revenir du tout et nulle part. C'est comme si j'avais un habitant en moi. Je suis pris de hurlements, je me jette par terre, je me cogne la tête pour sortir, mais c'est pas possible, ça n'a pas de jambes, on n'a jamais de jambes à l'intérieur. Ça me fait du bien d'en parler, tiens, c'est comme si ça sortait un peu. Vous voyez ce que je veux dire?

Bon quand je me suis épuisé et qu'ils sont tous partis, Madame Rosa m'a tout de suite traîné chez le docteur Katz. Elle avait eu une peur bleue et elle lui a dit que j'avais tous les signes héréditaires et que j'étais capable de saisir un couteau et de la tuer dans son sommeil. Je ne sais pas du tout pourquoi Madame Rosa avait toujours peur d'être tuée dans son sommeil, comme si ça pouvait l'empêcher de dormir. Le docteur Katz s'est mis en colère et il lui a crié que j'étais doux comme un agneau et qu'elle devrait avoir honte de parler comme ça. Il lui a prescrit des tranquillisants qu'il avait dans son tiroir et on est rentré la main dans la main et je sentais qu'elle était un peu embêtée de m'avoir accusé pour rien. Mais il faut la comprendre, car la vie était tout ce qui lui restait. Les gens tiennent à la vie plus qu'à n'importe quoi, c'est même marrant quand on pense à toutes les belles choses qu'il y a dans le monde.

À la maison, elle s'est bourrée de tranquillisants et elle a passé la soirée à regarder droit devant elle avec un sourire heureux parce qu'elle ne sentait rien. Jamais elle ne m'en a donné à moi. C'était une femme mieux que personne et je peux illustrer cet exemple ici même. Si vous prenez Madame Sophie, qui tient aussi un clandé pour enfants de putes, rue Surcouf, ou celle qu'on appelle la Comtesse parce que c'est une veuve Comte, à Barbès, eh bien, elles prennent des fois jusqu'à dix mômes à la journée, et la première chose qu'elles font, c'est de les bourrer de tranquillisants. Madame Rosa le savait de source sûre par une Portugaise africaine qui se défendait à la Truanderie, et qui avait retiré son fils de chez la Comtesse dans un tel état de tranquillité qu'il ne pouvait pas tenir debout, tellement il tombait. Quand on le redressait il tombait encore et encore et on pouvait jouer comme ça avec lui pendant des heures. Mais avec Madame Rosa c'était tout le contraire. Quand on devenait agité ou qu'on avait des mômes à la journée qui étaient sérieusement perturbés, car ça existe, c'est elle qui se bourrait de tranquillisants. Alors là, on pouvait gueuler ou se rentrer dans le chou, ça ne lui arrivait pas à la cheville. C'est moi qui étais obligé de faire régner l'ordre et ça me plaisait bien parce que ça me faisait supérieur. Madame Rosa était assise dans son fauteuil au milieu, avec une grenouille en laine sur le ventre et une bouillotte à l'intérieur, la tête un peu penchée, et elle nous regardait avec un bon sourire, parfois même elle nous faisait un petit bonjour de la main, comme si on était un train qui passait. Dans ces moments-là il n'y avait rien à en tirer et c'est moi qui commandais pour empêcher qu'on mette le feu aux rideaux, c'est la première chose à laquelle on met le feu quand on est jeune.

La seule chose qui pouvait remuer un peu Madame Rosa quand elle était tranquillisée c'était si on sonnait à la porte. Elle avait une peur bleue des Allemands. C'est une vieille histoire et c'était dans tous les journaux et je ne vais pas entrer dans les détails mais Madame Rosa n'en est jamais revenue. Elle croyait parfois que c'était toujours valable, surtout au milieu de la nuit, c'est une personne qui vivait sur ses souvenirs. Vous pensez si c'est complètement idiot de nos jours, quand tout ça est mort et enterré, mais les Juifs sont très accrocheurs surtout quand ils ont été exterminés, ce sont ceux qui reviennent le plus. Elle me parlait souvent des nazis et des S. S. et je regrette un peu d'être né trop tard pour connaître les nazis et les S. S. avec armes et bagages, parce qu'au moins on savait pourquoi. Maintenant on ne sait pas.

C'était du dernier comique, cette peur que Madame Rosa avait des coups de sonnette. Le meilleur moment pour ça, c'était très tôt le matin, quand le jour est encore sur la pointe des pieds. Les Allemands se lèvent tôt et ils préfèrent le petit matin à n'importe quel autre moment de la journée. Il y avait un de nous qui se levait, qui sortait dans le couloir et appuyait sur la sonnette. Un long coup, pour que ça fasse tout de suite. Ah qu'est-ce qu'on se marrait! Il fallait voir ça. Madame Rosa à l'époque devait faire déjà dans les quatre-vingt-quinze kilos et des poussières, eh bien, elle giclait de son lit comme une dingue et dégringolait la moitié d'un étage avant de s'arrêter. Nous, on était couchés et on faisait semblant de dormir. Quand elle voyait que c'étaient pas les nazis, elle se mettait dans des colères terribles et nous traitait d'enfants de pute, ce qu'elle ne faisait jamais sans raison. Elle restait un moment les yeux ahuris, avec les bigoudis sur les derniers cheveux qu'elle avait encore sur la tête, elle croyait d'abord qu'elle avait rêvé et qu'il n'y avait pas de sonnette du tout, que ça ne venait pas de l'extérieur. Mais il y avait presque toujours un de nous qui pouffait et quand elle comprenait qu'elle avait été victime, elle déchaînait sa colère ou alors elle se mettait à pleurer.

Moi je crois que les Juifs sont des gens comme les autres mais il ne faut pas leur en vouloir.

Souvent on n'avait même pas à se lever pour appuyer sur la sonnette parce que Madame Rosa faisait ça toute seule. Elle se réveillait brusquement d'un seul coup, se dressait sur son derrière qui était encore plus grand que je peux vous dire, elle écoutait, puis elle sautait du lit, mettait son châle mauve qu'elle aimait et courait dehors. Elle ne regardait même pas s'il y avait quelqu'un, parce que ça continuait à sonner chez elle à l'intérieur, c'est là que c'est le plus mauvais. Parfois elle dégringolait seulement quelques marches ou un étage et parfois elle descendait jusqu'à la cave, comme la première fois que j'ai eu l'honneur. Au début, j'ai même cru qu'elle avait caché un trésor dans la cave et que c'était la peur des voleurs qui la réveillait. J'ai toujours rêvé d'avoir un trésor caché quelque part où il serait bien à l'abri de tout et que je pourrais découvrir chaque fois que j'avais besoin. Je pense que le trésor, c'est ce qu'il y a de mieux dans le genre, lorsque c'est bien à vous et en toute sécurité. J'avais repéré l'endroit où Madame Rosa cachait la clé de la cave et une fois, j'y suis allé pour voir. J'ai rien trouvé. Des meubles, un pot de chambre, des sardines, des bougies, enfin des tas de trucs comme pour loger quelqu'un. J'avais allumé une bougie et j'ai bien regardé, mais il n'y avait que des murs avec des pierres qui montraient les dents. C'est là que j'ai entendu un bruit et j'ai sauté en l'air mais c'était seulement Madame Rosa. Elle était debout à l'entrée et elle me regardait. C'était pas méchant, au contraire, elle avait plutôt l'air coupable, comme si c'était elle qui avait à s'excuser.

— Il faut pas en parler à personne, Momo. Donne-moi ça.

Elle a tendu la main et elle m'a pris la clé.

— Madame Rosa, qu'est-ce que c'est ici? Pourquoi vous y venez, des fois au milieu de la nuit? C'est quoi?

Elle a arrangé un peu ses lunettes et elle a souri.

— C'est ma résidence secondaire, Momo. Allez, viens.

Elle a soufflé la bougie et puis elle m'a pris par la main et on est remonté. Après, elle s'est assise la main sur le cœur dans son fauteuil, car elle ne pouvait plus faire les six étages sans être morte.

— Jure-moi de ne jamais en parler à personne, Momo.

— Je vous le jure, Madame Rosa.

— *Khaïrem?*

Ça veut dire c'est juré chez eux.

— *Khaïrem.*

Alors elle a murmuré en regardant au-dessus de moi, comme si elle voyait très loin en arrière et en avant :

— C'est mon trou juif, Momo.

— Ah bon alors ça va.

— Tu comprends?

— Non, mais ça fait rien, j'ai l'habitude.

— C'est là que je viens me cacher quand j'ai peur.

— Peur de quoi, Madame Rosa?

— C'est pas nécessaire d'avoir des raisons pour avoir peur, Momo.

Ça, j'ai jamais oublié, parce que c'est la chose la plus vraie que j'aie jamais entendue.

J'allais souvent m'asseoir dans la salle d'attente du docteur Katz, puisque Madame Rosa répétait que c'était un homme qui faisait du bien, mais j'ai rien senti. Peut-être que je ne restais pas assez longtemps. Je sais qu'il y a beaucoup de gens qui font du bien dans le monde, mais ils font pas ça tout le temps et il faut tomber au bon moment. Il y a pas de miracle. Au début le docteur Katz sortait et me demandait si j'étais malade mais après il s'est habitué et me laissait tranquille. D'ailleurs, les dentistes aussi ont des salles d'attente, mais ils soignent seulement les dents. Madame Rosa disait que le docteur Katz était pour la médecine générale et c'est vrai qu'il y avait de tout chez lui, des Juifs, bien sûr, comme partout, des Nord-Africains pour ne pas dire des Arabes, des Noirs et toutes sortes de maladies. Il y avait sûrement beaucoup de maladies vénériennes chez lui, à cause des travailleurs immigrés qui attrapent ça avant de venir en France pour bénéficier de la sécurité sociale. Les maladies vénériennes ne sont pas contagieuses en public et le docteur Katz les acceptait mais on n'avait pas le droit d'amener la diphtérie, la fièvre scarlatine, la rougeole et d'autres saloperies qu'il faut garder chez soi. Seulement, les parents ne savaient pas toujours de quoi il se retournait et j'ai attrapé là une ou deux fois des grippes et une coqueluche qui ne m'étaient pas destinées. Je revenais quand même. J'aimais bien être assis dans une salle d'attente et attendre quelque chose, et quand la porte du cabinet s'ouvrait et le docteur Katz entrait, tout de blanc vêtu, et venait me caresser les cheveux, je me sentais mieux et c'est pour ça qu'il y a la médecine.

Madame Rosa se tourmentait beaucoup pour ma santé, elle disait que j'étais atteint de troubles de précocité et j'avais déjà ce qu'elle appelait l'ennemi du genre humain qui se mettait à grandir plusieurs fois par jour. Son plus grand souci après la précocité, c'était les oncles ou les tantes, quand les vrais parents mouraient dans un accident d'automobile et les autres ne voulaient pas vraiment s'en occuper mais ne voulaient pas non plus les donner à l'Assistance, ça aurait fait croire qu'ils n'avaient pas de cœur dans le quartier. C'est alors qu'ils venaient chez nous, surtout si l'enfant était consterné. Madame Rosa appelait un enfant consterné quand il était frappé de consternation, comme ce mot l'indique. Ça veut dire qu'il ne voulait vraiment rien savoir pour vivre et devenait antique. C'est la pire chose qui peut arriver à un môme, en dehors du reste.

Quand on lui amenait un nouveau pour quelques jours ou à la petite semaine, Madame Rosa l'examinait sous tous rapports, mais surtout pour voir s'il n'était pas consterné. Elle lui faisait des grimaces pour l'effrayer ou bien elle mettait un gant où chaque doigt était un polichinelle ce qui fait toujours rire les mômes qui ne sont pas consternés mais les autres, c'est comme s'ils étaient pas de ce monde et c'est pour ça qu'on les appelle antiques. Madame Rosa ne pouvait pas les accepter, c'est un travail de tous les instants et elle n'avait pas de main-d'œuvre. Une fois, une Marocaine qui se défendait en maison à la Goutte d'Or lui avait laissé un môme consterné et puis elle était morte sans laisser d'adresse. Madame Rosa a dû le donner à un organisme avec des faux-papiers pour prouver qu'il existait et elle en a été malade, car il n'y a rien de plus triste qu'un organisme.

Même avec les mômes en bonne santé, il y avait des risques. Vous ne pouvez pas forcer les parents inconnus à reprendre un gosse quand il n'y a pas de preuves légales contre eux. Les mères dénaturées, il n'y a pas de pires. Madame Rosa disait que la loi est mieux faite chez les animaux et que chez nous, c'est même dangereux d'adopter un môme. Si la vraie mère veut venir l'emmerder après parce qu'il est heureux, elle a le droit pour elle. C'est pourquoi les faux-papiers sont les meilleurs au monde et s'il y a une salope qui s'aperçoit deux ans après que son môme est heureux chez les autres et qu'elle veut le récupérer pour le pertuber, si on lui a fait des faux-papiers en règle elle ne le retrouvera jamais, et ça lui donne une chance à courir.

Madame Rosa disait que chez les animaux c'est beaucoup mieux que chez nous, parce qu'ils ont la loi de la nature, surtout les lionnes. Elle était pleine d'éloges pour les lionnes. Lorsque j'étais couché, avant de m'endormir, je faisais parfois sonner à la porte, j'allais ouvrir et il y avait là une lionne qui voulait entrer pour défendre ses petits. Madame Rosa disait que les lionnes sont célèbres pour ça et elles se feraient tuer plutôt que de reculer. C'est la loi de la jungle et si la lionne ne défendait pas ses petits, personne ne lui ferait confiance.

Je faisais venir ma lionne presque toutes les nuits. Elle entrait, sautait sur le lit et elle nous léchait la figure, car les autres aussi en avaient besoin et c'était moi l'aîné, je devais m'occuper d'eux. Seulement, les lions ont mauvaise réputation parce qu'il faut bien qu'ils se nourrissent comme tout le monde, et quand j'annonçais aux autres que ma lionne allait entrer, ça commençait à gueuler là-dedans et même Banania s'y mettait et pourtant Dieu sait qu'il se foutait de tout, celui-là, à cause de sa bonne humeur proverbiale. J'aimais bien

Banania, qui a été pris par une famille de Français qui avaient de la place et un jour j'irai le voir.

Finalement Madame Rosa a appris que je faisais venir une lionne pendant qu'elle dormait. Elle savait que c'était pas vrai et que je rêvais seulement des lois de la nature mais elle avait un système de plus en plus nerveux et l'idée qu'il y avait des bêtes sauvages dans l'appartement lui donnait des terreurs nocturnes. Elle se réveillait en hurlant parce que chez moi c'était un rêve mais chez elle ça devenait un cauchemar et elle disait toujours que les cauchemars, c'est ce que les rêves deviennent toujours en vieillissant. On se faisait deux lionnes complètement différentes, tous les deux, mais qu'est-ce que vous voulez.

Je ne sais pas du tout de quoi Madame Rosa pouvait bien rêver en général. Je ne vois pas à quoi ça sert de rêver en arrière et à son âge elle ne pouvait plus rêver en avant. Peut-être qu'elle rêvait de sa jeunesse, quand elle était belle et n'avait pas encore de santé. Je ne sais pas ce que faisaient ses parents mais c'était en Pologne. Elle avait commencé à se défendre là-bas et puis à Paris rue de Fourcy, rue Blondel, rue des Cygnes et un peu partout, et puis elle avait fait le Maroc et l'Algérie. Elle parlait très bien l'arabe, sans préjugés. Elle avait même fait la Légion étrangère à Sidi Bel Abbès mais les choses se sont gâtées quand elle est revenue en France car elle avait voulu connaître l'amour et le type lui a pris toutes ses économies et l'a dénoncée à la police française comme Juive. Là, elle s'arrêtait toujours lorsqu'elle en parlait, elle disait «C'est fini, ce temps-là», elle souriait, et c'était pour elle un bon moment à passer.

Quand elle est revenue d'Allemagne, elle s'est défendue encore pendant quelques années mais après cinquante ans, elle avait commencé à grossir et n'était plus assez appétissante. Elle savait que les femmes qui se défendent ont beaucoup de difficultés à garder leurs enfants parce que la loi l'interdit pour des raisons morales, et elle a eu l'idée d'ouvrir une pension sans famille pour des mômes qui sont nés de travers. On appelle ça un clandé dans notre langage. Elle a eu la chance d'élever comme ça un commissaire de police qui était un enfant de pute et qui la protégeait, mais elle avait maintenant soixante-cinq ans et il fallait s'y attendre. C'est surtout le cancer qui lui faisait peur, ça ne pardonne pas. Je voyais bien qu'elle se détériorait et parfois on se regardait en silence et on avait peur ensemble parce qu'on n'avait que ça au monde. C'est pourquoi tout ce qu'il lui fallait dans son état c'était une lionne en liberté dans l'appartement. Bon je me suis arrangé, je restais les yeux ouverts dans le noir, la lionne venait, se couchait à côté de moi et me léchait la figure sans rien dire à personne. Quand Madame Rosa se réveillait de peur, entrait et faisait régner la lumière, elle voyait qu'on était couché en paix. Mais elle regardait sous les lits et c'était même drôle, lorsqu'on pense que les lions étaient la seule chose au monde qui ne pouvait pas lui arriver, vu qu'à Paris il n'y en a pour ainsi dire pas, car les animaux sauvages se trouvent seulement dans la nature.

C'est là que j'ai compris pour la première fois qu'elle était un peu dérangée. Elle avait eu beaucoup de malheurs et maintenant il fallait payer, parce qu'on paie pour tout dans la vie. Elle m'a même traîné chez le docteur Katz et lui a dit que je faisais rôder des bêtes sauvages en liberté dans l'appartement et que c'était sûrement un signe. Je comprenais bien qu'il y avait entre elle et le docteur Katz quelque chose dont il ne fallait pas parler devant moi, mais je ne savais pas du tout ce que ça pouvait être et pourquoi Madame Rosa avait peur.

— Docteur, il va faire des violences, ça, j'en suis sûre.

— Ne dites pas de bêtises, Madame Rosa. Vous n'avez rien à craindre. Notre petit Momo est un tendre. Ce n'est pas une maladie et croyez-en un vieux médecin, les choses les plus difficiles à guérir, ce ne sont pas les maladies.

— Alors pourquoi il a tout le temps des lions dans la tête?

— D'abord, ce n'est pas un lion, c'est une lionne.

Le docteur Katz souriait et me donnait un bonbon à la menthe.

— C'est une lionne. Et qu'est-ce qu'elles font, les lionnes? Elles défendent leur petit...

Madame Rosa soupirait.

— Vous savez bien pourquoi j'ai peur, docteur.

Le docteur Katz s'est fâché tout rouge.

— Taisez-vous, Madame Rosa. Vous êtes complètement inculte. Vous ne comprenez rien à ces choses et vous vous imaginez Dieu sait quoi. Ce sont des superstitions d'un autre âge. Je vous l'ai répété mille fois et je vous prie de vous taire.

Il a voulu dire encore quelque chose mais là, il m'a regardé et puis il s'est levé et m'a fait sortir. J'ai dû écouter contre la porte.

— Docteur, j'ai tellement peur qu'il soit héréditaire!

— Allons, Madame Rosa, ça suffit. D'abord, vous ne savez même pas qui était son père, avec le métier que cette pauvre femme faisait. Et de toute façon, je vous ai expliqué que ça ne veut rien dire. Il y a mille autres facteurs qui sont en jeu. Mais il est évident que c'est un enfant très sensible et qu'il a besoin d'affection.

— Je ne peux quand même pas lui lécher la figure tous les soirs, docteur. Où est-ce qu'il va chercher des idées comme ça? Et pourquoi ils n'ont pas voulu le garder à l'école?

— Parce que vous lui avez fait un extrait de naissance qui ne tenait aucun compte de son âge réel. Vous l'aimez bien, ce petit.

— J'ai seulement peur qu'on me le prenne. Remarquez, on ne peut rien prouver, pour lui. Je note ça sur un bout de papier ou je le garde dans ma tête, parce que les filles ont toujours peur que ça se sache.

Les prostituées qui ont des mauvaises mœurs n'ont pas le droit à l'éducation de leurs enfants, à cause de la déchéance paternelle. On peut les tenir et les faire chanter avec ça pendant des années, elles acceptent tout plutôt que de perdre leur môme. Il y a des proxynètes qui sont des vrais maquereaux parce que personne ne veut plus faire son travail.

— Vous êtes une brave femme, Madame Rosa. Je vais vous prescrire des tranquillisants.

Je n'avais rien appris du tout. J'étais encore plus sûr qu'avant que la Juive me faisait des cachotteries mais je tenais pas tellement à savoir. Plus on connaît et moins c'est bon. Mon copain le Mahoute qui était aussi un enfant de pute disait que chez nous le mystère était normal, à cause de la loi des grands nombres. Il disait qu'une femme qui fait bien les choses, quand elle a un accident de naissance et qu'elle décide de le garder, est toujours menacée d'enquête administrative et il n'y a rien de pire, ça ne pardonne pas. C'est toujours la mère qui est en butte dans notre cas, parce que le père est protégé par la loi des grands nombres.

Madame Rosa avait au fond d'une valise un bout de papier qui me désignait comme Mohammed et trois kilos de pommes de terre, une livre de carottes, cent grammes de beurre, un fisch, trois cents francs, à élever dans la religion musulmane. Il y avait une date mais c'était seulement le jour où elle m'avait pris en dépôt et ça ne disait pas quand j'étais né.

C'est moi qui m'occupais des autres mômes, surtout pour les torcher, car Madame Rosa avait du mal à se pencher, à cause de son poids. Elle n'avait pas de taille et les fesses chez elle allaient directement aux épaules, sans s'arrêter. Quand elle marchait, c'était un déménagement.

Tous les samedis après-midi, elle mettait sa robe bleue avec un renard et des boucles d'oreilles, elle se maquillait plus rouge que d'habitude et allait s'asseoir dans un café français, la Coupole à Montparnasse, où elle mangeait un gâteau.

J'ai jamais torché les mômes après quatre ans parce que j'avais ma dignité et il y en avait qui faisaient exprès de chier. Mais je connais bien ces cons-là et je leur ai appris à jouer comme ça, je veux dire, à se torcher les uns les autres, je leur ai expliqué que c'était plus marrant que rester chacun chez soi. Ça a très bien marché et Madame Rosa m'a félicité et m'a dit que je commençais à me défendre. Je jouais pas avec les autres mômes, ils étaient trop petits pour moi, sauf pour comparer nos quéquettes et Madame Rosa était furieuse parce qu'elle avait horreur des quéquettes à cause de tout ce qu'elle avait déjà vu dans la vie. Elle continuait aussi à avoir peur des lions la nuit et c'est quand même pas croyable, lorsqu'on pense à toutes les autres raisons justes qu'on a d'avoir peur, de s'attaquer aux lions.

Madame Rosa avait des ennuis de cœur et c'est moi qui faisais le marché à cause de l'escalier. Les étages étaient pour elle ce qu'il y avait de pire. Elle sifflait de plus en plus en respirant et j'avais de l'asthme pour elle, moi aussi, et le docteur Katz disait qu'il n'y a rien de plus contagieux que la psychologie. C'est un truc qu'on connaît pas encore. Chaque matin, j'étais heureux de voir que Madame Rosa se réveillait car j'avais des terreurs nocturnes, j'avais une peur bleue de me trouver sans elle.

Le plus grand ami que j'avais à l'époque était un parapluie nommé Arthur que j'ai habillé des pieds à la tête. Je lui avais fait une tête avec un chiffon vert que j'ai roulé en boule autour du manche et un visage sympa, avec un sourire et des yeux ronds, avec le rouge à lèvres de Madame Rosa. C'était pas tellement pour avoir quelqu'un à aimer mais pour faire le clown car j'avais pas d'argent de poche et j'allais parfois dans les quartiers français là où il y en a. J'avais un pardessus trop grand qui m'arrivait aux talons et je mettais un chapeau melon, je me barbouillais le visage de couleurs et avec mon parapluie Arthur, on était marrants tous les deux. Je faisais le rigolo sur le trottoir et je réussissais à ramasser jusqu'à vingt francs par jour, mais il fallait faire gaffe parce que la police a toujours un œil pour les mineurs en liberté. Arthur était habillé comme unijambiste avec un soulier de basket bleu et blanc, un pantalon, un veston à carreaux sur un cintre que je lui avais attaché avec des ficelles et je lui avais cousu un chapeau rond sur la tête. J'avais demandé à Monsieur N'Da Amédée de me prêter des vêtements pour mon parapluie et vous savez ce qu'il a fait? Il m'a emmené avec lui au Pull d'Or, boulevard de Belleville où c'est le plus chic et il m'a laissé choisir ce que je voulais. Je ne sais pas s'ils sont tous comme lui en Afrique, mais si oui, ils doivent manquer de rien.

Quand je faisais mon numéro sur le trottoir, je me dandinais, je dansais avec Arthur et je ramassais du pognon. Il y avait des gens qui devenaient furieux et qui disaient que c'était pas permis de traiter un enfant de la sorte. Je ne sais pas du tout qui me traitait, mais il y en avait aussi qui avaient de la peine. C'est même curieux, alors que c'était pour rire.

Arthur se cassait de temps en temps. J'ai cloué le cintre et ça lui a fait des épaules et il est resté avec une jambe de pantalon vide, comme c'est normal chez un parapluie. Monsieur Hamil n'était pas content, il disait qu'Arthur ressemblait à un fétiche et que c'est contre notre religion. Moi je suis pas croyant mais c'est vrai que lorsque vous avez un truc un peu bizarre et qui ressemble à rien, vous avez l'espoir qu'il peut quelque chose. Je dormais avec Arthur serré dans mes bras et le matin, je regardais si Madame Rosa respirait encore.

Je n'ai jamais été dans une église parce que c'est contre la vraie religion et la dernière chose que je voulais c'était de me mêler de ça. Mais je sais que les chrétiens ont payé les yeux de la tête pour avoir un Christ et chez nous il est interdit de représenter la figure humaine pour ne pas offenser Dieu, ce qui se comprend très bien, car il n'y a pas de quoi se vanter. J'ai donc effacé le visage d'Arthur, j'ai simplement laissé une boule verte comme de peur et j'étais en règle avec ma religion. Une fois, alors que j'avais la police au cul parce que j'avais causé un attroupement en faisant le comique, j'ai laissé tomber Arthur et il s'est dispersé dans tous les sens, chapeau, cintre, veston, soulier et tout. J'ai pu le ramasser mais il était nu comme Dieu l'a fait. Eh bien, ce qu'il y a de curieux, c'est que Madame Rosa n'avait rien dit quand Arthur était habillé et que je dormais avec lui, mais quand il a été défroqué et que j'ai voulu le prendre avec moi sous la couverture, elle a gueulé, en disant qu'on n'a pas idée de dormir avec un parapluie dans son lit. Allez-y comprendre.

J'avais mis des sous de côté et j'ai rééquipé Arthur aux Puces où ils ont des choses pas mal.

Mais la chance a commencé à nous quitter.

Jusque-là mes mandats arrivaient irrégulièrement et il y avait des mois de sautés mais ils venaient quand même. Ils se sont arrêtés d'un seul coup. Deux mois, trois, rien. Quatre. J'ai dit à Madame Rosa et je le pensais tellement que j'avais même la voix qui tremblait :

— Madame Rosa, faut pas avoir peur. Vous pouvez compter sur moi. Je vais pas vous plaquer simplement parce que vous recevez plus d'argent.

Puis j'ai pris Arthur, je suis sorti et je me suis assis sur le trottoir pour ne pas pleurer devant tout le monde.

Il faut dire qu'on était dans une sale situation. Madame Rosa allait bientôt être atteinte par la limite d'âge et elle le savait elle-même. L'escalier avec ses six étages était devenu pour elle l'ennemi public numéro un. Un jour, il allait la tuer, elle en était sûre. Moi je savais que c'était plus la peine de la tuer, il y avait qu'à la voir. Elle avait les seins, le ventre et les fesses qui ne faisaient plus de distinction, comme chez un tonneau. On avait de moins en moins de mômes en pension parce que les filles ne faisaient plus confiance à Madame Rosa, à cause de son état. Elles voyaient bien qu'elle ne pouvait plus s'occuper de personne et elles préféraient payer plus cher et aller chez Madame Sophie ou la mère Aïcha, rue d'Alger. Elles gagnaient beaucoup d'argent et c'était la facilité. Les putes que Madame Rosa connaissait personnellement avaient disparu à cause du changement de génération. Comme elle vivait du bouche-à-oreille et qu'elle n'était plus recommandée sur les trottoirs, sa réputation se perdait. Quand elle avait encore ses jambes, elle allait sur le tas ou dans les cafés à Pigalle et aux Halles où les filles se défendaient et elle se faisait un peu de publicité, en vantant la qualité de l'accueil, la cuisine culinaire et tout. Maintenant, elle ne pouvait plus. Ses copines avaient disparu et elle n'avait plus de références. Il y avait aussi la pilule légale pour la protection de l'enfance, il fallait vraiment vouloir. Quand on avait un gosse, on n'avait plus d'excuse, on savait ce qu'on lui faisait.

J'avais déjà dans les dix ans ou autour et c'était à moi d'aider Madame Rosa. Je devais aussi penser à mon avenir, parce que si je restais seul, c'était l'Assistance publique sans discuter. J'en dormais pas la nuit et je restais à regarder Madame Rosa pour voir si elle ne mourait pas.

J'ai essayé de me défendre. Je me peignais bien, je me mettais du parfum de Madame Rosa derrière les oreilles comme elle et l'après-midi j'allais me mettre avec Arthur rue Pigalle, ou encore rue Blanche, qui était bien aussi. Il y a là toujours des femmes qui se défendent toute la journée et il y en avait toujours une ou deux qui venaient me voir et qui disaient :

— Oh qu'il est mignon ce petit bonhomme. Ta maman travaille ici?

— Non, j'ai encore personne.

Elles m'offraient une menthe au café rue Macé. Mais je devais faire gaffe parce que la police fait la chasse aux proxynètes et puis elles aussi elles devaient se méfier, elles ont pas le droit de racoler. C'étaient toujours les mêmes questions.

— Quel âge as-tu, mon joli?

— Dix ans.

— Tu as une maman?

Je disais non et j'avais de la peine pour Madame Rosa mais qu'est-ce que vous voulez. Il y en avait une surtout qui me faisait des tendresses et elle me glissait parfois un billet dans la poche, quand elle passait. Elle avait une minijupe et des bottes jusqu'en haut et elle était plus jeune que Madame Rosa. Elle avait des yeux très gentils et une fois, elle a bien regardé autour, elle m'a pris par la main et on est allé au café qui n'est plus là en ce moment parce qu'on lui a jeté une bombe, le Panier.

— Il ne faut pas traîner sur le trottoir, ce n'est pas un endroit pour un môme.

Elle me caressait les cheveux pour les arranger. Mais je savais bien que c'était pour caresser.

— Tu t'appelles comment?

— Momo.

— Et où sont tes parents, Momo?

— J'ai personne, qu'est-ce que vous croyez. Je suis libre.

— Mais enfin, tu as bien quelqu'un pour s'occuper de toi?

Je suçais mon orangeade parce qu'il faut voir.

— Je pourrais peut-être leur parler, j'aimerais bien m'occuper de toi. Je te mettrais dans un studio, tu serais comme un petit roi et tu manquerais de rien.

— Il faut voir.

J'ai fini mon orangeade et je suis descendu de la banquette.

— Tiens prends ça pour tes bonbons, mon petit chéri.

Elle m'a glissé un billet dans la poche. Cent francs. C'est comme j'ai l'honneur.

J'y suis revenu encore deux ou trois fois et chaque fois, elle me faisait des grands sourires mais de loin, tristement, parce que j'étais pas à elle.

Manque de pot, la caissière du Panier était une copine de Madame Rosa quand elles se défendaient ensemble. Elle a prévenu la vieille et qu'est-ce que j'ai eu droit comme scène de jalousie! J'ai jamais vu la Juive dans un tel remue-ménage, elle en pleurait. «C'est pas pour ça que je t'ai élevé», elle l'a répété dix fois et elle pleurait. J'ai dû lui jurer que j'y reviendrai plus et que je serai jamais un proxynète. Elle m'a dit que c'étaient tous des maquereaux et qu'elle préférait encore mourir. Mais je voyais pas du tout ce que je pouvais faire d'autre, à dix ans.

Moi ce qui m'a toujours paru bizarre, c'est que les larmes ont été prévues au programme. Ça veut dire qu'on a été prévu pour pleurer. Il fallait y penser. Il y a pas un constructeur qui se respecte qui aurait fait ça.

Les mandats n'arrivaient toujours pas et Madame Rosa commença à attaquer la caisse d'épargne. Elle avait mis quelques sous de côté pour ses vieux jours mais elle savait bien qu'elle n'en avait plus pour longtemps. Elle n'avait toujours pas le cancer mais le reste se détériorait rapidement. Elle m'a même parlé pour la première fois de ma mère et de mon père car il paraît qu'il y en avait deux. Ils étaient venus pour me déposer un soir et ma mère s'était mise à chialer et elle est partie en courant. Madame Rosa m'avait porté comme Mohammed, musulman, et elle avait promis que j'allais être comme un coq en pâte. Et puis après, après... Elle soupirait et c'était tout ce qu'elle savait, sauf qu'elle ne me regardait pas dans les yeux, quand elle disait ça. Je ne savais pas ce qu'elle me cachait mais la nuit ça me faisait peur. Je ne suis jamais arrivé à lui tirer autre chose, même quand les mandats ont cessé d'arriver et qu'elle n'avait plus de raison d'être gentille avec moi. Tout ce que je savais, c'est que j'avais sûrement un père et une mère, parce que là-dessus la nature est intraitable. Mais ils n'étaient jamais revenus et Madame Rosa prenait un air coupable et se taisait. Je vais vous dire tout de suite que je n'ai jamais retrouvé ma mère, je ne veux pas vous donner de fausses émotions. Une fois, quand j'ai beaucoup insisté, Madame Rosa a inventé un mensonge tellement miteux que c'était un vrai plaisir.

— Pour moi, elle avait un préjugé bourgeois, ta mère, parce qu'elle était de bonne famille. Elle ne voulait pas que tu saches le métier qu'elle faisait. Alors, elle est partie, le cœur brisé en sanglotant pour ne jamais revenir, parce que le préjugé t'aurait donné un choc traumatique, comme la médecine l'exige.

Et elle a commencé à chialer elle-même, Madame Rosa, il n'y avait personne comme elle pour aimer les belles histoires. Je pense que le docteur Katz avait raison quand je lui en ai parlé. Il a dit que les putes, c'est une vue de l'esprit. Monsieur Hamil aussi, qui a lu Victor Hugo et qui a vécu plus que n'importe quel autre homme de son âge, quand il m'a expliqué en souriant que rien n'est blanc ou noir et que le blanc, c'est souvent le noir qui se cache et le noir, c'est parfois le blanc qui s'est fait avoir. Et il a même ajouté, en regardant Monsieur Driss qui lui avait apporté son thé de menthe : «Croyez-en ma vieille expérience.» Monsieur Hamil est un grand homme, mais les circonstances ne lui ont pas permis de le devenir.

Il y avait des mois que les mandats n'arrivaient plus et pour Banania, Madame Rosa n'avait jamais vu la couleur de son argent, sauf quand il a débarqué, parce qu'elle s'était fait payer deux mois d'avance. Banania allait maintenant gratuitement sur ses quatre ans et il se conduisait sans gêne, comme s'il avait payé. Madame Rosa a pu lui trouver une famille car ce môme a toujours été un veinard. Moïse était encore en observation et il bouffait dans la famille qui l'observait depuis six mois pour être sûre qu'il était de bonne qualité et qu'il ne faisait pas de l'épilepsie ou des crises de violence. Les crises de violence, c'est surtout de ça que les familles ont peur quand ils veulent un môme, c'est la première chose à éviter, si on veut se faire adopter. Avec les mômes à la journée et pour nourrir Madame Rosa, il fallait douze cents francs par mois et encore il fallait ajouter les médicaments et le crédit qu'on lui refusait. On ne pouvait pas nourrir Madame Rosa seule à moins de quinze francs par jour sans faire d'atrocités, même si on la faisait maigrir. Je me souviens que je lui ai dit ça très franchement, il faut maigrir pour manger moins, mais c'est très dur pour une vieille femme qui est seule au monde. Elle a besoin de plus d'elle-même que les autres. Lorsqu'il n'y a personne pour vous aimer autour, ça devient de la graisse. J'ai recommencé à aller à Pigalle où il y avait toujours cette dame, Maryse, qui était amoureuse de moi parce que j'étais encore un enfant. Mais j'avais une peur bleue parce que le proxynète est puni de prison et on était obligés de se rencontrer en cachette. Je l'attendais dans une porte cochère, elle venait m'embrasser, se baissait, disait «mon joli cœur, qu'est-ce que j'aimerais avoir un fils comme toi», et puis elle me refilait le prix de la passe. J'ai aussi profité de Banania chez nous pour chaparder dans les magasins. Je le laissais tout seul avec son sourire pour qu'il désarme et il faisait autour de lui un attroupement, à cause des sentiments émus et attendrissants qu'il inspirait. Quand ils ont quatre ou cinq ans, les Noirs sont très bien tolérés. Des fois je le pinçais pour qu'il gueule, les gens l'entouraient de leur émotion et pendant ce temps je fauchais des choses utiles à manger. J'avais un pardessus jusqu'aux talons avec des poches maison que Madame Rosa m'avait cousues et c'était ni vu ni connu. La faim, ça ne pardonne pas. Pour sortir, je prenais Banania dans mes bras, je me mettais derrière une bonne femme qui payait et on croyait que j'étais avec elle, pendant que Banania faisait la pute. Les enfants sont très bien vus quand ils ne sont pas encore dangereux. Même moi, je recevais des mots gentils et des sourires, les gens se sentent toujours rassurés lorsqu'ils voient un môme qui n'a pas encore l'âge d'être un voyou. J'ai des cheveux bruns, des yeux bleus et je n'ai pas le nez juif comme les Arabes, j'aurais pu être n'importe quoi sans être obligé de changer de tête.

Madame Rosa mangeait moins, ça lui faisait du bien et à nous aussi. Et puis on avait plus de mômes, c'était la bonne saison et les gens allaient de plus en plus loin en vacances. Jamais je n'ai été plus content de torcher des culs parce que ça faisait bouillir la marmite et lorsque j'avais les doigts pleins de merde, je ne sentais même pas l'injustice.

Malheureusement, Madame Rosa subissait des modifications, à cause des lois de la nature qui s'attaquaient à elle de tous les côtés, les jambes, les yeux, les organes connus tels que le cœur, le foie, les artères et tout ce qu'on peut trouver chez des personnes très usagées. Et comme elle n'avait pas d'ascenseur, il lui arrivait de tomber en panne entre les étages et on était tous obligés de descendre et de la pousser, même Banania qui commençait à se réveiller à la vie et à sentir qu'il avait intérêt à défendre son bifteck.

Chez une personne, les morceaux les plus importants sont le cœur et la tête et c'est pour eux qu'il faut payer le plus cher. Si le cœur s'arrête, on ne peut plus continuer comme avant et si la tête se détache de tout et ne tourne plus rond, la personne perd ses attributions et ne profite plus de la vie. Je pense que pour vivre, il faut s'y prendre très jeune, parce qu'après on perd toute sa valeur et personne ne vous fera de cadeaux.

J'apportais parfois à Madame Rosa des objets que je ramassais sans aucune utilité, qui ne peuvent servir à rien mais qui font plaisir car personne n'en veut et on les a jetés. Par exemple, vous avez des gens qui ont chez eux des fleurs pour un anniversaire ou même sans raison, pour réjouir l'appartement, et après, quand elles sont sèches et ne brillent plus, on les fout dans les poubelles et si vous vous levez très tôt le matin, vous pouvez les récupérer et c'était ma spécialité, c'est ce qu'on appelle les détritus. Parfois les fleurs ont des restes de couleurs et vivent encore un peu et je faisais des bouquets sans m'occuper des questions d'âge et je les offrais à Madame Rosa qui les mettait dans des vases sans eau parce que ça ne sert plus à rien. Ou alors, je fauchais des bras entiers de mimosas dans les charrettes du printemps au marché des Halles et je revenais à la maison pour que ça sente le bonheur. En marchant je rêvais aux batailles de fleurs à Nice et aux forêts de mimosas qui poussent en grand nombre autour de cette ville toute blanche que Monsieur Hamil a connue dans sa jeunesse et dont il me parlait encore parfois car il n'était plus le même.

On parlait surtout le juif et l'arabe entre nous ou alors le français quand il y avait des étrangers ou quand on ne voulait pas être compris, mais à présent Madame Rosa mélangeait toutes les langues de sa vie, et me parlait en polonais qui était sa langue la plus reculée et qui lui revenait car ce qui reste le plus chez les vieux, c'est leur jeunesse. Enfin, sauf pour l'escalier, elle se défendait encore. Mais ce n'était vraiment pas une vie de tous les jours, avec elle, et il fallait même lui faire des piqûres à la fesse. Il était difficile de trouver une infirmière assez jeune pour monter les six étages et aucune n'était assez modique. Je me suis arrangé avec le Mahoute, qui se piquait légalement car il avait le diabète et son état de santé le lui permettait. C'était un très brave mec qui s'était fait lui-même mais qui était principalement noir et algérien. Il vendait des transistors et autres produits de ses vols et le reste du temps il essayait de se faire désintoxiquer à Marmottan où il avait ses entrées. Il est venu faire la piqûre à Madame Rosa mais ça a failli mal tourner parce qu'il s'était trompé d'ampoule et il avait foutu dans le cul à Madame Rosa la ration d'héroïne qu'il se réservait pour le jour où il aurait fini sa désintoxication .

J'ai tout de suite vu qu'il se passait quelque chose contre nature car je n'avais encore jamais vu la Juive aussi enchantée. Elle a eu d'abord un immense étonnement et puis elle a été prise de bonheur. J'ai même eu peur car je croyais qu'elle n'allait pas revenir, tellement elle était au ciel. Moi, l'héroïne, je crache dessus. Les mômes qui se piquent deviennent tous habitués au bonheur et ça ne pardonne pas, vu que le bonheur est connu pour ses états de manque. Pour se piquer, il faut vraiment chercher à être heureux et il n'y a que les rois des cons qui ont des idées pareilles. Moi je me suis jamais sucré, j'ai fumé la Marie des fois avec des copains pour être poli et pourtant, à dix ans, c'est l'âge où les grands vous apprennent des tas de choses. Mais je tiens pas tellement à être heureux, je préfère encore la vie. Le bonheur, c'est une belle ordure et une peau de vache et il faudrait lui apprendre à vivre. On est pas du même bord, lui et moi, et j'ai rien à en foutre. J'ai encore jamais fait de politique parce que ça profite toujours à quelqu'un, mais le bonheur, il devrait y avoir des lois pour l'empêcher de faire le salaud. Je dis seulement comme je le pense et j'ai peut-être tort, mais c'est pas moi qui irais me piquer pour être heureux. Merde. Je ne vais pas vous parler du bonheur parce que je ne veux pas faire une crise de violence, mais Monsieur Hamil dit que j'ai des dispositions pour l'inexprimable. Il dit que l'inexprimable, c'est là qu'il faut chercher et que c'est là que ça se trouve.

La meilleure façon de se procurer de la merde et c'est ce que le Mahoute faisait, c'est de dire qu'on ne s'est jamais piqué et alors les mecs vous font tout de suite une piquouse gratis, parce que personne ne veut se sentir seul dans le malheur. Le nombre des mecs qui ont voulu me faire ma première piquouse, c'est pas croyable, mais je ne suis pas là pour aider les autres à vivre, j'ai déjà assez avec Madame Rosa. Le bonheur, je vais pas me lancer là-dedans avant d'avoir tout essayé pour m'en sortir.

C'est donc le Mahoute – c'est un nom qui ne veut rien dire et c'est pourquoi on l'appelait comme ça – qui a fixé Madame Rosa à la HLM, qui est le nom de l'héroïne chez nous, à cause de cette région de la France où elle est cultivée. Madame Rosa a été prodigieusement étonnée, après quoi elle est entrée dans un état de satisfaction qui faisait peine à voir. Vous pensez, une Juive de soixante-cinq ans, c'était tout ce qu'il lui fallait. J'ai vite couru chercher le docteur Katz car il y a avec la merde ce qu'on appelle l'overdose et on va au paradis artificiel. Le docteur Katz n'est pas venu, car il lui était maintenant défendu de faire six étages, sauf en cas de mort. Il a téléphoné à un jeune médecin qu'il connaissait et celui-ci s'est amené une heure plus tard. Madame Rosa était en train de baver dans son fauteuil. Le docteur me regardait comme s'il n'avait encore jamais vu un mec de dix ans.

— C'est quoi, ici? Une sorte de maternelle?

Il me faisait pitié, avec son air vexé, comme si c'était pas possible. Le Mahoute était en train de chialer par terre, parce que c'était son bonheur qu'il avait foutu dans le cul de Madame Rosa.

— Mais enfin, comment est-ce possible? Qui a procuré à cette vieille dame de l'héroïne?

Je le regardais, les mains dans les poches, et je lui ai souri, mais je ne lui ai rien dit parce qu'à quoi bon, c'était un jeune mec de trente ans qui avait encore tout à apprendre.

C'est peu de jours après qu'il m'est arrivé un coup heureux. J'avais une course à faire dans un grand magasin à l'Opéra où il y avait un cirque en vitrine pour que les parents viennent avec leurs mômes sans aucune obligation de leur part. J'y étais déjà allé dix fois mais ce jour-là j'étais arrivé trop tôt, il y avait encore le rideau et j'ai discuté le bout de gras avec un balayeur africain que je ne connaissais pas mais qui était noir. Il venait d'Aubervilliers car ils en ont là-bas aussi. Nous avons fumé une cigarette et je l'ai regardé balayer le trottoir un moment parce que c'était la meilleure chose à faire. Après, je suis revenu au magasin et je me suis régalé. La vitrine était entourée d'étoiles plus grandes que nature qui s'allumaient et s'éteignaient comme on cligne de l'œil. Au milieu, il y avait le cirque avec les clowns et les cosmonautes qui allaient à la lune et revenaient en faisant des signes aux passants et les acrobates qui volaient dans les airs avec des facilités que leur métier leur conférait, des danseuses blanches sur le dos de chevaux en tutu et des forts des halles bourrés de muscles qui soulevaient des poids incroyables sans aucun effort, car ils n'étaient pas humains et avaient des mécanismes. Il y avait même un chameau qui dansait et un magicien avec un chapeau d'où sortaient en file indienne des lapins qui faisaient un tour de piste et remontaient dans le chapeau pour recommencer encore une fois et encore, c'était un spectacle continu et il ne pouvait pas s'arrêter, c'était plus fort que lui. Les clowns étaient de toutes les couleurs et habillés comme c'est la loi chez eux, des clowns bleus, blancs et en arc-en-ciel et qui avaient un nez avec une ampoule rouge qui s'allumait. Derrière il y avait la foule de spectateurs qui n'étaient pas des vrais mais pour rire et qui applaudissaient sans arrêt, ils étaient faits pour ça. Le cosmonaute se levait pour saluer quand il touchait la lune et son engin patientait pour lui permettre de prendre son temps. Alors que l'on croyait avoir déjà tout vu, des éléphants marrants sortaient de leur garage en se tenant par la queue et faisaient des tours de piste, le dernier était encore un môme et tout rose, comme s'il venait d'être né. Mais pour moi c'étaient les clowns qui étaient les rois. Ils ressemblaient à rien et à personne. Ils avaient tous des têtes pas possibles, avec des yeux en points d'interrogation et ils étaient tous tellement cons qu'ils étaient toujours de bonne humeur. Je les regardais et je pensais que Madame Rosa aurait été très drôle si elle était un clown mais elle ne l'était pas et c'était ça qui était dégueulasse. Ils avaient des pantalons qui tombaient et remontaient parce qu'ils étaient désopilants et ils avaient des instruments de musique qui émettaient des étincelles et des jets d'eau au lieu de ce que ces instruments produisent dans la vie ordinaire. Les clowns étaient quatre et le roi c'était un Blanc en chapeau pointu avec un pantalon bouffé et au visage encore plus blanc que tout le reste. Les autres lui faisaient des courbettes et des saluts militaires et il leur donnait des coups de pied au cul, il ne faisait que ça toute sa vie et ne pouvait pas s'arrêter même s'il voulait, il était réglé dans ce but. Il ne le faisait pas méchamment, c'était chez lui mécanique. Il y avait un clown jaune avec des taches vertes et un visage toujours heureux même lorsqu'il se cassait la gueule, il faisait un numéro sur fil qu'il ratait toujours mais il trouvait ça plutôt marrant car il était philosophe. Il avait une perruque rousse qui se dressait d'horreur sur sa tête quand il mettait le premier pied sur le fil puis l'autre et ainsi de suite, jusqu'à ce que tous les pieds étaient sur le fil et il ne pouvait plus avancer ni reculer et il se mettait à trembler pour faire rire de peur, car il n'y avait rien de plus comique qu'un clown qui a peur. Son copain était tout bleu et gentil qui tenait une mini-guitare et chantait à la lune et on voyait qu'il avait très bon cœur mais n'y pouvait rien. Le dernier était en réalité deux, car il avait un double et ce que l'un faisait, l'autre aussi était obligé de le faire et ils essayaient d'y couper mais il n'y avait pas moyen, ils avaient partie liée. Ce qu'il y avait de meilleur c'est que c'était mécanique et bon enfant et on savait d'avance qu'ils ne souffraient pas, ne vieillissaient pas, et qu'il n'y avait pas de cas de malheur. C'était complètement différent de tout et sous aucun rapport. Même le chameau vous voulait du bien, contrairement que son nom l'indique. Il avait le sourire plein la gueule et se dandinait comme une rombière. Tout le monde était heureux dans ce cirque qui n'avait rien de naturel. Le clown sur le fil de fer jouissait d'une totale sécurité et en dix jours je ne l'ai pas vu tomber une fois, et s'il tombait je savais qu'il ne pouvait pas se faire mal. C'était vraiment autre chose, quoi. J'étais tellement heureux que je voulais mourir parce que le bonheur il faut le saisir pendant qu'il est là.

Je regardais le cirque et j'étais bien lorsque j'ai senti une main sur mon épaule. Je me suis vite retourné car j'ai tout de suite cru à un flic mais c'était une môme plutôt jeune, vingt-cinq ans à tout casser. Elle était vachement pas mal, blonde, avec des grands cheveux et elle sentait bon et frais.

— Pourquoi pleures-tu?

— Je ne pleure pas.

Elle m'a touché la joue.

— Et ça, qu'est-ce que c'est? Ce ne sont pas des larmes?

— Non. Je ne sais pas du tout d'où ça vient.

— Bon, je vois que je me suis trompée. Qu'est-ce qu'il est beau, ce cirque!

— C'est ce que j'ai vu de mieux dans le genre.

— Tu habites par ici?

— Non, je ne suis pas français. Je suis probablement algérien, on est à Belleville.

— Tu t'appelles comment?

— Momo.

Je ne comprenais pas du tout pourquoi elle me draguait. À dix ans j'étais encore bon à rien, même comme arabe. Elle gardait sa main sur ma joue et j'ai reculé un peu. Il faut se méfier. Vous ne le savez peut-être pas, mais il y a des Assistances sociales qui ont l'air de rien et qui vous foutent une contravention avec enquête administrative. L'enquête administrative, il n'y a rien de pire. Madame Rosa ne vivait plus, quand elle y pensait. J'ai reculé encore un peu mais pas trop, juste pour avoir le temps de filer si elle me cherchait. Mais elle était vachement jolie et elle aurait pu se faire une fortune si elle voulait, avec un mec sérieux qui s'occuperait d'elle. Elle s'est mise à rire.

— Il ne faut pas avoir peur.

Tu parles. «Il ne faut pas avoir peur», c'est un truc débile. Monsieur Hamil dit toujours que la peur est notre plus sûre alliée et que sans elle Dieu sait ce qui nous arriverait, croyez-en ma vieille expérience. Monsieur Hamil est même allé à La Mecque, tellement il avait peur.

— Tu ne devrais pas traîner tout seul dans les rues à ton âge.

Là, je me suis marré. Je me suis marré royalement. Mais j'ai rien dit parce que j'étais pas là pour lui apprendre.

— Tu es le plus beau petit garçon que j'aie jamais vu.

— Vous n'êtes pas mal vous-même.

Elle a ri.

— Merci.

Je ne sais pas ce qui m'a pris, mais j'ai eu un coup d'espoir. C'est pas que je cherchais à me caser, je n'allais pas plaquer Madame Rosa tant qu'elle était encore capable. Seulement il fallait quand même penser à l'avenir, qui vous arrive toujours sur la gueule tôt ou tard et j'en rêvais la nuit, des fois. Quelqu'un avec des vacances à la mer et qui ne me ferait rien sentir. Bon, je trompais Madame Rosa un peu mais c'était seulement dans ma tête, quand j'avais envie de crever. Je l'ai regardée avec espoir et j'avais le cœur qui battait. L'espoir, c'est un truc qui est toujours le plus fort, même chez les vieux comme Madame Rosa ou Monsieur Hamil. Dingue.

Mais elle n'a plus rien dit. Ça s'est arrêté là. Les gens sont gratuits. Elle m'a parlé, elle m'a fait une fleur, elle m'a souri gentiment et puis elle a soupiré et elle est partie. Une pute.

Elle portait un imper et un pantalon. On voyait ses cheveux blonds même derrière. Elle était mince et à la façon qu'elle marchait, on voyait qu'elle aurait pu monter les six étages en courant et plusieurs fois par jour avec des paquets.

J'ai traîné derrière elle parce que je n'avais pas mieux à faire. Une fois, elle s'est arrêtée, elle m'a vu et on a rigolé tous les deux. Une fois je me suis caché dans une porte mais elle ne s'est pas retournée et elle n'est pas revenue. J'ai failli la perdre. Elle marchait vite et je pense qu'elle m'avait oublié parce qu'elle avait des chats à fouetter. Elle est entrée dans une porte cochère et je l'ai vue s'arrêter au rez-de-chaussée et sonner. Ça n'a pas raté. La porte s'est ouverte et il y a eu deux mômes qui lui ont sauté au cou. Sept ou huit ans, quoi. Ah là là, je vous jure.

Je me suis assis sous la porte cochère et je suis resté un moment sans avoir tellement envie d'être là ou ailleurs. J'avais deux ou trois choses que j'aurais pu faire, il y avait le drug à l'Étoile avec des bandes dessinées et on peut se foutre de tout avec des bandes dessinées. Ou j'aurais pu aller à Pigalle chez les filles qui m'aimaient bien et me faire des sous. Mais j'en avais brusquement ma claque et ça m'était égal. Je voulais plus être là du tout. J'ai fermé les yeux mais il faut plus que ça et j'étais toujours là, c'est automatique quand on vit. Je ne comprenais pas du tout pourquoi elle m'avait fait des avances, cette pute. Il faut bien dire que je suis un peu con, lorsqu'il s'agit de comprendre, je fais tout le temps des recherches, alors que c'est Monsieur Hamil qui a raison lorsqu'il dit que ça fait un bout de temps que personne n'y comprend rien et qu'on ne peut que s'étonner. Je suis allé revoir le cirque et j'ai gagné encore une heure ou deux mais c'est rien, dans une journée. Je suis entré dans un salon de thé pour dames, j'ai bouffé deux gâteaux, des éclairs au chocolat, c'est ce que je préfère, j'ai demandé où on peut pisser et en remontant j'ai filé tout droit vers la porte, et salut. Après ça, j'ai fauché des gants à un étalage au Printemps et je suis allé les jeter dans une poubelle. Ça m'a fait du bien.

C'est en revenant rue de Ponthieu qu'il y a eu vraiment un truc bizarre. Je ne crois pas tellement aux trucs bizarres, parce que je ne vois pas ce qu'ils ont de différents.

J'avais peur de revenir à la maison. Madame Rosa faisait peine à voir et je savais qu'elle allait me manquer d'un moment à l'autre. J'y pensais tout le temps et des fois, j'osais plus rentrer. J'avais envie d'aller faucher quelque chose de gros dans un magasin et me faire choper pour marquer le coup. Ou me laisser coincer dans une filiale et me défendre à coups de mitraillette jusqu'au dernier. Mais je savais que personne ne ferait attention à moi de toute façon. J'étais donc rue de Ponthieu et j'ai tué comme ça une heure ou deux en regardant des mecs jouer au foot à l'intérieur d'un bistro. Puis j'ai voulu aller ailleurs mais je ne savais pas où, alors je suis resté là à glandouiller. Je savais que Madame Rosa était au désespoir, elle avait toujours peur qu'il m'arrive quelque chose. Elle ne sortait presque pas car on ne pouvait plus la remonter. Au début, on l'attendait en bas à quatre ou cinq et tous les mômes s'y mettaient quand elle revenait et on la poussait. Mais à présent elle se faisait de plus en plus rare, elle n'avait plus assez de jambes et de cœur et son souffle n'aurait pas suffi à une personne le quart de la sienne. Elle ne voulait pas entendre parler de l'hôpital où ils vous font mourir jusqu'au bout au lieu de vous faire une piqûre. Elle disait qu'en France on était contre la mort douce et qu'on vous forçait à vivre tant que vous étiez encore capable d'en baver. Madame Rosa avait une peur bleue de la torture et elle disait toujours que lorsqu'elle en aura vraiment assez, elle se fera avorter. Elle nous avertissait que si l'hôpital s'en emparait, on allait tous nous trouver dans la légalité à l'Assistance publique et elle se mettait à pleurer lorsqu'elle pensait qu'elle allait peut-être mourir en règle avec la loi. La loi c'est fait pour protéger les gens qui ont quelque chose à protéger contre les autres. Monsieur Hamil dit que l'humanité n'est qu'une virgule dans le grand Livre de la vie et quand un vieil homme dit une connerie pareille, je ne vois pas ce que je peux y ajouter. L'humanité n'est pas une virgule parce que quand Madame Rosa me regarde avec ses yeux juifs, elle n'est pas une virgule, c'est même plutôt le grand Livre de la vie tout entier, et je veux pas le voir. J'ai été deux fois à la mosquée pour Madame Rosa et ça n'a rien changé parce que ce n'est pas valable pour les Juifs. Voilà pourquoi j'avais du mal à rentrer à Belleville et à me retrouver œil dans œil avec Madame Rosa. Elle disait tout le temps «Œil! Œil!», c'est le cri du cœur juif quand ils ont mal quelque part, chez les Arabes c'est très différent, nous disons «Khaï! Khaï!» et les Français «Oh! Oh!» quand ils ne sont pas heureux car il ne faut pas croire, ça leur arrive aussi. J'allais avoir dix ans car Madame Rosa avait décidé qu'il me fallait prendre l'habitude d'avoir une date de naissance et ça tombait aujourd'hui. Elle disait que c'était important pour me développer normalement et que tout le reste, le nom du père, de la mère, c'est du snobisme.

Je m'étais installé sous une porte cochère pour attendre que ça passe mais le temps est encore plus vieux que tout et il marche lentement. Quand les personnes ont mal, leurs yeux grossissent et font plus d'expression qu'avant. Madame Rosa avait les yeux qui grossissaient et ils devenaient de plus en plus comme chez les chiens qui vous regardent quand on leur donne des coups sans savoir pourquoi. Je voyais ça d'ici et pourtant j'étais rue de Ponthieu, près des Champs-Élysées où il y a des magasins de grand standing. Ses cheveux d'avant-guerre tombaient de plus en plus et quand elle avait le courage de se battre, elle voulait que je lui trouve une nouvelle perruque avec des vrais cheveux pour avoir l'air d'une femme. Sa vieille perruque était devenue dégueulasse, elle aussi. Il faut dire qu'elle se faisait chauve comme un homme et ça faisait mal aux yeux parce que les femmes n'ont pas été prévues pour ça. Elle voulait encore une perruque rousse, c'était la couleur qui allait le mieux avec son genre de beauté. Je ne savais pas où lui voler ça. À Belleville, il n'y a pas d'établissements pour bonnes femmes moches qu'on appelle instituts de beauté. Aux Élysées, j'ose pas entrer. Il faut demander, mesurer, et merde.

Je me sentais à mon au plus mal. J'avais même pas envie d'un Coka. J'essayais de me dire que je n'étais pas né ce jour-là plus qu'un autre et que de toute façon ces histoires de dates de naissance, c'est seulement des conventions collectives. Je pensais à mes copains, le Mahoute ou le Shah qui boulonnait dans une pompe à essence. Quand on est môme, pour être quelqu'un il faut être plusieurs.

Je me suis couché par terre, j'ai fermé les yeux et j'ai fait des exercices pour mourir, mais le ciment était froid et j'avais peur d'attraper une maladie. Dans mon cas je connais des mecs qui se kickent avec des tas de merde mais moi la vie je vais pas lui lécher le cul pour être heureux. Moi la vie je veux pas lui faire une beauté, je l'emmerde. On a rien l'un pour l'autre. Quand j'aurai la majorité légale, je vais peut-être faire le terroriste, avec détournement d'avions et prise d'otages comme à la télé, pour exiger quelque chose, je ne sais pas encore quoi, mais ça sera pas de la tarte. Le vrai truc, quoi. Pour l'instant, je ne saurais vous dire ce qu'il faut exiger, parce que je n'ai pas reçu de formation professionnelle.

J'étais assis par terre, le cul sur le ciment, à détourner des avions et à prendre des otages qui sortaient les mains en l'air et je me demandais ce que je ferais de l'argent car on ne peut pas tout acheter. J'achèterai de l'immobilier pour Madame Rosa pour qu'elle meure tranquillement les pieds dans l'eau avec une perruque neuve. J'enverrai les fils de putes et leurs mères dans des palaces de luxe à Nice où ils seraient à l'abri de la vie et pourraient devenir plus tard des chefs d'État en visite à Paris ou des membres de la majorité qui expriment leur soutien ou même des facteurs importants de la réussite. Je pourrai aller m'acheter une nouvelle télé que j'ai repérée à la devanture.

Je pensais à tout ça mais j'avais pas tellement envie de faire des affaires. J'ai fait venir le clown bleu et on s'est marré un moment ensemble. Puis j'ai fait venir le clown blanc et il s'est assis à côté de moi et il m'a joué du silence sur son violon minuscule. J'avais envie de traverser et de rester avec eux pour toujours mais je ne pouvais pas laisser Madame Rosa seule dans le merdier. On avait touché un nouveau Viet café au lait à la place de l'ancien qu'une Noire des Antilles qui était française avait exprès eu d'un jules dont la mère était juive et qu'elle voulait élever elle-même parce qu'elle en avait fait une histoire d'amour et c'était personnel. Elle payait rubis sur ongle car Monsieur N'Da Amédée lui laissait assez d'argent pour avoir une vie décente. Il prélevait quarante pour cent des passes car c'était un trottoir très couru qui ne connaissait pas la trêve et il fallait payer les Yougoslaves qui sont un vrai malheur à cause des raquettes. Il y avait même des Corses qui s'en mêlaient car ils commençaient à avoir une nouvelle génération.

À côté de moi il y avait un cageot avec objets sans nécessité et j'aurais pu mettre le feu et tout l'immeuble aurait brûlé, mais personne n'aurait su que c'était moi et de toute façon ce n'était pas prudent. Je me souviens très bien de ce moment dans ma vie parce qu'il était tout à fait comme les autres. Chez moi c'est toujours la vie de tous les jours mais j'ai des moments où je me sens encore moins bien. Je n'avais mal nulle part et je n'avais donc pas de raison mais c'était comme si je n'avais ni bras ni jambes, alors que j'avais tout ce qu'il fallait. Même Monsieur Hamil ne pourrait pas l'expliquer.

Il faut dire sans vouloir vexer personne que Monsieur Hamil devenait de plus en plus con, comme ça arrive parfois avec les vieux qui ne sont plus loin du compte et qui n'ont plus d'excuses. Ils savent bien ce qui les attend et on voit dans leurs yeux qu'ils regardent en arrière pour se cacher dans le passé comme des autruches qui font de la politique. Il avait toujours son livre de Victor Hugo sous la main mais il était confusé et il croyait que c'était le Koran, car il avait les deux. Il les connaissait par cœur en petits bouts et il parlait comme on respire mais en faisant des mélanges. Quand j'allais avec lui à la mosquée où on faisait très bonne impression parce que je le conduisais comme un aveugle et chez nous les aveugles sont très bien vus, il se trompait tout le temps et au lieu de prier il récitait Waterloo Waterloo morne plaine, ce qui étonnait les Arabes ici présents car ce n'était pas à sa place. Il avait même des larmes dans les yeux à cause de la ferveur religieuse. Il était très beau avec sa jellaba grise et sa galmona blanche sur la tête et priait pour être bien reçu. Mais il n'est jamais mort et il est possible qu'il devienne champion du monde toutes catégories car à son âge, il n'y en a point qui peuvent dire mieux. C'est les chiens qui meurent les plus jeunes chez l'homme. À douze ans, on ne peut plus compter sur eux et il faut les renouveler. La prochaine fois que j'aurai un chien, je le prendrai au berceau, comme ça j'aurai beaucoup de temps pour le perdre. Les clowns seuls n'ont pas de problèmes de vie et de mort vu qu'ils ne se présentent pas au monde par voie familiale. Ils ont été inventés sans lois de la nature et ne meurent jamais, car ce ne serait pas drôle. Je peux les voir à côté de moi quand je veux. Je peux voir n'importe qui à côté de moi si je veux, King Kong ou Frankenstein et des troupeaux d'oiseaux roses blessés, sauf ma mère, parce que là je n'ai pas assez d'imagination.

Je me suis levé, j'en avais marre de la porte cochère et j'ai regardé dans la rue pour voir. Il y avait à droite un car de police avec des flics tout prêts. Je voudrais être flic moi aussi quand je serai majoritaire pour avoir peur de rien et personne et pour savoir ce qu'il faut faire. Quand on est flic on est commandé par l'autorité. Madame Rosa disait qu'il y avait beaucoup de fils de putes à l'Assistance publique qui deviennent des flics, des CRS et des républicains et personne ne peut plus les toucher.

Je suis sorti pour voir, les mains dans les poches, et je me suis approché du car de police, comme on les appelle. J'avais un peu les jetons. Ils n'étaient pas tous dans le car, il y en avait qui s'étaient répandus par terre. Je me suis mis à siffloter *En passant par la Lorraine* parce que je n'ai pas une tête de chez nous et il y en avait un qui me souriait déjà.

Les flics, c'est ce qu'il y a de plus fort au monde. Un môme qui a un père flic, c'est comme s'il avait deux fois plus de père que les autres. Ils acceptent des Arabes et même des Noirs, s'ils ont quelque chose de français. Ils sont tous des fils de putes en passant par l'Assistance et personne ne peut rien leur apprendre. Il n'y a rien de mieux comme force de sécurité, je vous le dis comme je le pense. Même les militaires leur arrivent pas à la cheville, sauf peut-être le général. Madame Rosa a une peur bleue des flics mais c'est à cause du foyer où elle a été exterminée et ça ne compte pas comme argument, parce qu'elle était du mauvais côté. Ou alors j'irai en Algérie et je serai dans la police là-bas où on en a le plus besoin. Il y a beaucoup moins d'Algériens en France qu'en Algérie, alors ils ont ici moins à faire. J'ai fait encore un pas ou deux vers le car où ils étaient tous attendant des désordres et des attaques à main armée et j'avais le cœur qui battait. Je me sens toujours contraire à la loi, je sens bien que j'aurais pas dû être là. Mais ils n'ont fait ni une ni deux, peut-être qu'ils étaient fatigués. Il y en avait même un qui dormait par la fenêtre, un autre qui mangeait tranquillement une banane épluchée près d'un transistor et c'était la décontraction. Dehors, il y avait un flic blond avec une radio à antenne à la main et qui ne paraissait pas du tout inquiet de tout ce qui se passait. J'avais les jetons mais c'était bon d'avoir peur en sachant pourquoi, car d'habitude j'ai une peur bleue sans aucune raison, comme on respire. Le flic avec antenne m'a vu mais il n'a pris aucune mesure et je suis passé à côté en sifflotant comme chez moi.

Il y a des flics qui sont mariés et qui ont des gosses, je sais que ça existe. J'ai discuté une fois avec le Mahoute pour savoir comment c'est d'avoir un père flic, mais le Mahoute en a eu marre, il a dit que ça sert à rien de rêver et il est parti. C'est pas la peine de discuter avec les drogués, ils n'ont pas de curiosité.

Je me suis baladé encore un moment pour ne pas rentrer, en comptant combien il y avait de pas par trottoir, et il y en avait pour une fortune, j'avais même pas assez de place dans mes chiffres. Il restait encore du soleil. Un jour, j'irai à la campagne pour voir comment c'est fait. La mer aussi, ça pourrait m'intéresser, Monsieur Hamil en parle avec beaucoup d'estime. Je ne sais pas ce que je serais devenu sans Monsieur Hamil qui m'a appris tout ce que je sais. Il est venu en France avec un oncle quand il était môme et il est resté jeune très tôt quand son oncle est mort et malgré ça il a réussi à se qualifier. Maintenant il devient de plus en plus con mais c'est parce qu'on n'est pas prévu pour vivre si vieux. Le soleil avait l'air d'un clown jaune assis sur le toit. J'irai un jour à La Mecque, Monsieur Hamil dit qu'il y a là-bas plus de soleil que n'importe où, c'est la géographie qui veut ça. Mais je pense que pour le reste, La Mecque, c'est pas tellement ailleurs non plus. Je voudrais aller très loin dans un endroit plein d'autre chose et je cherche même pas à l'imaginer, pour ne pas le gâcher. On pourrait garder le soleil, les clowns et les chiens parce qu'on ne peut pas faire mieux dans le genre. Mais pour le reste, ce serait ni vu ni connu et spécialement aménagé dans ce but. Mais je pense que ça aussi ça s'arrangerait pour être pareil. C'est même marrant, des fois, à quel point les choses tiennent à leur place.

Il était cinq heures et je commençais à rentrer chez moi lorsque j'ai vu une blonde qui arrêtait sa mini sur le trottoir sous l'interdiction de stationner. Je l'ai reconnue tout de suite car je suis rancunier comme une teigne. C'était la pute qui m'avait lâché plus tôt, après m'avoir fait des avances et que j'avais suivie pour rien. J'étais vachement surpris de la voir. Paris, c'est plein de rues, et il faut beaucoup de hasard pour rencontrer quelqu'un là-dedans. La môme ne m'avait pas vu, j'étais sur l'autre trottoir et j'ai vite traversé pour être reconnu. Mais elle était pressée ou peut-être qu'elle n'y pensait plus, c'était déjà il y a deux heures. Elle est entrée dans le numéro 39, qui donnait à l'intérieur sur une cour avec une autre maison. J'ai même pas eu le temps de me faire voir. Elle portait un poil de chameau, un pantalon, avec beaucoup de cheveux sur la tête, tous blonds. Elle avait laissé au moins cinq mètres de parfum derrière elle. Elle n'avait pas fermé sa voiture à clé et j'ai d'abord voulu lui faucher quelque chose à l'intérieur pour qu'elle s'en souvienne, mais j'avais tellement le cafard à cause de mon jour de naissance et tout que j'étais même étonné d'avoir tant de place chez moi. Il y avait trop de monde pour moi tout seul. Bof, je me suis dit, c'est pas la peine de faucher, elle saura même pas que c'est moi. J'avais envie de me faire voir d'elle, mais il ne faut pas croire que je cherchais une famille, Madame Rosa pouvait encore durer un bout de temps avec des efforts. Moïse avait trouvé à se caser et même Banania était en pourparlers, j'avais pas à m'en faire. J'avais pas de maladies connues, j'étais pas inadopté, et c'est la première chose que les personnes regardent quand ils vous choisissent. On les comprend, car il y a des personnes qui vous prennent en confiance et qui se trouvent sur les bras avec un môme qui a eu des alcooliques et qui est demeuré sur place, alors qu'il y en a d'excellents qui n'ont trouvé personne. Moi aussi, si je pouvais choisir, j'aurais pris ce qu'il y a de mieux et pas une vieille Juive qui n'en pouvait plus et qui me faisait mal et me donnait envie de crever chaque fois que je la voyais dans cet état. Si Madame Rosa était une chienne, on l'aurait déjà épargnée mais on est toujours beaucoup plus gentil avec les chiens qu'avec les personnes humaines qu'il n'est pas permis de faire mourir sans souffrance. Je vous dis ça parce qu'il ne faut pas croire que je suivais Mademoiselle Nadine comme elle s'appelait plus tard pour que Madame Rosa puisse mourir tranquille.

L'entrée de l'immeuble menait à un deuxième immeuble, plus petit à l'intérieur et dès que j'y suis entré, j'ai entendu des coups de feu, des freins qui grinçaient, une femme qui hurlait et un homme qui suppliait «Ne me tuez pas! Ne me tuez pas!» et j'ai même sauté en l'air tellement c'était trop près. Il y a eu tout de suite une rafale de mitraillette et l'homme a crié «Non!», comme toujours lorsqu'on meurt sans plaisir. Ensuite il y a eu un silence encore plus affreux et c'est là que vous n'allez pas me croire. Tout a recommencé comme avant, avec le même mec qui ne voulait pas être tué parce qu'il avait ses raisons et la mitraillette qui ne l'écoutait pas. Il a recommencé trois fois à mourir malgré lui comme si c'était un salaud comme c'est pas permis et qu'il fallait le faire mourir trois fois pour l'exemple. Il y eut un nouveau silence pendant lequel il est resté mort et puis ils se sont acharnés sur lui une quatrième fois et une cinquième et à la fin il me faisait même pitié parce qu'enfin tout de même. Après ils l'ont laissé tranquille et il y eut une voix de femme qui a dit «mon amour, mon pauvre amour», mais d'une voix tellement émue et avec ses sentiments les plus sincères que j'en suis resté comme deux ronds de flan et pourtant je ne sais même pas ce que ça veut dire. Il n'y avait personne dans l'entrée sauf moi et une porte avec une lampe rouge allumée. Je suis à peine revenu de l'émotion qu'ils ont recommencé tout le bordel avec «mon amour, mon amour» mais chaque fois sur un autre ton, et puis ils ont remis ça encore et encore. Le mec a dû mourir cinq ou six fois dans les bras de sa bonne femme tellement c'était pour lui le pied de sentir qu'il y avait là quelqu'un à qui ça faisait de la peine. J'ai pensé à Madame Rosa qui n'avait personne pour lui dire «mon amour, mon pauvre amour» parce qu'elle n'avait pour ainsi dire plus de cheveux et pesait dans les quatre-vingt-quinze kilos, tous les uns plus moches que les autres. Là-dessus la bonne femme ne s'est tue que pour lancer un tel cri de désespoir que je me suis précipité vers la porte et à l'intérieur comme un seul homme. Merde, c'était une sorte de cinéma, sauf que tout le monde marchait en arrière. Quand je suis entré, la bonne femme sur l'écran est tombée sur le corps du cadavre pour agoniser dessus et aussitôt après elle s'est levée, mais à l'envers, en faisant tout à reculons comme si elle était vivante à l'aller et une poupée au retour. Puis tout s'est éteint et il y eut la lumière.

La môme qui m'avait laissé tomber se tenait devant le micro au milieu de la salle, devant des fauteuils et quand tout s'est allumé, elle m'a vu. Il y avait trois ou quatre mecs dans les coins mais ils étaient pas armés. Je devais avoir l'air con la bouche ouverte, parce que tout le monde me regardait comme ça. La blonde m'a reconnu et m'a fait un immense sourire, ce qui m'a un peu remonté le moral, je lui avais fait impression.

— Mais c'est mon copain!

On était pas copains du tout mais j'allais pas discuter. Elle est venue vers moi et elle a regardé Arthur mais je savais bien que c'est moi qui l'intéressais. Les femmes me font marrer, des fois.

— Qu'est-ce que c'est?

— C'est un vieux parapluie que j'ai renippé.

— Il est marrant, avec son costume, on dirait un fétiche. C'est ton copain?

— Vous me prenez pour un demeuré, ou quoi? C'est pas un copain, c'est un parapluie.

Elle a pris Arthur et elle a fait semblant de le regarder. Les autres aussi. La première chose que personne ne veut, quand on adopte un môme, c'est qu'il soit demeuré. Ça veut dire un môme qui a décidé de s'arrêter en route parce que ça ne lui dit rien qui chante. Il a alors des parents handicapés qui ne savent pas quoi en faire. Par exemple, un môme a quinze ans, mais il se conduit comme dix. Remarquez, on peut pas gagner. Quand un môme a dix ans comme moi et qu'il se conduit comme quinze, on le fout à la porte de l'école parce qu'il est perturbé.

— Il est beau, avec son visage tout vert. Pourquoi lui as-tu fait un visage vert?

Elle sentait si bon que j'ai pensé à Madame Rosa, tellement c'était différent.

— C'est pas un visage, c'est un chiffon. Ça nous est interdit, les visages.

— Comment ça, interdit?

Elle avait des yeux bleus très gais, assez gentils et elle était accroupie devant Arthur, mais c'était pour moi.

— Je suis arabe. C'est pas permis, les visages, dans notre religion.

— De représenter un visage, tu veux dire?

— C'est offensant pour Dieu.

Elle me jeta un coup d'œil, mine de rien, mais je voyais bien que je lui faisais de l'effet.

— Tu as quel âge?

— Je vous l'ai déjà dit la première fois qu'on s'est vus. Dix ans. C'est aujourd'hui que je viens d'avoir ça. Mais ça compte pas, l'âge. Moi j'ai un ami qui a quatre-vingt-cinq ans et qui est toujours là.

— Tu t'appelles comment?

— Vous me l'avez déjà demandé. Momo.

Après, il a fallu qu'elle travaille. Elle m'a expliqué que c'était ce qu'on appelle chez eux une salle de doublage. Les gens sur l'écran ouvraient la bouche comme pour parler mais c'étaient les personnes dans la salle qui leur donnaient leurs voix. C'était comme chez les oiseaux, ils leur fourraient directement leurs voix dans le gosier. Quand c'était raté la première fois et que la voix n'entrait pas au bon moment, il fallait recommencer. Et c'est là que c'était beau à voir : tout se mettait à reculer. Les morts revenaient à la vie et reprenaient à reculons leur place dans la société. On appuyait sur un bouton, et tout s'éloignait. Les voitures reculaient à l'envers et les chiens couraient à reculons et les maisons qui tombaient en poussière se ramassaient et se reconstruisaient d'un seul coup sous vos yeux. Les balles sortaient du corps, retournaient dans les mitraillettes et les tueurs se retiraient et sautaient par la fenêtre à reculons. Quand on vidait l'eau, elle se relevait et remontait dans le verre. Le sang qui coulait revenait chez lui dans le corps et il n'y avait plus trace de sang nulle part, la plaie se refermait. Un type qui avait craché reprenait son crachat dans la bouche. Les chevaux galopaient à reculons et un type qui était tombé du septième étage était récupéré et rentrait dans la fenêtre. C'était le vrai monde à l'envers et c'était la plus belle chose que j'aie vue dans ma putain de vie. À un moment, j'ai même vu Madame Rosa jeune et fraîche, avec toutes ses jambes et je l'ai fait reculer encore plus et elle est devenue encore plus jolie. J'en avais des larmes aux yeux.

J'y suis resté un bon moment parce que je n'étais pas urgent nulle part ailleurs et qu'est-ce que je me suis régalé. J'aimais surtout quand la bonne femme à l'écran était tuée, elle restait un moment morte pour faire de la peine, et puis elle était soulevée du sol comme par une main invisible, se mettait à reculer et retrouvait la vraie vie. Le type pour qui elle disait «mon amour, mon pauvre amour» avait l'air d'une belle ordure mais c'était pas mes oignons. Les personnes présentes voyaient bien que ça faisait mon bonheur, ce cinéma, et ils m'ont expliqué qu'on pouvait prendre tout à la fin et revenir comme ça jusqu'au commencement, et l'un d'eux, un barbu, s'est marré et a dit «jusqu'au paradis terrestre». Après il a ajouté : «Malheureusement, quand ça recommence, c'est toujours la même chose.» La blonde m'a dit qu'elle s'appelait Nadine et que c'était son métier de faire parler les gens d'une voix humaine au cinéma. J'avais envie de rien tellement j'étais content. Vous pensez, une maison qui brûle et qui s'écroule, et puis qui s'éteint et qui se relève. Il faut voir ça avec ses yeux pour y croire, parce que les yeux des autres, c'est pas la même chose.

Et c'est là que j'ai eu un vrai événement. Je ne peux pas dire que je suis remonté en arrière et que j'ai vu ma mère, mais je me suis vu assis par terre et je voyais devant moi des jambes avec des bottes jusqu'aux cuisses et une mini-jupe en cuir et j'ai fait un effort terrible pour lever les yeux et pour voir son visage, je savais que c'était ma mère mais c'était trop tard, les souvenirs ne peuvent pas lever les yeux. J'ai même réussi à revenir encore plus loin en arrière. Je sens autour de moi deux bras chauds qui me bercent, j'ai mal au ventre, la personne qui me tient chaud marche de long en large en chantonnant, mais j'ai toujours mal au ventre, et puis je lâche un étron qui va s'asseoir par terre et j'ai plus mal sous l'effet du soulagement et la personne chaude m'embrasse et rit d'un rire léger que j'entends, j'entends, j'entends...

— Ça te plaît?

J'étais assis dans un fauteuil et il n'y avait plus rien sur l'écran. La blonde était venue près de moi et ils ont fait régner la lumière.

— C'est pas mal.

Après j'ai eu encore droit au mec qui prenait une dégelée de mitraillette dans le bide parce qu'il était peut-être caissier à la banque ou d'une bande rivale et qui gueulait «ne me tuez pas, ne me tuez pas!» comme un con, parce que ça sert à rien, il faut faire son métier. J'aime bien au ciné quand le mort dit «allez messieurs faites votre métier» avant de mourir, ça indique la compréhension, ça sert à rien de faire chier les gens en les prenant par les bons sentiments. Mais le mec trouvait pas le ton qu'il fallait pour plaire et ils ont dû le faire reculer encore pour remettre ça. D'abord il tendait les mains pour arrêter les balles et c'est là qu'il gueulait «non, non!» et «ne me tuez pas, ne me tuez pas!» avec la voix du mec dans la salle qui faisait ça au micro en toute sécurité. Ensuite il tombait en se tordant car ça fait toujours plaisir au cinéma et puis il ne bougeait plus. Les gangsters y mettaient encore un coup pour s'assurer qu'il n'était pas capable de leur nuire. Et alors que c'était déjà sans espoir, tout se remettait en marche à l'envers et le mec se soulevait dans les airs comme si c'était la main de Dieu qui le prenait et le remettait sur pied pour pouvoir encore s'en servir.

Après on a vu d'autres morceaux et il y en avait qu'il fallait faire reculer dix fois pour que tout soit comme il faut. Les mots se mettaient aussi en marche arrière et disaient les choses à l'envers et ça faisait des sons mystérieux comme dans une langue que personne ne connaît et qui veut peut-être dire quelque chose.

Quand il n'y avait rien sur l'écran, je m'amusais à imaginer Madame Rosa heureuse, avec tous ses cheveux d'avant-guerre et qui n'était même pas obligée de se défendre parce que c'était le monde à l'envers.

La blonde m'a caressé la joue et il faut dire qu'elle était sympa et c'était dommage. Je pensais à ses deux mômes, ceux que j'avais vus et c'était dommage, quoi.

— Ça a vraiment l'air de te plaire beaucoup.

— Je me suis bien marré.

— Tu peux revenir quand tu veux.

— J'ai pas tellement le temps, je vous promets rien.

Elle m'a proposé d'aller manger une glace et j'ai pas dit non. Je lui plaisais aussi et quand je lui ai pris la main pour qu'on marche plus vite, elle a souri. J'ai pris une glace au chocolat fraise pistache mais après j'ai regretté, j'aurais dû prendre une de vanille.

— J'aime bien quand on peut tout faire reculer. J'habite chez une dame qui va bientôt mourir.

Elle ne touchait pas à sa glace et me regardait. Elle avait les cheveux tellement blonds que j'ai pas pu m'empêcher de lever la main et de les toucher et puis je me suis marré parce que c'était marrant.

— Tes parents ne sont pas à Paris?

J'ai pas su quoi lui dire et j'ai bouffé encore plus de glace, c'est peut-être ce que j'aime le plus au monde.

Elle a pas insisté. Je suis toujours emmerdé quand on me parle qu'est-ce qu'il fait ton papa où elle est ta maman, c'est un truc qui me manque comme sujet de conversation.

Elle a pris une feuille de papier et un stylo et elle a écrit quelque chose qu'elle a souligné trois fois pour ne pas que je perde la feuille.

— Tiens, c'est mon nom et mon adresse. Tu peux venir quand tu veux. J'ai un ami qui s'occupe des enfants.

— Un psychiatre, j'ai dit.

Là, ça l'a soufflée.

— Pourquoi dis-tu cela? Ce sont les pédiatres qui s'occupent des enfants.

— Seulement quand ils sont bébés. Après, c'est les psychiatres.

Elle se taisait et me regardait comme si je lui avais fait peur.

— Qui t'a appris cela?

— J'ai un copain, le Mahoute, qui connaît la question parce qu'il se fait désintoxiquer. C'est à Marmottan qu'on lui fait ça.

Elle a posé sa main sur la mienne et elle s'est penchée sur moi.

— Tu m'as dit que tu as dix ans, n'est-ce pas?

— Un peu, oui.

— Tu en sais des choses pour ton âge... Alors, c'est promis? Tu viendras nous voir?

J'ai léché ma glace. Je n'avais pas le moral et les bonnes choses sont encore mieux quand on a pas le moral. J'ai souvent remarqué ça. Quand on a envie de crever, le chocolat a encore meilleur goût que d'habitude.

— Vous avez déjà quelqu'un.

Elle ne me comprenait pas, à la façon qu'elle me regardait.

J'ai léché ma glace en la regardant droit dans les yeux, avec vengeance.

— Je vous aie vue, tout à l'heure, quand on a failli se rencontrer. Vous êtes revenue à la maison et vous avez déjà deux mômes. Ils sont blonds comme vous.

— Tu m'as suivie?

— Ben oui, vous m'avez fait semblant.

Je ne sais pas ce qu'elle a eu tout d'un coup, mais je vous jure qu'il y avait du monde dans la façon qu'elle me regardait. Vous savez, comme si elle avait quatre fois plus dans les yeux qu'avant.

— Écoute-moi, mon petit Mohammed...

— On m'appelle plutôt Momo, parce que Mohammed, il y en a trop à dire.

— Écoute, mon chéri, tu as mon nom et adresse, ne les perds pas, viens me voir quand tu veux... Où est-ce que tu habites?

Là, pas question. Une môme comme ça, si elle débarquait chez nous et apprenait que c'est un clandé pour fils de putes, c'était la honte. C'est pas que je comptais sur elle, je savais qu'elle avait déjà quelqu'un, mais les fils de putes pour les gens bien, c'est tout de suite des proxynètes, des maquereaux, la criminalité et la délinquance infantile. On a vachement mauvaise réputation chez les gens bien, croyez-en ma vieille expérience. Ils vous prennent jamais, parce qu'il y a ce que le docteur Katz appelle l'influence du milieu familial et là les putes pour eux, c'est ce qu'il y a de pire. Et puis ils ont peur des maladies vénériennes chez les mômes qui sont tous héréditaires. J'ai pas voulu dire non mais je lui ai donné une adresse bidon. J'ai pris son papier et je l'ai mis dans ma poche, on ne sait jamais, mais il y a pas de miracles. Elle a commencé à me poser des questions, je disais ni oui ni non, j'ai bouffé encore une glace, à la vanille, c'est tout. La vanille, c'est la meilleure chose au monde.

— Tu feras connaissance avec mes enfants et nous irons tous à la campagne, à Fontainebleau... Nous avons une maison là-bas...

— Allez, au revoir.

Je me suis levé d'un seul coup parce que je lui avais rien demandé et je suis parti en courant avec Arthur.

Je me suis amusé un peu à faire peur aux voitures en passant devant au dernier moment. Les gens ont peur d'écraser un môme et ça me faisait jouir de sentir que ça leur faisait quelque chose. Ils donnent des coups de frein terribles pour ne pas vous faire mal et c'est quand même mieux que rien. J'avais même envie de leur faire encore plus peur que ça mais c'était pas dans mes moyens. Je n'étais pas encore sûr si j'allais être dans la police ou dans les terroristes, je verrai ça plus tard quand j'y serai. En tout cas, il faut une bande organisée, parce que seul, c'est pas possible, c'est du trop petit. Et puis j'aime pas tellement tuer, plutôt au contraire. Non, ce que j'aimerais, c'est d'être un mec comme Victor Hugo. Monsieur Hamil dit qu'on peut tout faire avec les mots mais sans tuer des gens et que j'aurai le temps, je vais voir. Monsieur Hamil dit que c'est ce qu'il y a de plus fort. Si vous voulez mon avis, si les mecs à main armée sont comme ça, c'est parce qu'on les avait pas repérés quand ils étaient mômes et ils sont restés ni vus ni connus. Il y a trop de mômes pour s'en apercevoir, il y en a même qui sont obligés de crever de faim pour se faire apercevoir, ou alors, ils font des bandes pour être vus. Madame Rosa me dit qu'il y a des millions de gosses qui crèvent dans le monde et qu'il y en a même qui se font photographier. Madame Rosa dit que le zob est l'ennemi du genre humain et que le seul type bien parmi les médecins, c'est Jésus, parce qu'il n'est pas sorti d'un zob. Elle disait que c'était un cas exceptionnel. Madame Rosa dit que la vie peut être très belle mais qu'on ne l'a pas encore vraiment trouvée et qu'en attendant il faut bien vivre. Monsieur Hamil m'a aussi dit beaucoup de bien de la vie et surtout des tapis persans.

En courant parmi les voitures pour leur faire peur, car un môme écrasé je vous jure que ça ne fait plaisir à personne, j'avais beaucoup d'importance, je sentais que je pouvais leur causer des ennuis sans fin. Je n'allais pas me faire écraser uniquement pour les faire chier, mais je leur faisais vachement de l'effet. Il y a un copain, le Claudo on l'appelle, qui s'est fait renverser comme ça en jouant au con et il a eu droit à trois mois de soins à l'hôpital, alors qu'à la maison, s'il avait perdu une jambe, son père l'aurait envoyé la chercher.

Il faisait déjà nuit et Madame Rosa commençait peut-être à avoir peur parce que je n'étais pas là. Je courais vite pour rentrer, car je m'étais donné du bon temps sans Madame Rosa et j'avais des remords.

J'ai tout de suite vu qu'elle s'était encore détériorée pendant mon absence et surtout en haut, à la tête, où elle allait encore plus mal qu'ailleurs. Elle m'avait souvent dit en rigolant que la vie ne se plaisait pas beaucoup chez elle, et maintenant ça se voyait. Tout ce qu'elle avait lui faisait mal. Il y avait déjà un mois qu'elle ne pouvait plus faire le marché à cause des étages et elle me disait que si j'étais pas là pour lui donner des soucis, elle n'aurait plus aucun intérêt à vivre.

Je lui ai raconté ce que j'ai vu dans cette salle où l'on revenait en arrière, mais elle a seulement soupiré et nous avons fait dînette. Elle savait qu'elle se détériorait rapidement mais elle faisait encore très bien la cuisine. La seule chose qu'elle ne voulait pour rien au monde, c'était le cancer, et là elle avait de la veine vu que c'était la seule chose qu'elle n'avait pas. Pour le reste, elle était tellement endommagée que même ses cheveux s'étaient arrêtés de tomber parce que la mécanique qui les faisait tomber s'était détériorée elle aussi. Finalement, j'ai couru appeler le docteur Katz et il est venu. Il n'était pas tellement vieux mais il ne pouvait plus se permettre les escaliers qui se portent au cœur. Il y avait là deux ou trois mômes à la semaine dont deux partaient le lendemain et le troisième à Abidjan où sa mère allait se retirer dans un sex-shop. Elle avait fêté sa dernière passe deux jours auparavant, après vingt ans aux Halles, et elle a dit à Madame Rosa qu'après elle était toute émue, elle avait l'impression d'avoir vieilli d'un seul coup. On a aidé le docteur Katz à monter en le soutenant de tous les côtés et il nous a fait sortir pour examiner Madame Rosa. Quand on est revenu, Madame Rosa était heureuse, ce n'était pas le cancer, le docteur Katz était un grand médecin et avait fait du bon boulot. Après, il nous a tous regardés, mais quand je dis tous, ce n'était plus que des restes et je savais que j'allais bientôt être seul, là-dedans. Il y avait une rumeur d'Orléans que la Juive nous affamait. Je ne me souviens même plus des noms des trois autres mômes qu'il y avait là, sauf une fille qui s'appelait Édith, Dieu sait pourquoi, car elle avait pas plus de quatre ans.

— Qui est l'aîné, là-dedans?

Je lui ai dit que c'était Momo comme d'habitude, car j'ai jamais été assez jeune pour éviter les emmerdes.

— Bon, Momo, je vais faire une ordonnance et tu vas aller à la pharmacie.

On est sorti sur le palier et là il m'a regardé comme on fait toujours pour vous faire de la peine.

— Écoute, mon petit, Madame Rosa est très malade.

— Mais vous avez dit qu'elle avait pas le cancer?

— Ça elle n'a pas, mais franchement, c'est très mauvais, très mauvais.

Il m'a expliqué que Madame Rosa avait sur elle assez de maladies pour plusieurs personnes et il fallait la mettre à l'hôpital, dans une grande salle. Je me souviens très bien qu'il avait parlé d'une grande salle, comme s'il fallait beaucoup de place pour toutes les maladies qu'elle avait sur elle, mais je pense qu'il disait ça pour décrire l'hôpital sous des couleurs encourageantes. Je ne comprenais pas les noms que Monsieur Katz m'énumérait avec satisfaction, car on voyait bien qu'il avait beaucoup appris chez elle. Le moins que j'ai compris, c'est lorsqu'il m'a dit que Madame Rosa était trop tendue et qu'elle pouvait être attaquée d'un moment à l'autre.

— Mais surtout, c'est la sénilité, le gâtisme, si tu préfères...

Moi je préférais rien mais j'avais pas à discuter. Il m'a expliqué que Madame Rosa s'était rétrécie dans ses artères, ses canalisations se fermaient et ça ne circulait plus là où il fallait.

— Le sang et l'oxygène n'alimentent plus convenablement son cerveau. Elle ne pourra plus penser et va vivre comme un légume. Ça peut encore durer longtemps et elle pourra même avoir encore pendant des années des lueurs d'intelligence, mais ça ne pardonne pas, mon petit, ça ne pardonne pas.

Il me faisait marrer, avec cette façon qu'il avait de répéter «ça ne pardonne pas, ça ne pardonne pas», comme s'il y avait quelque chose qui pardonne.

— Mais c'est pas le cancer, n'est-ce pas?

— Absolument pas. Tu peux être tranquille.

C'était quand même une bonne nouvelle et je me suis mis à chialer. Ça me faisait vachement plaisir qu'on évitait le pire. Je me suis assis dans l'escalier et j'ai pleuré comme un veau. Les veaux ne pleurent jamais mais c'est l'expression qui veut ça.

Le docteur Katz s'est assis à côté de moi sur l'escalier et il m'a mis une main sur l'épaule. Il ressemblait à Monsieur Hamil par la barbe.

— Il ne faut pas pleurer, mon petit, c'est naturel que les vieux meurent. Tu as toute la vie devant toi.

Il cherchait à me faire peur, ce salaud-là, ou quoi? J'ai toujours remarqué que les vieux disent «tu es jeune, tu as toute la vie devant toi», avec un bon sourire, comme si cela leur faisait plaisir.

Je me suis levé. Bon je savais que j'ai toute ma vie devant moi mais je n'allais pas me rendre malade pour ça.

J'ai aidé le docteur Katz à descendre et je suis remonté très vite pour annoncer à Madame Rosa la bonne nouvelle.

— Ça y est, Madame Rosa, c'est maintenant sûr, vous avez pas le cancer. Le docteur est tout à fait définitif là-dessus.

Elle a eu un immense sourire, parce qu'elle a presque plus de dents qui lui restent. Quand Madame Rosa sourit, elle devient moins vieille et moche que d'habitude car elle a gardé un sourire très jeune qui lui donne des soins de beauté. Elle a une photo où elle avait quinze ans avant les exterminations des Allemands et on pouvait pas croire que ça allait donner Madame Rosa un jour, quand on la regardait. Et c'était la même chose à l'autre bout, il était difficile d'imaginer une chose pareille, Madame Rosa à quinze ans. Elles n'avaient aucun rapport. Madame Rosa à quinze ans avait une belle chevelure rousse et un sourire comme si c'était plein de bonnes choses devant elle, là où elle allait. Ça me faisait mal au ventre de la voir à quinze ans et puis maintenant, dans son état des choses. La vie l'a traitée, quoi. Des fois, je me mets devant une glace et j'essaie d'imaginer ce que je donnerai quand j'aurai été traité par la vie, je fais ça avec mes doigts en tirant sur mes lèvres et en faisant des grimaces.

C'est comme ça que j'ai annoncé à Madame Rosa la meilleure nouvelle de sa vie, qu'elle n'avait pas le cancer.

Le soir on a ouvert la bouteille de champagne que Monsieur N'Da Amédée nous avait offerte pour fêter que Madame Rosa n'avait pas le pire ennemi du peuple, comme il le disait, car Monsieur N'Da Amédée voulait aussi faire de la politique. Elle s'est refait une beauté pour le champagne, et même Monsieur N'Da Amédée parut étonné. Puis il est parti mais il en restait encore dans la bouteille. J'ai rempli le verre à Madame Rosa, on a fait tchin tchin et j'ai fermé les yeux et j'ai mis la Juive en marche arrière jusqu'à ce qu'elle eut quinze ans comme sur la photo et j'ai même réussi à l'embrasser comme ça. On a fini le champagne, j'étais assis sur un tabouret, à côté d'elle et j'essayais de faire bonne figure pour l'encourager.

— Madame Rosa, bientôt, vous irez en Normandie, Monsieur N'Da Amédée va vous donner des sous pour ça.

Madame Rosa disait toujours que les vaches étaient les personnes les plus heureuses du monde et elle rêvait d'aller vivre en Normandie où c'est le bon air. Je crois que j'avais encore jamais autant souhaité être un flic que lorsque j'étais assis sur le tabouret à lui tenir la main, tellement je me sentais faible. Puis elle a demandé sa robe de chambre rose mais on a pas pu la faire entrer dedans parce que c'était sa robe de chambre de pute et elle avait trop engraissé depuis quinze ans.

Moi je pense qu'on respecte pas assez les vieilles putes, au lieu de les persécuter quand elles sont jeunes. Moi si j'étais en mesure, je m'occuperais uniquement des vieilles putes parce que les jeunes ont des proxynètes mais les vieilles n'ont personne. Je prendrais seulement celles qui sont vieilles, moches et qui ne servent plus à rien, je serais leur proxynète, je m'occuperais d'elles et je ferais régner la justice. Je serais le plus grand flic et proxynète du monde et avec moi personne ne verrait plus jamais une vieille pute abandonnée pleurer au sixième étage sans ascenseur.

— Et à part ça, qu'est-ce qu'il t'a dit, le docteur? Je vais mourir?

— Pas spécialement, non, Madame Rosa, il m'a pas dit spécialement que vous allez mourir plus qu'un autre.

— Qu'est-ce que j'ai?

— Il n'a pas compté, il a dit qu'il y avait un peu de tout, quoi.

— Et mes jambes?

— Il m'a rien dit spécialement pour les jambes, et puis vous savez bien que c'est pas avec les jambes qu'on meurt, Madame Rosa.

— Et qu'est-ce que j'ai au cœur?

— Il a pas insisté.

— Qu'est-ce qu'il a dit pour les légumes?

J'ai fait l'innocent.

— Comment, pour les légumes?

— J'ai entendu qu'il disait quelque chose pour les légumes?

— Il faut bouffer des légumes pour la santé, Madame Rosa, vous nous avez toujours fait bouffer des légumes. Des fois même vous ne nous avez fait bouffer que ça.

Elle avait les yeux pleins de larmes et je suis allé chercher du papier cul pour les torcher.

— Qu'est-ce que tu vas devenir sans moi, Momo?

— Je vais rien devenir du tout et puis c'est pas encore compté.

— Tu es un beau petit garçon, Momo, et c'est dangereux. Il faut te méfier. Promets-moi que tu vas pas te défendre avec ton cul.

— Je vous promets.

— Jure-le-moi.

— Je vous jure, Madame Rosa. Vous pouvez être tranquille de ce côté.

— Momo, rappelle-toi toujours que le cul, c'est ce qu'il y a de plus sacré chez l'homme. C'est là qu'il a son honneur. Ne laisse jamais personne t'aller au cul, même s'il te paye bien. Même si je meurs et si tu n'as plus que ton cul au monde, ne te laisse pas faire.

— Je sais, Madame Rosa, c'est un métier de bonne femme. Un homme, ça doit se faire respecter.

On est resté comme ça une heure à se tenir la main et ça lui faisait un peu moins peur.

Monsieur Hamil voulut monter la voir quand il a appris que Madame Rosa était malade, mais avec ses quatre-vingt-cinq ans sans ascenseur, c'était hors la loi. Ils s'étaient bien connus trente ans auparavant quand Monsieur Hamil vendait ses tapis et Madame Rosa vendait le sien et c'était injuste de les voir maintenant séparés par un ascenseur. Il voulait lui écrire un poème de Victor Hugo mais il n'avait plus les yeux et j'ai dû l'apprendre par cœur de la part de Monsieur Hamil. Ça commençait par *soubhân ad daîm lâ iazoul,* ce qui veut dire que seul l'Éternel ne finit jamais, et j'ai vite monté au sixième étage pendant que c'était encore là et j'ai récité ça à Madame Rosa mais je suis tombé deux fois en panne et j'ai dû me taper deux fois six étages pour demander à Monsieur Hamil les morceaux de Victor Hugo qui me manquaient.

Je me disais que ce serait une bonne chose de faite si Monsieur Hamil épousait Madame Rosa car c'était de leur âge et ils pourraient se détériorer ensemble, ce qui fait toujours plaisir. J'en ai parlé à Monsieur Hamil, on pourrait le monter au sixième sur des brancards pour la proposition et puis les transporter tous les deux à la campagne et les laisser dans un champ jusqu'à ce qu'ils meurent. Je ne lui ai pas dit ça comme ca, parce que ce n'est pas comme ça qu'on pousse à la consommation, j'ai seulement fait remarquer que c'est plus agréable d'être deux et pouvoir échanger des remarques. J'ai ajouté à Monsieur Hamil qu'il pouvait vivre jusqu'à cent sept ans car la vie l'a peut-être oublié et puisqu'il avait été autrefois intéressé une fois ou deux par Madame Rosa, c'était le moment de sauter sur l'occasion. Ils avaient tous les deux besoin d'amour et comme ce n'était plus possible à leur âge, ils devaient unir leurs forces. J'ai même pris la photo de Madame Rosa quand elle avait quinze ans et Monsieur Hamil l'a admirée à travers les lunettes spéciales qu'il avait pour voir plus que les autres. Il a tenu la photo très loin et puis très près et il a dû voir quelque chose malgré tout car il a souri et puis il a eu des larmes dans les yeux mais pas spécialement, seulement parce qu'il était un vieillard. Les vieillards ne peuvent plus s'arrêter de couler.

— Vous voyez comme elle était belle, Madame Rosa, avant les événements. Vous devriez vous marier. Bon, je sais, mais vous pourrez toujours regarder la photographie pour vous rappeler d'elle.

— Je l'aurais peut-être épousée il y a cinquante ans, si je la connaissais, mon petit Mohammed.

— Vous vous seriez dégoûtés l'un de l'autre, en cinquante ans. Maintenant, vous pourrez même plus bien vous voir et pour vous dégoûter l'un de l'autre, vous n'aurez plus le temps.

Il était assis devant sa tasse de café, il avait posé sa main sur le Livre de Victor Hugo et il paraissait heureux parce que c'était un homme qui ne demandait pas cher.

— Mon petit Mohammed, je ne pourrais pas épouser une Juive, même si j'étais encore capable de faire une chose pareille.

— Elle n'est plus du tout une Juive ni rien, Monsieur Hamil, elle a seulement mal partout. Et vous êtes tellement vieux vous-même que c'est maintenant à Allah de penser à vous et pas vous à Allah. Vous êtes allé Le voir à La Mecque, maintenant c'est à Lui de se déranger. Pourquoi ne pas vous marier à quatre-vingt-cinq ans, quand vous risquez plus rien?

— Et que ferions-nous quand nous serions mariés?

— Vous avez de la peine l'un pour l'autre, merde. C'est pour ça que tout le monde se marie.

— Je suis beaucoup trop vieux pour me marier, disait Monsieur Hamil, comme s'il n'était pas trop vieux pour tout.

Je n'osais plus regarder Madame Rosa, tellement elle se détériorait. Les autres mômes s'étaient fait retirer, et quand il y avait une mère pute qui venait pour discuter pension, elle voyait bien que la Juive était en ruine et elle voulait pas lui laisser son môme. Le plus terrible, c'est que Madame Rosa se maquillait de plus en plus rouge et des fois elle faisait du racolage avec ses yeux et des trucs avec ses lèvres, comme si elle était encore sur le trottoir. Alors là c'était trop, je ne voulais pas voir ça. Je descendais dans la rue et je traînais dehors toute la journée et Madame Rosa restait toute seule à racoler personne, avec ses lèvres très rouges et ses petites mines. Parfois je m'asseyais sur le trottoir et je faisais reculer le monde comme dans la salle de doublage mais encore plus loin. Les gens sortaient des portes et je les faisais rentrer à reculons et je me mettais sur la chaussée et j'éloignais les voitures et personne ne pouvait m'approcher. Je n'étais pas dans ma forme olympique, quoi.

Heureusement, on avait des voisins pour nous aider. Je vous ai parlé de Madame Lola, qui habitait au quatrième et qui se défendait au bois de Boulogne comme travestite, et avant d'y aller, car elle avait une voiture, elle venait souvent nous donner un coup de main. Elle n'avait que trente-cinq ans et avait encore beaucoup de succès devant elle. Elle nous apportait du chocolat, du saumon fumé et du champagne parce que ça coûtait cher et c'est pourquoi les personnes qui se défendent avec leur cul ne mettent jamais de l'argent de côté. C'était le moment où la rumeur d'Orléans disait que les travailleurs nord-africains avaient le choléra qu'ils allaient chercher à La Mecque et la première chose que Madame Lola faisait toujours était de se laver les mains. Elle avait horreur du choléra, qui n'était pas hygiénique et aimait la saleté. Moi je connais pas le choléra mais je pense que ça peut pas être aussi dégueulasse que Madame Lola le disait, c'était une maladie qui n'était pas responsable. Des fois même j'avais envie de défendre le choléra parce que lui au moins c'est pas sa faute s'il est comme ça, il a jamais décidé d'être le choléra, ça lui est venu tout seul.

Madame Lola circulait en voiture toute la nuit au bois de Boulogne et elle disait qu'elle était le seul Sénégalais dans le métier et qu'elle plaisait beaucoup car lorsqu'elle s'ouvrait elle avait à la fois des belles niches et un zob. Elle avait nourri ses niches artificiellement comme des poulets. Elle était tellement trapue à cause de son passé de boxeur qu'elle pouvait soulever une table en la tenant par un pied mais ce n'est pas pour ça qu'on la payait. Je l'aimais bien, c'était quelqu'un qui ne ressemblait à rien et n'avait aucun rapport. J'ai vite compris qu'elle s'intéressait à moi pour avoir des enfants que dans son métier elle ne pouvait pas avoir, vu qu'il lui manquait le nécessaire. Elle portait une perruque blonde et des seins qui sont très recherchés chez les femmes et qu'elle nourrissait tous les jours avec des hormones et se tortillait en marchant sur ses hauts talons en faisant des gestes pédés pour ameuter les clients, mais c'était vraiment une personne pas comme tout le monde et on se sentait en confiance. Je ne comprenais pas pourquoi les gens sont toujours classés par cul et qu'on en fait de l'importance, alors que ça ne peut pas vous faire de mal. Je lui faisais un peu la cour car on avait vachement besoin d'elle, elle nous refilait de l'argent et nous faisait la popote, goûtant la sauce avec des petits gestes et des mines de plaisir, avec ses boucles d'oreilles qui se balançaient et en se dandinant sur ses hauts talons. Elle disait que quand elle était jeune au Sénégal elle avait battu Kid Govella en trois reprises mais qu'elle avait toujours été malheureuse comme homme. Je lui disais «Madame Lola vous êtes comme rien et personne» et ça lui faisait plaisir, elle me répondait «Oui, mon petit Momo, je suis une créature de rêve» et c'était vrai, elle ressemblait au clown bleu ou à mon parapluie Arthur, qui étaient très différents aussi. «Tu verras, mon petit Momo, quand tu seras grand, qu'il y a des marques extérieures de respect qui ne veulent rien dire, comme les couilles, qui sont un accident de la nature.» Madame Rosa était assise dans son fauteuil et elle la priait de faire attention, j'étais encore un enfant. Non, vraiment, elle était sympa car elle était complètement à l'envers et n'était pas méchante. Lorsqu'elle se préparait à sortir le soir avec sa perruque blonde, ses hauts talons et ses boucles d'oreilles et son beau visage noir avec des traces de boxeur, le pull blanc qui était bon pour les seins, une écharpe rose autour du cou à cause de la pomme d'Adam qui est très mal vue chez les travestites, sa jupe fendue sur le côté et des jarretières, c'était vraiment pas vrai, quoi. Parfois elle disparaissait un jour ou deux à Saint-Lazare et elle revenait épuisée avec son maquillage n'importe comment et elle se couchait et prenait un somnifère parce que ce n'est pas vrai qu'on finit par s'habituer à tout. Une fois la police est venue chez elle pour chercher de la drogue mais c'était injuste, des copines qui étaient jalouses l'avaient calomniée. Je vous parle ici du temps quand Madame Rosa pouvait parler et avait toute sa tête, sauf parfois, quand elle s'interrompait au milieu et restait à regarder la bouche ouverte tout droit devant elle, avec l'air de ne pas savoir qui elle était, où elle était et ce qu'elle faisait là. C'est ce que le docteur Katz appelait l'état d'habitude. Chez elle c'était beaucoup plus fort que chez tout le monde et ça la reprenait régulièrement, mais elle faisait encore très bien sa carpe à la juive. Madame Lola venait chaque jour aux nouvelles et lorsque le bois de Boulogne marchait bien, elle nous donnait de l'argent. Elle était très respectée dans le quartier et ceux qui se permettaient prenaient sur la gueule.

Je ne sais pas ce qu'on serait devenu au sixième s'il n'y avait pas les cinq autres étages où il y avait des locataires qui ne cherchaient pas à se nuire. Ils n'avaient jamais dénoncé Madame Rosa à la police quand elle avait chez elle jusqu'à dix enfants de putes qui faisaient du bordel dans l'escalier.

Il y avait même un Français au deuxième qui se conduisait comme s'il n'était pas chez lui du tout. Il était grand, sec avec une canne et vivait là tranquillement sans se faire remarquer. Il avait appris que

Madame Rosa se détériorait, et un jour il est monté les quatre étages qu'on avait de plus que lui et il a frappé à la porte. Il est entré, il a salué Madame Rosa, madame, je vous présente mes respects, il s'est assis, en tenant son chapeau sur ses genoux, très droit, la tête haute, et il a sorti de sa poche une enveloppe avec un timbre et son nom écrit dessus en toutes lettres.

— Je m'appelle Louis Charmette, comme ce nom l'indique. Vous pouvez lire vous-même. C'est une lettre de ma fille qui m'écrit une fois par mois.

Il nous montrait la lettre avec son nom écrit dessus, comme pour nous prouver qu'il en avait encore un.

— Je suis retraité de la S.N.C.F., cadre administratif. J'ai appris que vous étiez souffrante après vingt ans passés dans le même immeuble, et j'ai voulu profiter de l'occasion.

Je vous ai dit que Madame Rosa, en dehors même de sa maladie, avait beaucoup vécu et que ça lui donnait des sueurs froides. Elle en a encore plus quand il y a quelque chose qu'elle comprenait de moins en moins, et c'est toujours le cas quand on vieillit et que ça s'accumule. Alors ce Français qui s'était dérangé et qui était monté quatre étages pour la saluer lui a fait un effet définitif, comme si ça voulait dire qu'elle allait mourir et que c'était le représentant officiel. Surtout que cet individu était habillé très correctement, avec un costume noir, une chemise et une cravate. Je ne pense pas que Madame Rosa avait envie de vivre mais elle avait pas envie de mourir non plus, je pense que c'était ni l'un ni l'autre, elle s'était habituée. Moi je crois qu'il y a mieux que ça à faire.

Ce Monsieur Charmette était très important et grave dans la façon dont il était assis tout droit et immobile et Madame Rosa avait peur. Ils ont eu un long silence entre eux et après, ils n'ont rien trouvé à se dire. Si vous voulez mon avis, ce Monsieur Charmette était monté parce que lui aussi était seul et qu'il voulait consulter Madame Rosa pour s'associer. Quand on a un certain âge, on devient de moins en moins fréquenté, sauf si on a des enfants et que la loi de la nature les oblige. Je crois qu'ils se faisaient peur tous les deux et qu'ils se regardaient comme pour dire après vous non après vous je vous en prie. Monsieur Charmette était plus vieux que Madame Rosa mais il faisait sec et la Juive débordait de tous les côtés et la maladie avait chez elle beaucoup plus de place. C'est toujours plus dur pour une vieille femme qui a dû être aussi juive que pour un employé de la S.N.C.F.

Elle était assise dans son fauteuil avec un éventail à la main qu'elle avait gardé de son passé, quand on lui faisait des cadeaux pour femmes et ne savait pas quoi dire tellement elle était frappée. Monsieur Charmette la regardait tout droit avec son chapeau sur les genoux, comme s'il était venu la chercher et la Juive avait la tête qui tremblait et elle suait de peur. C'est quand même marrant de s'imaginer que la mort peut entrer et s'asseoir, le chapeau sur les genoux et vous regarder dans les yeux pour vous dire que c'est l'heure. Moi je voyais bien que c'était seulement un Français qui manquait de compatriotes et qui avait sauté sur l'occasion de signaler sa présence quand la nouvelle que Madame Rosa n'allait plus jamais descendre s'est répandue dans l'opinion publique jusqu'à l'épicerie tunisienne de Monsieur Keibali où toutes les nouvelles se réunissent.

Ce Monsieur Charmette avait un visage déjà ombragé, surtout autour des yeux qui sont les premiers à se creuser et vivent seuls dans leur arrondissement avec une expression de pourquoi, de quel droit, qu'est-ce qui m'arrive. Je me souviens très bien de lui, je me souviens comment il était assis tout droit en face de Madame Rosa, avec son dos qu'il ne pouvait plus plier à cause des lois du rhumatisme qui augmente avec l'âge, surtout lorsque les nuits sont fraîches, ce qui est souvent le cas hors saison. Il avait entendu dans l'épicerie que Madame Rosa n'en avait plus pour longtemps et qu'elle était atteinte dans ses organes principaux qui n'étaient plus d'utilité publique, et il devait croire qu'une telle personne pouvait le comprendre mieux que celles qui sont encore intégrales et il était monté. La Juive était paniquée, c'était la première fois qu'elle recevait un Français catholique tout droit qui se taisait en face d'elle. Ils se sont tus encore un moment et encore et puis Monsieur Charmette s'est ouvert un peu, et il s'est mis à parler sévèrement à Madame Rosa de tout ce qu'il avait fait dans sa vie pour les chemins de fer français, et c'était quand même beaucoup pour une vieille Juive dans un état très avancé et qui allait ainsi de surprise en surprise. Ils avaient peur, tous les deux, car ce n'est pas vrai que la nature fait bien les choses. La nature, elle fait n'importe quoi à n'importe qui et elle ne sait même pas ce qu'elle fait, quelquefois ce sont des fleurs et des oiseaux et quelquefois, c'est une vieille Juive au sixième étage qui ne peut plus descendre. Ce Monsieur Charmette me faisait pitié, car on voyait bien que pour lui aussi c'était rien et personne, malgré sa sécurité sociale. Moi je trouve que ce sont surtout les articles de première nécessité qui manquent.

C'est pas la faute des vieux s'ils sont toujours attaqués à la fin et je suis pas tellement chaud pour les lois de la nature.

C'était quelque chose d'écouter Monsieur Charmette qui parlait des trains, des gares et des heures de départ, comme s'il espérait pouvoir encore se tirer en prenant le bon train au bon moment et en trouvant une correspondance, alors qu'il savait très bien qu'il était déjà arrivé et qu'il lui restait plus qu'à descendre.

Ils ont duré comme ça un bon moment et je m'inquiétais pour Madame Rosa, car je voyais qu'elle était complètement affolée par une visite d'une telle importance, comme si on était venu lui rendre les derniers honneurs.

J'ai ouvert pour Monsieur Charmette la boîte de chocolats que Madame Lola nous avait donnée mais il n'y a pas touché, car il avait des organes qui lui interdisaient le sucre. Il est finalement redescendu au deuxième étage et sa visite n'a rien arrangé du tout, Madame Rosa voyait que les gens devenaient de plus en plus gentils avec elle et ce n'est jamais bon signe.

Madame Rosa avait maintenant des absences de plus en plus pro-longées et elle passait parfois des heures entières sans rien sentir. Je pensais à la pancarte que Monsieur Reza le cordonnier mettait pour dire qu'en cas d'absence, il fallait s'adresser ailleurs, mais je n'ai jamais su à qui je pouvais m'adresser, car il y en a même qui attrapent le choléra à La Mecque. Je m'asseyais sur le tabouret à côté d'elle, je lui prenais la main et j'attendais son retour.

Madame Lola nous aidait de son mieux. Elle revenait du bois de Boulogne complètement crevée après les efforts qu'elle avait faits dans sa spécialité et dormait parfois jusqu'à cinq heures de l'après-midi. Le soir elle montait chez nous pour donner un coup de main. On avait encore de temps en temps des pensionnaires mais pas assez pour vivre et Madame Lola disait que le métier de pute se perdait à cause de la concurrence gratuite. Les putes qui sont pour rien ne sont pas persé-cutées par la police, qui s'attaque seulement à celles qui valent quelque chose. On a eu un cas de chantage quand un proxynète qui était un vulgaire maquereau a menacé de dénoncer un enfant de pute à l'Assistance, avec déchéance paternelle pour prostitution, si elle refusait d'aller à Dakar, et on a gardé le môme pendant dix jours – Jules, il s'appelait, comme c'est pas permis – et après ça s'est arrangé, parce que Monsieur N'Da Amédée s'en est occupé. Madame Lola fai-sait le ménage et aidait Madame Rosa à se tenir propre. Je ne vais pas lui jeter des fleurs, mais j'ai jamais vu un Sénégalais qui aurait fait une meilleure mère de famille que Madame Lola, c'est vraiment dommage que la nature s'y est opposée. Il a été l'objet d'une injustice, et il y avait là des mômes heureux qui se perdaient. Elle n'avait même pas le droit d'en adopter car les travestites sont trop différentes et ça, on ne vous le pardonne jamais. Madame Lola en avait parfois gros sur la patate.

Je peux vous dire que tout l'immeuble a bien réagi à la nouvelle de la mort de Madame Rosa qui allait se produire au moment opportun, quand tous ses organes allaient conjuguer leurs efforts dans ce sens. Il y avait les quatre frères Zaoum, qui étaient déménageurs et les hommes les plus forts du quartier pour les pianos et les armoires et je les regardais toujours avec admiration, parce que j'aurais aimé être quatre, moi aussi. Ils sont venus nous dire qu'on pouvait compter sur eux pour descendre et remonter Madame Rosa chaque fois qu'elle aura envie de faire quelques pas dehors. Le dimanche, qui est un jour où personne ne déménage, ils ont pris Madame Rosa, ils l'ont descendue comme un piano, ils l'ont installée dans leur voiture et on est allé sur la Marne pour lui faire respirer le bon air. Elle avait toute sa tête, ce jour-là, et elle a même commencé à faire des projets d'avenir, car elle ne voulait pas être enterrée religieusement. J'ai d'abord cru que cette Juive avait peur de Dieu et elle espérait qu'en se faisant enterrer sans religion, elle allait y échapper. Ce n'était pas ça du tout. Elle n'avait pas peur de Dieu, mais elle disait que c'était maintenant trop tard, ce qui est fait est fait et Il n'avait plus à venir lui demander pardon. Je crois que Madame Rosa, quand elle avait toute sa tête, voulait mourir pour de bon et pas du tout comme s'il y avait encore du chemin à faire après.

En revenant, les frères Zaoum lui ont fait faire un tour aux Halles, rue Saint-Denis, rue de Fourcy, rue Blondel, rue de la Truanderie et elle a été émue, surtout quand elle a vu rue de Provence le petit hôtel quand elle était jeune et qu'elle pouvait faire les escaliers quarante fois par jour. Elle nous a dit que ça lui faisait plaisir de revoir les trottoirs et les coins où elle s'était défendue, elle sentait qu'elle avait bien rempli son contrat. Elle souriait, et je voyais que ça lui avait remonté le moral. Elle s'est mise à parler du bon vieux temps, elle disait que c'était l'époque la plus heureuse de sa vie. Quand elle s'était arrêtée à cinquante ans passés, elle avait encore des clients réguliers, mais elle trouvait qu'à son âge, ce n'était plus esthétique et c'est comme ça qu'elle avait pris la décision de se reconvertir. On s'est arrêté rue Frochot pour boire un verre et Madame Rosa a mangé un gâteau. Après, on est rentré à la maison et les frères Zaoum l'ont portée au sixième étage comme une fleur et elle était tellement enchantée de cette promenade qu'elle semblait avoir rajeuni de quelques mois.

À la maison, il y avait Moïse qui était venu nous voir, assis devant la porte. Je lui ai dit salut et je l'ai laissé avec Madame Rosa qui était en forme. Je suis descendu au café en bas pour voir un copain qui m'avait promis un blouson en cuir qui venait d'un vrai stock américain et pas de la frime, mais il n'était pas là. Je suis resté un moment avec Monsieur Hamil qui était en bonne santé. Il était assis au-dessus de sa tasse de café vide et il souriait tranquillement au mur en face.

— Monsieur Hamil, ça va?

— Bonjour, mon petit Victor, je suis content de t'entendre.

— Bientôt, on trouvera des lunettes pour tout, Monsieur Hamil, vous pourrez voir de nouveau.

— Il faut croire en Dieu.

— Il y aura un jour des lunettes formidables comme il n'y en a jamais eu et on pourra vraiment voir, Monsieur Hamil.

— Eh bien, mon petit Victor, gloire à Dieu, car c'est Lui qui m'a permis de vivre si vieux.

— Monsieur Hamil, je ne m'appelle pas Victor. Je m'appelle Mohammed. Victor, c'est l'autre ami que vous avez.

Il parut étonné.

— Mais bien sûr, mon petit Mohammed... *Tawa kkaltou'ala al Hayy elladri là iamoût...* J'ai placé ma confiance dans le Vivant qui ne meurt pas... Comment t'ai-je appelé, mon petit Victor?

Hé merde.

— Vous m'avez appelé Victor.

— Comment ai-je pu? Je te demande pardon.

— Oh, ce n'est rien, rien du tout, un nom en vaut un autre, ça ne fait rien. Comment ça va, depuis hier?

Il parut préoccupé. Je voyais qu'il faisait un gros effort pour se rappeler, mais tous ses jours étaient exactement pareils depuis qu'il ne passait plus sa vie à vendre des tapis du matin au soir, alors ça faisait du blanc sur blanc dans sa tête. Il gardait sa main droite sur un petit Livre usé où Victor Hugo avait écrit et le Livre devait être très habitué à sentir cette main qui s'appuyait sur lui, comme c'est souvent avec les aveugles quand on les aide à traverser.

— Depuis hier, tu me demandes?

— Hier ou aujourd'hui, Monsieur Hamil, ça ne fait rien, c'est seulement du temps qui passe.

— Eh bien, aujourd'hui, je suis resté toute la journée ici, mon petit Victor...

Je regardais le Livre, mais j'avais rien à dire, ça faisait des années qu'ils étaient ensemble.

— Un jour j'écrirai un vrai livre moi aussi, Monsieur Hamil. Avec tout dedans. Qu'est-ce qu'il a fait de mieux, Monsieur Victor Hugo?

Monsieur Hamil regardait très loin et souriait. Sa main bougeait sur le Livre comme pour caresser. Les doigts tremblaient.

— Ne me pose pas trop de questions, mon petit...

— Mohammed.

— ... Ne me pose pas trop de questions, je suis un peu fatigué aujourd'hui.

J'ai pris le Livre et Monsieur Hamil l'a senti et il est devenu inquiet. J'ai regardé le titre et je lui ai rendu. J'ai mis sa main dessus.

— Voilà, Monsieur Hamil, il est là, vous pouvez le sentir.

Je voyais ses doigts qui touchaient le Livre.

— Tu n'es pas un enfant comme les autres, mon petit Victor. Je l'ai toujours su.

— Un jour, j'écrirai les misérables, moi aussi, Monsieur Hamil. Il y aura quelqu'un pour vous ramener chez vous, tout à l'heure?

— *Inch'Allah.* Il y a sûrement quelqu'un, car je crois en Dieu, mon petit Victor.

J'en avais un peu marre parce qu'il n'y en avait que pour l'autre.

— Racontez-moi quelque chose, Monsieur Hamil. Racontez-moi comment vous avez fait votre grand voyage à Nice, quand vous aviez quinze ans.

Il se taisait.

— Moi? J'ai fait un grand voyage à Nice?

— Quand vous étiez tout jeune.

— Je ne me souviens pas. Je ne me souviens pas du tout.

— Hé bien, je vais vous raconter. Nice, c'est une oasis au bord de la mer, avec des forêts de mimosas et des palmiers et il y a des princes russes et anglais qui se battent avec des fleurs. Il y a des clowns qui dansent dans les rues et des confetti qui tombent du ciel et n'oublient personne. Un jour, j'irai à Nice, moi aussi, quand je serai jeune.

— Comment, quand tu seras jeune? Tu es vieux? Quel âge as-tu, mon petit? Tu es bien le petit Mahommed, n'est-ce pas?

— Ah ça, personne n'en sait rien et mon âge non plus. Je n'ai pas été daté. Madame Rosa dit que j'aurais jamais d'âge à moi parce que je suis différent et que je ne ferai jamais autre chose que ça, être différent. Vous vous souvenez de Madame Rosa? Elle va bientôt mourir.

Mais Monsieur Hamil s'était perdu à l'intérieur parce que la vie fait vivre les gens sans faire tellement attention à ce qui leur arrive. Il y avait dans l'immeuble en face une dame, Madame Halaoui, qui venait le chercher avant la fermeture et qui le mettait dans son lit parce qu'elle non plus n'avait personne. Je ne sais même pas s'ils se connaissaient ou si c'était pour ne pas être seuls. Elle avait un étalage de cacahuètes à Barbès et son père aussi, quand il était vivant. Alors j'ai dit :

— Monsieur Hamil, Monsieur Hamil! comme ça, pour lui rappeler qu'il y avait encore quelqu'un qui l'aimait et qui connaissait son nom et qu'il en avait un.

Je suis resté un bon moment avec lui en laissant passer le temps, celui qui va lentement et qui n'est pas français. Monsieur Hamil m'avait souvent dit que le temps vient lentement du désert avec ses caravanes de chameaux et qu'il n'était pas pressé car il transportait l'éternité. Mais c'est toujours plus joli quand on le raconte que lorsqu'on le regarde sur le visage d'une vieille personne qui se fait voler chaque jour un peu plus et si vous voulez mon avis, le temps, c'est du côté des voleurs qu'il faut le chercher.

Le propriétaire du café que vous connaissez sûrement, car c'est Monsieur Driss, est venu nous jeter un coup d'œil. Monsieur Hamil avait parfois besoin de pisser et il fallait le conduire aux W.-C. avant que les choses se précipitent. Mais il ne faut pas croire que Monsieur Hamil n'était plus responsable et qu'il ne valait plus rien. Les vieux ont la même valeur que tout le monde, même s'ils diminuent. Ils sentent comme vous et moi et parfois même ça les fait souffrir encore plus que nous parce qu'ils ne peuvent plus se défendre. Mais ils sont attaqués par la nature, qui peut être une belle salope et qui les fait crever à petit feu. Chez nous, c'est encore plus vache que dans la nature, car il est interdit d'avorter les vieux quand la nature les étouffe lentement et qu'ils ont les yeux qui sortent de la tête. Ce n'était pas le cas de Monsieur Hamil, qui pouvait encore vieillir beaucoup et mourir peut-être à cent dix ans et même devenir champion du monde. Il avait encore toute sa responsabilité et disait «pipi» quand il fallait et avant que ça arrive et Monsieur Driss le prenait par le coude dans ces conditions et le conduisait lui-même aux W.-C. Chez les Arabes, quand un homme est très vieux et qu'il va être bientôt débarrassé, on lui témoigne du respect, c'est autant de gagné dans les comptes de Dieu et il n'y a pas de petits bénéfices. C'était quand même triste pour Monsieur Hamil d'être conduit pour pisser et je les ai laissés là car moi je trouve qu'il faut pas chercher la tristesse.

J'étais encore dans l'escalier quand j'ai entendu Moïse qui pleurait et j'ai monté les marches au galop en pensant qu'il est peut-être arrivé malheur à Madame Rosa. Je suis entré et là j'ai cru d'abord que c'était pas vrai. J'ai même fermé les yeux pour mieux les ouvrir ensuite.

La promenade en auto de Madame Rosa dans tous les coins où elle s'était défendue lui avait fait un effet miraculeux et tout son passé s'est ranimé dans sa tête. Elle était à poil au milieu de la pièce, en train de s'habiller pour aller au boulot, comme lorsqu'elle se défendait encore. Bon moi j'ai rien vu dans ma vie et j'ai pas tellement le droit de dire ce qui est effrayant et ce qui ne l'est pas plus qu'autre chose, mais je vous jure que Madame Rosa à poil, avec des bottes de cuir et des culottes noires en dentelles autour du cou, parce qu'elle s'était trompée de côté, et des niches comme ça dépasse l'imagination, qui étaient couchées sur le ventre, je vous jure que c'est quelque chose qu'on peut pas voir ailleurs, même si ça existe. Par-dessus le marché, Madame Rosa essayait de remuer le cul comme dans un sex-shop, mais comme chez elle, le cul dépassait les possibilités humaines... *siyyid!* Je crois que c'était la première fois que j'ai murmuré une prière, celle pour les *mahboûl,* mais elle a continué à se tortiller avec un petit sourire coquin et une chatte comme je ne le souhaite à personne.

Je comprenais bien que c'était chez elle l'effet du choc récapitulatif qu'elle avait reçu en voyant les endroits où elle avait été heureuse, mais des fois ça n'arrange rien de comprendre, au contraire. Elle était tellement maquillée qu'elle paraissait encore plus nue ailleurs et faisait avec ses lèvres des petits mouvements en cul de poule absolument dégueulasses. Moïse était dans un coin en train de hurler, mais moi j'ai seulement dit «Madame Rosa, Madame Rosa» et je me suis précipité dehors, j'ai dégringolé l'escalier et je me suis mis à courir. Ce n'était pas pour me sauver, ça n'existe pas, c'était seulement pour ne plus être là.

J'ai couru un bon coup et quand ça m'a soulagé, je me suis assis dans le noir sous une porte cochère, derrière des poubelles qui attendaient leur tour. J'ai pas chialé, parce que c'était même plus la peine. J'ai fermé les yeux, j'ai caché mon visage contre mes genoux tellement j'avais honte, j'ai attendu un moment et puis j'ai fait venir un flic. C'était le plus fort flic que vous pouvez imaginer. Il était des millions de fois plus gonflé que tous les autres et il avait encore plus de forces armées pour faire régner la sécurité. Il avait même des chars blindés à sa disposition et avec lui je n'avais plus rien à craindre car il allait assurer mon autodéfense. Je sentais que je pouvais être tranquille, qu'il prenait la responsabilité. Il m'a mis son bras tout-puissant autour des épaules paternellement, et il m'a demandé si j'avais des blessures à la suite des coups que j'avais reçus. Je lui ai dit que oui mais que ça sert à rien d'aller à l'hôpital. Il est resté un bon moment, une main sur mon épaule, et je sentais qu'il allait s'occuper de tout et qu'il allait être comme un père pour moi. Je me sentais mieux et je commençais à comprendre que la meilleure chose pour moi, c'est d'aller vivre là où ce n'est pas vrai. Monsieur Hamil quand il était encore avec nous m'a toujours dit que c'étaient les poètes qui assuraient l'autre monde et brusquement, j'ai souri, je me suis rappelé qu'il m'avait appelé Victor, c'était peut-être Dieu qui me promettait. Après, j'ai vu des oiseaux blancs et roses, tous gonflables et avec une ficelle au bout pour partir avec eux très loin et je me suis endormi.

J'ai dormi un bon coup et après je suis allé au café du coin rue Bisson où c'est très noir, à cause des trois foyers africains qu'ils ont à côté. En Afrique, c'est complètement différent, ils ont là-bas des tribus et quand vous faites partie d'une tribu, c'est comme s'il y avait une société, une grande famille. Il y avait là Monsieur Aboua dont je ne vous ai rien dit encore parce que je ne peux pas tout vous dire et c'est pourquoi je le mentionne maintenant, il ne parle même pas français et il faut bien que quelqu'un parle à sa place pour le signaler. Je suis resté là un bon moment avec Monsieur Aboua, qui nous vient d'Ivoire. On se tenait par la main et on s'est bien marré ensemble, j'avais dix ans et lui vingt et c'était une différence qui lui faisait plaisir et à moi aussi. Le patron, Monsieur Soko, m'a dit de ne pas rester trop longtemps, il ne voulait pas avoir des ennuis avec la protection de mineurs et un môme de dix ans, ça risquait de lui faire des histoires à cause des drogués, car c'est la première chose à laquelle on pense quand on voit un môme. En France les mineurs sont très protégés et on les met en prison quand personne ne s'en occupe.

Monsieur Soko a lui-même des enfants qu'il a laissés en Ivoire, parce qu'il a là-bas plus de femmes qu'ici. Je savais bien que je n'avais pas le droit de traîner dans un débit d'ivresse publique sans mes parents mais je vous le dis très franchement, je n'avais pas envie de revenir à la maison. L'état dans lequel j'avais laissé Madame Rosa me donnait encore la chair de poule, rien qu'à y penser. C'était déjà terrible de la voir mourir peu à peu sans connaissance de cause, mais à poil avec un sourire cochon, ses quatre-vingt-quinze kilos qui attendent le client et un cul qui n'a plus rien d'humain, c'était quelque chose qui exigeait des lois pour mettre fin à ses souffrances. Vous savez, tout le monde parle de défendre les lois de la nature, mais moi je suis plutôt pour les pièces de rechange. De toute façon, on ne peut pas faire sa vie au bistro et je suis remonté chez nous, en me disant pendant tout l'escalier que Madame Rosa était peut-être morte et qu'il n'y avait donc plus personne pour souffrir.

J'ai ouvert la porte doucement pour ne pas me faire peur et la première chose que j'ai vue, c'est Madame Rosa tout habillée au milieu de la piaule à côté d'une petite valise. Elle ressemblait à quelqu'un sur le quai qui attend le métro. J'ai vite regardé son visage et j'ai vu qu'elle n'y était pas du tout. Elle avait l'air complètement ailleurs, tellement elle était heureuse. Elle avait les yeux qui allaient loin, loin, avec un chapeau qui ne lui allait pas bien parce que ce n'était pas possible, mais enfin ça la cachait un peu en haut. Elle avait même le sourire, comme si on lui avait annoncé une bonne nouvelle. Elle portait une robe bleue avec des marguerites, elle avait récupéré son sac à main de pute au fond de l'armoire qu'elle gardait pour des raisons sentimentales et que je connaissais bien, il y avait encore des capotes anglaises à l'intérieur, et elle regardait à travers les murs comme si déjà elle allait prendre le train pour toujours.

— Qu'est-ce que vous faites, Madame Rosa?

— Ils vont venir me chercher. Ils vont s'occuper de tout. Ils ont dit d'attendre ici, ils vont venir avec des camions et ils vont nous emmener au Vélodrome avec le strict nécessaire.

— Qui ça, ils?

— La police française.

Je comprenais plus rien. Il y avait Moïse qui me faisait des signes de l'autre pièce en se touchant la tête. Madame Rosa tenait à la main son sac de pute et la valise était à côté et elle attendait comme si elle avait peur d'être en retard.

— Ils nous ont donné une demi-heure et ils nous ont dit de prendre seulement une valise. On nous mettra dans un train et on nous transportera en Allemagne. Je n'aurai plus de problème, ils vont s'occuper de tout. Ils ont dit qu'on ne nous fera aucun mal, on sera logés, nourris, blanchis.

Je ne savais pas quoi dire. C'était possible qu'ils transportaient de nouveau les Juifs en Allemagne parce que les Arabes n'en voulaient pas. Madame Rosa, quand elle avait toute sa tête, m'avait souvent parlé comment Monsieur Hitler avait fait un Israël juif en Allemagne pour leur donner un foyer et comment ils ont tous été accueillis dans ce foyer sauf les dents, les os, les vêtements et les souliers en bon état qu'on leur enlevait à cause du gaspillage. Mais je ne voyais pas du tout pourquoi les Allemands allaient toujours être les seuls à s'occuper des Juifs et pourquoi ils allaient encore faire des foyers pour eux alors que ça devrait être chacun son tour et tous les peuples devraient faire des sacrifices. Madame Rosa aimait beaucoup me rappeler qu'elle avait eu une jeunesse elle aussi. Bon je savais donc tout ça puisque je vivais avec une Juive et qu'avec les Juifs ces choses-là finissent toujours par se savoir, mais je ne comprenais pas pourquoi la police française allait s'occuper de Madame Rosa, qui était moche et vieille et ne présentait plus d'intérêt sous aucun rapport. Je savais aussi que Madame Rosa retombait en enfance, à cause de son dérangement, c'est la sénilité débile qui veut ça et le docteur Katz m'avait prévenu. Elle devait croire qu'elle était jeune, comme tout à l'heure lorsqu'elle s'était habillée en pute, et elle se tenait là, avec sa petite valise, tout heureuse parce qu'elle avait de nouveau vingt ans, attendant la sonnette pour retourner au Vélodrome et dans le foyer juif en Allemagne, elle était jeune encore une fois.

Je ne savais pas quoi faire parce que je ne voulais pas la contrarier, mais j'étais sûr que la police française n'allait pas venir pour rendre à Madame Rosa ses vingt ans. Je me suis assis par terre dans un coin et je suis resté la tête baissée pour ne pas la voir, c'est tout ce que je pouvais faire pour elle. Heureusement, elle s'est améliorée et elle fut la première étonnée de se trouver là avec sa valise, son chapeau, sa robe bleue avec des marguerites et son sac à main plein de souvenirs, mais j'ai pensé qu'il valait mieux ne pas lui dire ce qui s'était passé, je voyais bien qu'elle avait tout oublié. C'était l'amnistie et le docteur Katz m'avait prévenu qu'elle allait en avoir de plus en plus, jusqu'au jour où elle ne se souviendra plus de rien pour toujours et vivra peut-être de longues années encore dans un état d'habitude.

— Qu'est-ce qui s'est passé, Momo? Pourquoi je suis là avec ma valise comme pour partir?

— Vous avez rêvé, Madame Rosa. Ça n'a jamais fait de mal à personne de rêver un peu.

Elle me regardait avec méfiance.

— Momo, tu dois me dire la vérité.

— Je vous jure que je vous dis la vérité, Madame Rosa. Vous n'avez pas le cancer. Le docteur Katz est absolument certain là-dessus. Vous pouvez être tranquille.

Elle parut un peu rassurée, c'était une bonne chose à ne pas avoir.

— Comment ça se fait que je suis là sans savoir d'où et pourquoi? Qu'est-ce que j'ai, Momo?

Elle s'est assise sur le lit et elle s'est mise à pleurer. Je me suis levé, je suis allé m'asseoir à côté d'elle et je lui ai pris la main, elle aimait ça. Elle a tout de suite souri et elle m'a arrangé un peu les cheveux pour que je sois plus joli.

— Madame Rosa, c'est seulement la vie, et on peut vivre très vieux avec ça. Le docteur Katz m'a dit que vous êtes une personne de votre âge et il a même donné un numéro pour ça.

— Le troisième âge?

— C'est ça.

Elle réfléchit un moment.

— Je ne comprends pas, j'ai fini ma ménopause il y a longtemps. J'ai même travaillé avec. Je n'ai pas une tumeur au cerveau, Momo? Ça aussi, ça ne pardonne pas, quand c'est malin.

— Il ne m'a pas dit que ça ne pardonne pas. Il ne m'a pas parlé des trucs qui pardonnent ou qui ne pardonnent pas. Il ne m'a pas parlé de pardon du tout. Il m'a seulement dit que vous avez l'âge et il ne m'a pas parlé d'amnistie ni rien.

— D'amnésie, tu veux dire?

Moïse qui n'avait rien à foutre là s'est mis à chialer et c'était tout ce qu'il me fallait.

— Moïse, qu'est-ce qu'il y a? On me ment? On me cache quelque chose? Pourquoi il pleure?

— Merde, merde et merde, les Juifs pleurent toujours entre eux, Madame Rosa, vous devriez le savoir. On leur a même fait un mur pour ça. Merde.

— C'est peut-être la sclérose cérébrale?

J'en avais plein le cul, je vous le jure. J'en avais tellement ralbol que j'avais envie d'aller trouver le Mahoute et me faire faire une piquouse maison rien que pour leur dire merde à tous.

— Momo! Ce n'est pas la sclérose cérébrale? Ça ne pardonne pas.

— Vous en connaissez beaucoup, des trucs qui pardonnent, Madame Rosa? Vous me faites chier. Vous me faites chier tous, sur la tombe de ma mère!

— Ne dis pas des choses comme ça, ta pauvre mère est... enfin, elle est peut-être vivante.

— Je ne lui souhaite pas ça, Madame Rosa, même si elle est vivante, c'est toujours ma mère.

Elle m'a regardé bizarrement et puis elle a souri.

— Tu as beaucoup mûri, mon petit Momo. Tu n'es plus en enfant. Un jour...

Elle a voulu me dire quelque chose et puis elle s'est arrêtée.

— Quoi, un jour?

Elle a pris un air coupable.

— Un jour, tu auras quatorze ans. Et puis quinze. Et tu ne voudras plus de moi.

— Ne dites pas de conneries, Madame Rosa. Je vais pas vous laisser tomber, c'est pas mon genre.

Ça l'a rassurée et elle est allée se changer. Elle a mis son kimono japonais et elle s'est parfumée derrière les oreilles. Je sais pas pourquoi c'est toujours derrière les oreilles qu'elle se parfumait, peut-être pour que ça ne se voie pas. Après je l'ai aidée à s'asseoir dans son fauteuil, parce qu'elle avait du mal à se plier. Elle allait tout à fait bien pour ce qu'elle avait. Elle avait l'air triste et inquiet et j'étais plutôt content de la voir dans son état normal. Elle a même pleuré un peu, ce qui prouvait qu'elle allait tout à fait bien.

— Tu es un grand garçon, maintenant, Momo, ce qui prouve que tu comprends les choses.

C'était drôlement pas vrai, les choses je ne les comprends pas du tout, mais je n'allais pas marchander, c'était pas le moment.

— Tu es un grand garçon, alors, écoute-moi...

Là elle a eu un petit passage à vide et elle est restée quelques secondes en panne comme une vieille bagnole morte à l'intérieur. J'ai attendu qu'elle se remette en marche en lui tenant la main car c'était quand même pas une vieille bagnole. Le docteur Katz m'avait dit quand j'étais revenu le voir trois fois qu'il y avait un Américain qui est resté dix-sept ans sans rien savoir comme un légume à l'hôpital où on le prolongeait en vie par des moyens médicaux et c'était un record du monde. C'est toujours en Amérique qu'il y a les champions du monde. Le docteur Katz m'a dit qu'on ne pouvait plus rien pour elle mais qu'avec des bons soins à l'hôpital elle pouvait en avoir encore pour des années.

Ce qu'il y avait d'embêtant, c'est que Madame Rosa n'avait pas la sécurité sociale parce qu'elle était clandestine. Depuis la rafle par la police française quand elle était encore jeune et utile comme j'ai eu l'honneur, elle ne voulait figurer nulle part. Pourtant je connais des tas de Juifs à Belleville qui ont des cartes d'identité et toutes sortes de papiers qui les trahissent mais Madame Rosa ne voulait pas courir le risque d'être couchée en bonne et due forme sur des papiers qui le prouvent, car dès qu'on sait qui vous êtes on est sûr de vous le reprocher. Madame Rosa n'était pas patriote du tout et ça lui était égal si les gens étaient nord-africains ou arabes, maliens ou juifs, parce qu'elle n'avait pas de principes. Elle me disait souvent que tous les peuples ont des bons côtés et c'est pourquoi il y a des personnes qu'on appelle les historiens qui font spécialement des études et des recherches. Madame Rosa ne figurait donc nulle part et avait des faux papiers pour prouver qu'elle n'avait aucun rapport avec elle-même. Elle n'était pas remboursée par la sécurité.

Mais le docteur Katz m'a rassuré et il m'a dit que si on amenait à l'hôpital un corps encore vivant mais déjà incapable de se défendre on ne pouvait le jeter dehors parce que où irait-on.

Je pensais à tout cela en regardant Madame Rosa pendant que sa tête était en vadrouille. C'est ce qu'on appelle la sénilité débile accélérée avec des allers et retours d'abord et puis à titre définitif. On appelle ça gaga pour plus de simplicité et ça vient du mot gâteux, gâtisme, qui est médical. Je lui caressais la main pour l'encourager à revenir et jamais je ne l'ai plus aimée parce qu'elle était moche et vieille et bientôt elle n'allait plus être une personne humaine.

Je ne savais plus quoi faire. On n'avait pas d'argent et je n'avais pas l'âge qu'il faut pour échapper à la loi contre les mineurs. Je faisais plus grand que dix ans et je savais que je plaisais aux putes qui n'ont personne mais la police était vache pour les proxynètes et j'avais peur des Yougoslaves qui sont terribles pour la concurrence.

Moïse a essayé de me remonter le moral en me disant que la famille juive qui l'avait pris en charge lui donnait toute satisfaction et que je pouvais me démerder pour trouver quelqu'un moi aussi. Il est parti en promettant de revenir tous les jours pour me donner un coup de main. Il fallait torcher Madame Rosa qui ne pouvait plus se défendre toute seule. Même lorsqu'elle avait toute sa tête elle avait des problèmes de ce côté. Elle avait tellement de fesses que sa main n'arrivait pas jusqu'au bon endroit. Ça la gênait beaucoup qu'on la torche, à cause de sa féminité mais que voulez-vous. Moïse est revenu comme il a promis et c'est là qu'on a eu cette catastrophe nationale dont j'ai eu l'honneur et qui m'a vieilli d'un seul coup.

C'était le lendemain du jour où l'aîné des Zaoum nous avait apporté un kilo de farine, de l'huile et de la viande à frire en boulettes, car il y avait pas mal de personnes qui montraient leur bon côté depuis que Madame Rosa s'était détériorée. J'ai marqué ce jour-là d'une pierre blanche parce que c'était une jolie expression.

Madame Rosa allait mieux dans ses hauts et ses bas. Parfois elle se fermait complètement et parfois elle restait ouverte. Un jour je remercierai tous les locataires qui nous ont aidés, comme Monsieur Waloumba, qui avalait le feu boulevard Saint-Michel pour intéresser les passants à son cas et qui est monté faire un très joli numéro devant Madame Rosa dans l'espoir de susciter son attention.

Monsieur Waloumba est un Noir du Cameroun qui était venu en France pour la balayer. Il avait laissé toutes ses femmes et ses enfants dans son pays pour des raisons économiques. Il avait un talent olympique pour avaler le feu et il consacrait ses heures supplémentaires à cette tâche. Il était mal vu par la police parce qu'il sollicitait des attroupements, mais il avait un permis d'avaler le feu qui était irréprochable. Lorsque je voyais que Madame Rosa commençait à avoir l'œil vide, la bouche ouverte, et qu'elle restait là à baver dans l'autre monde, je courais vite chercher Monsieur Waloumba qui partageait un domicile légal avec huit autres personnes de sa tribu dans une chambre qui leur était concédée au cinquième étage. S'il était là, il montait tout de suite avec sa torche allumée et se mettait à cracher le feu devant Madame Rosa. Ce n'était pas seulement pour intéresser une personne malade aggravée par la tristesse, mais pour lui faire un traitement de choc car le docteur Katz disait que beaucoup de personnes sont améliorées par ce traitement à l'hôpital où on leur allume brusquement l'électricité dans ce but. Monsieur Waloumba était aussi de cet avis, il disait que les vieilles personnes retrouvent souvent la mémoire quand on leur fait peur et il avait même guéri un sourd-muet comme ça en Afrique. Les vieux tombent souvent dans une tristesse encore plus grande quand on les met à l'hôpital pour toujours, le docteur Katz dit que cet âge est sans pitié et qu'à partir de soixante-cinq ans soixante-dix ans ça n'intéresse personne.

On a passé donc des heures et des heures à essayer de faire très peur à Madame Rosa pour que son sang fasse un tour. Monsieur Waloumba est terrible quand il avale le feu et que celui-ci lui sort en flammes de l'intérieur et monte jusqu'au plafond, mais Madame Rosa était dans une de ses périodes creuses qu'on appelle léthargie, quand on se fout de tout et il n'y avait pas moyen de la frapper. Monsieur Waloumba a vomi des flammes devant elle pendant une demi-heure mais elle avait l'œil rond et frappé de stupeur comme si elle était déjà une statue que rien ne peut toucher et qu'on fait en bois ou en pierre exprès pour ça. Il a essayé encore une fois et comme il faisait des efforts, Madame Rosa est brusquement sortie de son état et quand elle a vu un nègre le torse nu qui crachait le feu devant elle, elle a poussé un tel hurlement que vous ne pouvez pas imaginer. Elle a même voulu s'enfuir et on a dû l'empêcher. Après elle a plus rien voulu savoir et elle a défendu qu'on avale le feu chez elle. Elle ne savait pas qu'elle était gaga, elle croyait qu'elle avait fait un petit somme et qu'on l'avait réveillée. On ne pouvait pas lui dire.

Une autre fois, Monsieur Waloumba est allé chercher cinq copains qui étaient tous ses tribuns et ils sont venus danser autour de Madame Rosa pour essayer de chasser les mauvais esprits qui s'attaquent à certaines personnes dès qu'ils ont un moment de libre. Les frères de Monsieur Waloumba étaient très connus à Belleville où on venait les chercher pour cette cérémonie, quand il y avait des malades qui pouvaient recevoir des soins à domicile. Monsieur Driss au café méprisait ce qu'il appelait des «pratiques», il se moquait et disait que Monsieur Waloumba et ses frères de tribu faisaient de la médecine au noir.

Monsieur Waloumba et les siens sont montés chez nous un soir quand Madame Rosa n'était pas là et se tenait assise l'œil rond dans son fauteuil. Ils étaient à moitié nus et décorés de plusieurs couleurs, avec des visages peints comme quelque chose de terrible pour faire peur aux démons que les travailleurs africains amènent avec eux en France. Il y en a eu deux qui se sont assis par terre avec leurs tambours à main et les trois autres se sont mis à danser autour de Madame Rosa dans son fauteuil. Monsieur Waloumba jouait d'un instrument de musique spécial à cet usage et pendant toute la nuit c'était vraiment ce qu'on pouvait voir de meilleur à Belleville. Ça n'a rien donné du tout parce que ça ne prend pas sur les Juifs et Monsieur Waloumba nous a expliqué que c'était une question de religion. Il pensait que la religion de Madame Rosa se défendait et la rendait impropre à la guérison. Moi ça m'étonnait beaucoup parce que Madame Rosa était dans un tel état qu'on ne voyait pas du tout où la religion pouvait se mettre.

Si vous voulez mon avis, à partir d'un moment même les Juifs ne sont plus des Juifs, tellement ils sont plus rien. Je ne sais pas si je me fais bien comprendre mais ça n'a pas d'importance parce que si on comprenait, ce serait sûrement quelque chose d'encore plus dégueulasse.

Un peu plus tard, les frères de Monsieur Waloumba ont commencé à être découragés car Madame Rosa se foutait de tout dans son état et Monsieur Waloumba m'a expliqué que les mauvais esprits obstruaient toutes ses issues et les efforts n'arrivaient pas jusqu'à elle. On s'est tous assis par terre autour de la Juive et on a goûté un moment de repos car en Afrique ils sont beaucoup plus nombreux qu'à Belleville et ils peuvent se relayer par équipes autour des mauvais esprits comme chez Renault. Monsieur Waloumba est allé chercher des eaux-fortes et des œufs de poule et on a saucissonné autour de Madame Rosa qui avait un regard comme si elle l'avait perdu et qu'elle le cherchait partout.

Monsieur Waloumba, pendant qu'on se régalait, nous a expliqué que dans son pays il était beaucoup plus facile de respecter les vieux et de s'occuper d'eux pour les adoucir que dans une grande ville comme Paris où il y a des milliers de rues, d'étages, de trous et d'endroits où on les oublie et on ne peut pas utiliser l'armée pour les chercher partout où ils étaient car l'armée est pour s'occuper des jeunes. Si l'armée passait son temps à s'occuper des vieux, ce serait plus l'armée française. Il m'a dit que les nids de vieux, il y en a pour ainsi dire des dizaines de milliers dans les villes et à la campagne, mais il n'y a personne pour donner des renseignements qui permettraient de les trouver, et c'est l'ignorance. Un vieux ou une vieille dans un grand et beau pays comme la France, ça fait de la peine à voir et les gens ont déjà assez de soucis comme ça. Les vieux et les vieilles ne servent plus à rien et ne sont plus d'utilité publique, alors on les laisse vivre. En Afrique, ils sont agglomérés par tribus où les vieux sont très recherchés, à cause de tout ce qu'ils peuvent faire pour vous quand ils sont morts. En France il n'y a pas de tribus à cause de l'égoïsme. Monsieur Waloumba dit que la France a été complètement détribalisée et que c'est pour ça qu'il y a des bandes armées qui se serrent les coudes et essaient de faire quelque chose. Monsieur Waloumba dit que les jeunes ont besoin de tribus car sans ça ils deviennent une goutte d'eau à la mer et ça les rend dingues. Monsieur Waloumba dit que tout devient tellement grand que c'est même pas la peine de compter avant mille. C'est pourquoi les petits vieux et les petites vieilles qui ne peuvent pas faire de bandes armées pour exister disparaissent sans laisser d'adresse et vivent dans leurs nids de poussière. Personne ne sait qu'ils sont là, surtout dans les chambres de bonnes sans ascenseur, quand ils ne peuvent pas signaler leur présence par des cris parce qu'ils sont trop faibles. Monsieur Waloumba dit qu'il faudrait faire venir beaucoup de main-d'œuvre étrangère d'Afrique pour chercher les vieux tous les matins à six heures et enlever ceux qui commencent déjà à sentir mauvais, car personne ne vient contrôler que le vieux ou la vieille est encore vivant et c'est seulement lorsqu'on dit à la concierge que ça sent mauvais dans l'escalier que tout s'explique.

Monsieur Waloumba parle très bien et toujours comme s'il était le chef. Il a le visage couvert de cicatrices qui sont des marques d'importance et lui permettent d'être très estimé dans sa tribu et de savoir de quoi il parle. Il vit toujours à Belleville et un jour j'irai le voir.

Il m'a montré un truc très utile à Madame Rosa, pour distinguer une personne encore vivante d'une personne tout à fait morte. Dans ce but, il s'est levé, il a pris un miroir sur la commode et il l'a présenté aux lèvres de Madame Rosa et le miroir a pâli à l'endroit où elle a respiré dessus. On voyait pas autrement qu'elle respirait, vu que son poids était trop lourd à soulever pour ses poumons. C'est un truc qui permet de distinguer les vivants des autres. Monsieur Waloumba dit que c'est la première chose à faire chaque matin avec les personnes d'un autre âge qu'on trouve dans les chambres de bonne sans ascenseur pour voir si elles sont seulement en proie à la sénilité ou si elles sont déjà cent pour cent mortes. Si le miroir pâlit c'est qu'elles soufflent encore et il ne faut pas les jeter.

J'ai demandé à Monsieur Waloumba si on ne pouvait pas expédier Madame Rosa en Afrique dans sa tribu pour qu'elle jouisse là-bas avec les autres vieux des avantages dans lesquels on les tient. Monsieur Waloumba a beaucoup ri, car il a des dents très blanches, et ses frères de la tribu des éboueurs ont beaucoup ri aussi, ils ont parlé entre eux dans leur langue et après ils m'ont dit que la vie n'est pas aussi simple parce qu'elle exige des billets d'avion, de l'argent et des permis et que c'était à moi de m'occuper de Madame Rosa jusqu'à ce que mort s'ensuive. À ce moment-là, on a remarqué sur le visage de Madame Rosa un début d'intelligence et les frères de race de Monsieur Waloumba se sont vite levés et ont commencé à danser autour d'elle en battant les tambours et en chantant d'une voix pour réveiller les morts, ce qu'il est interdit de faire après dix heures du soir, à cause de l'ordre public et du sommeil du juste, mais il y a très peu de Français dans l'immeuble et ici ils sont moins furieux qu'ailleurs. Monsieur Waloumba lui-même a saisi son instrument de musique que je ne peux pas vous décrire parce qu'il est spécial, et Moïse et moi aussi on s'y est mis et on a tous commencé à danser et à hurler en rond autour de la Juive pour l'exorciser, car elle semblait donner des signes et il fallait l'encourager. On a mis les démons en fuite et Madame Rosa a repris son intelligence mais quand elle s'est vue entourée de Noirs à demi nus aux visages verts, blancs, bleus et jaunes qui dansaient autour d'elle en ululant comme des peaux-rouges pendant que Monsieur Waloumba jouait de son instrument magnifique, elle a eu tellement peur qu'elle a commencé à gueuler au secours au secours à moi, elle a essayé de fuir, et c'est seulement lorsqu'elle a reconnu Moïse et moi qu'elle s'est calmée et nous a traités de fils de putes et d'enculés, ce qui prouvait qu'elle avait retrouvé tous ses moyens. On s'est tous félicités et Monsieur Waloumba le premier. Ils sont tous restés encore un moment pour la bonne franquette et Madame Rosa a bien vu qu'on n'était pas venu battre une vieille femme dans le métro pour lui arracher son sac. Elle n'était pas encore tout à fait en règle dans sa tête et elle remercia Monsieur Waloumba en juif, qu'on appelle yiddish dans cette langue, mais ça n'avait pas d'importance car Monsieur Waloumba était un brave homme.

Quand ils sont partis, Moïse et moi on a déshabillé Madame Rosa des pieds à la tête et on l'a nettoyée à l'eau de Javel parce qu'elle avait fait sous elle pendant son absence. Après on lui a poudré le cul avec du talc à bébés et on l'a remise en place dans son fauteuil où elle aimait régner. Elle a demandé un miroir et elle s'est refait une beauté. Elle savait très bien qu'elle avait des passages à vide mais elle essayait de prendre ça avec la bonne humeur à la juive, en disant que pendant ses passages à vide elle n'avait pas de soucis et que c'était déjà ça de gagné. Moïse a fait le marché avec nos dernières économies et elle a cuisiné un peu sans se tromper ni rien et on aurait jamais dit que deux heures plus tôt elle était dans les vapes. C'est ce que le docteur Katz appelle en médecine les rémissions de peine. Après elle est allée s'asseoir car ce n'était pas facile pour elle de faire des efforts. Elle a envoyé Moïse à la cuisine laver la vaisselle et elle s'est ventilée un moment avec son éventail japonais. Elle réfléchissait dans son kimono.

— Viens ici, Momo.

— Qu'est-ce qu'il y a? Vous allez pas encore foutre le camp?

— Non, j'espère que non, mais si ça continue, ils vont me mettre à l'hôpital. Je ne veux pas y aller. J'ai soixante-sept ans...

— Soixante-neuf.

— Enfin, soixante-huit, je ne suis pas aussi vieille que j'en ai l'air. Alors, écoute-moi, Momo. Je ne veux pas aller à l'hôpital. Ils vont me torturer.

— Madame Rosa, ne dites pas de conneries. La France n'a jamais torturé personne, on est pas en Algérie, ici.

— Ils vont me faire vivre de force, Momo. C'est ce qu'ils font toujours à l'hôpital, ils ont des lois pour ça. Je ne veux pas vivre plus que c'est nécessaire et ce n'est plus nécessaire. Il y a une limite même pour les Juifs. Ils vont me faire subir des sévices pour m'empêcher de mourir, ils ont un truc qui s'appelle l'Ordre des médecins qui est exprès pour ça. Ils vous en font baver jusqu'au bout et ils ne veulent pas vous donner le droit de mourir, parce que ça fait des privilégiés. J'avais un ami qui n'était même pas juif mais qui n'avait ni bras ni jambes, à cause d'un accident, et qu'ils ont fait souffrir encore dix ans à l'hôpital pour étudier sa circulation. Momo, je ne veux pas vivre uniquement parce que c'est la médecine qui l'exige. Je sais que je perds la tête et je ne veux pas vivre des années dans le coma pour faire honneur à la médecine. Alors, si tu entends des rumeurs d'Orléans pour me mettre à l'hôpital, tu demandes à tes copains de me faire la bonne piqûre et puis de jeter mes restes à la campagne. Dans des buissons, pas n'importe où. J'ai été à la campagne après la guerre pendant dix jours et j'ai jamais autant respiré. C'est meilleur pour mon asthme que la ville. J'ai donné mon cul aux clients pendant trente-cinq ans, je vais pas maintenant le donner aux médecins. Promis?

— Promis, Madame Rosa.

— *Khaïrem?*

— *Khaïrem.*

Ça veut dire chez eux «je vous jure», comme j'ai eu l'honneur.

Moi Madame Rosa je lui aurais promis n'importe quoi pour la rendre heureuse parce que même quand on est très vieux le bonheur peut encore servir, mais à ce moment on a sonné et c'est là que s'est produit cette catastrophe nationale que je n'ai pas pu encore faire entrer ici et qui m'a causé une grande joie car elle m'a permis de vieillir d'un seul coup de plusieurs années, en dehors du reste.

On a sonné à la porte, je suis allé ouvrir et il y avait là un petit mec encore plus triste que d'habitude, avec un long nez qui descendait et des yeux comme on en voit partout mais encore plus effrayés. Il était très pâle et transpirait beaucoup, en respirant vite, la main sur le cœur, pas à cause des sentiments mais parce que le cœur est ce qu'il y a de plus mauvais pour les étages. Il avait relevé le col de son pardessus et n'avait pas de cheveux comme beaucoup de chauves. Il tenait son chapeau à la main, comme pour prouver qu'il en avait un. Je ne savais pas d'où il sortait mais je n'avais encore jamais vu un type aussi peu rassuré. Il m'a regardé avec affolement et je lui ai rendu la monnaie car je vous jure qu'il suffisait de voir ce type-là une fois pour sentir que ça va sauter et vous tomber dessus de tous les côtés, et c'est la panique.

— Madame Rosa, c'est bien ici?

Il faut toujours être prudent dans ces cas-là, parce que les gens que vous connaissez pas ne grimpent pas six étages pour vous faire plaisir.

J'ai fait le con comme j'ai le droit à mon âge.

— Qui?

— Madame Rosa.

J'ai réfléchi. Il faut toujours gagner du temps dans ces cas-là.

— C'est pas moi.

Il a soupiré, il a sorti un mouchoir, il s'est essuyé le front et après il a refait la même chose dans l'autre sens.

— Je suis un homme malade, dit-il. Je sors de l'hôpital où je suis resté onze ans. J'ai fait six étages sans la permission du médecin. Je viens ici pour voir mon fils avant de mourir, c'est mon droit, il y a des lois pour ça, même chez les sauvages. Je veux m'asseoir un moment, me reposer, voir mon fils, et c'est tout. Est-ce que c'est ici? J'ai confié mon fils à Madame Rosa il y a onze ans de ça, j'ai un reçu.

Il a fouillé dans la poche de son pardessus et il m'a donné une feuille de papier crasseuse comme c'est pas possible. J'ai lu ce que j'ai pu grâce à Monsieur Hamil, à qui je dois tout. Sans lui, je ne serais rien. *Reçu de Monsieur Kadir Yoûssef cinq cents francs d'avance pour le petit Mohammed, état musulman, le sept octobre 1956.* Bon, j'ai eu un coup, mais on était en 70, j'ai vite fait le compte, ça faisait quatorze ans, ça pouvait pas être moi. Madame Rosa a dû avoir des chiées de Mohammeds, à Belleville, c'est pas ce qui manque.

— Attendez, je vais voir.

Je suis allé dire à Madame Rosa qu'il y avait là un mec avec une sale gueule qui venait chercher s'il avait un fils et elle a tout de suite eu une peur bleue.

— Mon Dieu, Momo, mais il n'y a que toi et Moïse.

— Alors, c'est Moïse, que je lui ai dit, parce que c'était lui ou moi, c'est la légitime défense.

Moïse roupillait à côté. Il roupillait plus que n'importe qui j'ai jamais connu parmi les mecs qui roupillent.

— C'est peut-être pour faire chanter la mère, dit Madame Rosa. Bon, on va voir. Les maquereaux, c'est pas ça qui me fera peur. Il peut bien prouver. J'ai des faux papiers en règle. Fais-le voir. S'il fait le dur, tu vas chercher Monsieur N'Da.

J'ai fait entrer le type. Madame Rosa avait des bigoudis sur les trois cheveux qui lui restaient, elle était maquillée, elle portait son kimono japonais rouge et quand le gars l'a vue, il s'est tout de suite assis sur le bord d'une chaise et il avait les genoux qui tremblaient. Je voyais bien que Madame Rosa tremblait elle aussi, mais à cause de son poids, les tremblements se voyaient moins chez elle, parce qu'ils n'avaient pas la force de la soulever. Mais elle a des yeux bruns d'une très jolie couleur, quand on ne fait pas attention au reste. Le monsieur était assis avec son chapeau sur les genoux au bord de la chaise, en face de Madame Rosa qui trônait dans son fauteuil et moi je me tenais le dos contre la fenêtre pour qu'il me voie moins, car on sait jamais. Je lui ressemblais pas du tout, à ce type, mais j'ai une règle en or dans la vie, c'est qu'il faut pas prendre de risques. Surtout qu'il s'est tourné vers moi et il m'a regardé attentivement comme s'il cherchait un nez qu'il avait perdu. On se taisait tous, parce que personne ne voulait commencer, tellement on avait tous peur. Je suis même allé chercher Moïse, car ce type-là avait un reçu en bonne et due forme et il fallait quand même le fournir.

— Alors, vous désirez?

— Je vous ai confié mon fils il y a onze ans, Madame, dit le mec, et il devait faire des efforts même pour parler, car il n'arrêtait pas de reprendre son souffle. Je n'ai pas pu vous faire signe de vie plus tôt, j'étais enfermé à l'hôpital. Je n'avais même plus votre nom et adresse, on m'avait tout pris, quand on m'a enfermé. Votre reçu était chez le frère de ma pauvre femme, qui est morte tragiquement, comme vous n'êtes pas sans ignorer. On m'a laissé sortir ce matin, j'ai retrouvé le reçu et je suis venu. Je m'appelle Kadir Yoûssef, et je viens voir mon fils Mohammed. Je veux lui dire bonjour.

Madame Rosa avait toute sa tête à elle ce jour-là, et c'est ce qui nous a sauvés.

Je voyais bien qu'elle avait pâli mais il fallait la connaître, car avec son maquillage, on voyait que du rouge et du bleu. Elle a mis ses lunettes, ce qui lui allait toujours mieux que rien, et elle a regardé le reçu.

— Comment déjà, vous dites?

Le mec a failli pleurer.

— Madame, je suis un homme malade.

— Qui ne l'est pas, qui ne l'est pas, a dit Madame Rosa pieusement, et elle a même levé les yeux au ciel comme pour le remercier.

— Madame, mon nom est Kadir Yoûssef, Youyou pour les infirmiers. Je suis resté onze ans psychiatrique, après cette tragédie dans les journaux dont je suis entièrement irresponsable.

J'ai brusquement pensé que Madame Rosa demandait tout le temps au docteur Katz si je n'étais pas psychiatrique, moi aussi. Ou héréditaire. Enfin, je m'en foutais, c'était pas moi. J'avais dix ans, pas quatorze. Merde.

— Et votre fils s'appelait comment, déjà?

— Mohammed.

Madame Rosa l'a fixé du regard tellement que j'ai même eu encore plus peur.

— Et le nom de la mère, vous vous en souvenez?

Là, j'ai cru que ce type allait mourir. Il est devenu vert, sa mâchoire s'est affaissée, ses genoux sursautaient, il avait des larmes qui sont sorties.

— Madame, vous savez bien que j'étais irresponsable. J'ai été reconnu et certifié comme tel. Si ma main a fait ça, je n'y suis pour rien. On n'a pas trouvé de syphilis chez moi, mais les infirmiers disent que tous les Arabes sont syphilitiques. J'ai fait ça dans un moment de folie, Dieu ait son âme. Je suis devenu très pieux. Je prie pour son âme à chaque heure qui passe. Elle en a besoin, dans le métier qu'elle faisait. J'avais agi dans une crise de jalousie. Vous pensez, elle se faisait jusqu'à vingt passes par jour. J'ai fini par devenir jaloux et je l'ai tuée, je sais. Mais je ne suis pas responsable. J'ai été reconnu par les meilleurs médecins français. Je ne me souvenais même de rien, après. Je l'aimais à la folie. Je ne pouvais pas vivre sans elle.

Madame Rosa a ricané. Je ne l'ai jamais vue ricaner comme ça. C'était quelque chose... Non, je ne peux pas vous dire ça. Ça m'a glacé les fesses.

— Bien sûr que vous ne pouviez pas vivre sans elle, Monsieur Kadir. Aïcha vous rapportait cent mille balles par jour depuis des années. Vous l'avez tuée pour qu'elle vous rapporte plus.

Le type a poussé un petit cri et puis il s'est mis à pleurer. C'était la première fois que je voyais un Arabe pleurer, à part moi. J'ai même eu pitié, tellement je m'en foutais.

Madame Rosa s'est radoucie d'un seul coup. Ça lui faisait plaisir de lui avoir coupé les couilles, à ce mec. Elle devait sentir qu'elle était encore une femme, quoi.

— Et à part ça, ça va, Monsieur Kadir?

Le type s'est essuyé dans son poing. Il avait même plus la force de chercher son mouchoir, c'était trop loin.

— Ça va, Madame Rosa. Je vais bientôt mourir. Le cœur.

— *Mazltov*, dit Madame Rosa, avec bonté, ce qui veut dire en juif je vous félicite.

— Merci, Madame Rosa. Je voudrais voir mon fils, s'il vous plaît.

— Vous me devez trois ans de pension, Monsieur Kadir. Il y a onze ans que vous ne nous avez donné signe de vie.

Le type a fait un petit bond sur sa chaise.

— Signe de vie, signe de vie, signe de vie! chanta-t-il, les yeux levés au ciel, où on nous attend tous. Signe de vie!

On ne peut pas dire qu'il parlait comme ce mot l'exige, et il sautillait à chaque prononciation sur sa chaise, comme si on lui bottait les fesses sans aucune estime.

— Signe de vie, non, mais vous voulez rire!

— C'est la dernière chose que je veux, l'assura Madame Rosa. Vous avez laissé tomber votre fils comme une merde, selon l'expression de ce nom!

— Mais je n'avais même pas votre nom et adresse! L'oncle d'Aïcha a gardé le reçu au Brésil... J'étais enfermé! Je sors ce matin! Je vais chez sa belle-fille à Kremlin-Bicêtre, ils sont tous morts, sauf leur mère qui a hérité et qui se souvenait vaguement de quelque chose! Le reçu était épinglé à la photo d'Aïcha comme mère et fils! Signe de vie! Qu'est-ce que ça veut dire, signe de vie?

— De l'argent, dit Madame Rosa, avec bon sens.

— Où voulez-vous que j'en trouve, Madame?

— Ça, ce sont des choses que je veux pas entrer dedans, dit Madame Rosa, en se ventilant le visage avec son éventail japonais.

Monsieur Kadir Yoûssef avait la pomme d'Adam qui faisait l'ascenseur rapide, tellement il avalait l'air.

— Madame, quand nous vous avons confié notre fils, j'étais en pleine possession de mes moyens. J'avais trois femmes qui travaillaient aux halles dont une que j'aimais tendrement. Je pouvais me permettre de donner une bonne éducation à mon fils. J'avais même un nom social, Yoûssef Kadir, bien connu de la police. Oui, Madame, *bien connu de la police*, c'était même une fois en toutes lettres dans le journal. *Yoûssef Kadir, bien connu de la police... Bien* connu Madame, pas *mal* connu. Après, j'ai été pris d'irresponsabilité et j'ai fait mon malheur...

Il pleurait comme une vieille Juive, ce type-là.

— On a pas le droit de laisser tomber son fils comme une merde sans payer, dit Madame Rosa sévèrement, et elle s'est ventilée un coup avec son éventail japonais.

La seule chose qui m'intéressait là-dedans c'était de savoir si c'était de moi qu'il s'agissait comme Mohammed ou non. Si c'était moi, alors je n'avais pas dix ans mais quatorze et ça, c'était important, car si j'avais quatorze ans, j'étais beaucoup moins un môme, et c'est la meilleure chose qui peut vous arriver. Moïse qui était debout à la porte et qui écoutait ne se bilait pas non plus, car si ce gazier s'appelait Kadir et Yoûssef, il avait peu de chance d'être juif. Remarquez, je ne dis pas du tout qu'être juif c'est une chance, ils ont leurs problèmes, eux aussi.

— Madame, je ne sais pas si vous me parlez sur ce ton-là ou si je me trompe parce que j'imagine des choses à cause de mon état psychiatrique, mais j'ai été coupé du monde extérieur pendant onze ans, j'étais donc dans l'impossibilité matérielle. J'ai là un certificat médical qui me prouve...

Il a commencé à fouiller nerveusement dans ses poches, c'était le genre de mec qui n'est plus sûr de rien et il pouvait très bien ne pas avoir le papier psychiatrique qu'il croyait avoir, car c'est justement parce qu'il s'imaginait qu'on l'avait enfermé. Les psychiatriques sont des gens à qui on explique tout le temps qu'ils n'ont pas ce qu'ils ont et qu'ils ne voient pas ce qu'ils voient, alors ça finit par les rendre dingues. Il a d'ailleurs trouvé un vrai papier dans sa poche et il a voulu le donner à Madame Rosa.

— Moi les documents qui prouvent des choses, j'en veux pas, tfou, tfou, tfou, dit Madame Rosa, en faisant mine de cracher contre le mauvais sort, comme celui-ci l'exige.

— Maintenant, je vais tout à fait bien, dit Monsieur Yoûssef Kadir, — et il nous regarda tous pour s'assurer que c'était vrai.

— Je vous encourage à continuer, dit Madame Rosa, car il n'y avait que ça à dire.

Mais il n'avait pas l'air d'aller du tout bien, ce mec, avec ses yeux qui cherchaient des secours, ce sont toujours les yeux qui en ont le plus besoin.

— Je n'ai pas pu vous envoyer de l'argent parce que j'ai été déclaré irresponsable du meurtre que j'ai commis et j'ai été enfermé. Je pense que c'est l'oncle de ma pauvre femme qui vous envoyait de l'argent, avant de mourir. Je suis une victime du sort. Vous pensez bien que je n'aurais pas commis un crime si j'étais dans un état sans danger pour mon entourage. Je ne peux pas rendre la vie à Aïcha mais je veux embrasser mon fils avant de mourir et lui demander de me pardonner et de prier Dieu pour moi.

Il commençait à me faire chier, ce mec, avec ses sentiments paternels et ses exigences. D'abord, il n'avait pas du tout la gueule qu'il fallait pour être mon père, qui devait être un vrai mec, un vrai de vrai, pas une limace. Et puis, si ma mère se défendait aux Halles, et se défendait même vachement bien, comme il le disait lui-même, personne ne pouvait m'invoquer, comme père, merde. J'étais de père inconnu garanti sur facture, à cause de la loi des grands nombres. J'étais content de savoir que ma mère s'appelait Aïcha. C'est le plus joli nom que vous pouvez imaginer.

— J'ai été très bien soigné, dit Monsieur Yoûssef Kadir. Je n'ai plus de crises de violence, j'ai été guéri de ce côté-là. Mais je n'en ai plus pour longtemps, j'ai un cœur qui ne supporte pas les émotions. Les médecins m'ont autorisé à sortir pour les sentiments, Madame. Je veux voir mon fils, l'embrasser, lui demander de me pardonner et...

Merde. Un vrai disque.

— ... et lui demander de prier pour moi.

Il se tourna vers moi et me regarda avec une peur bleue, à cause des émotions que ça allait lui causer.

— C'est lui?

Mais Madame Rosa avait toute sa tête et même davantage. Elle s'est ventilée, en regardant Monsieur Yoûssef Kadir comme si elle savourait d'avance.

Elle s'est ventilée encore en silence et puis elle s'est tournée vers Moïse.

— Moïse, dis bonjour à ton papa.

— B'jour, p'pa, dit Moïse, car il savait bien qu'il n'était pas arabe et n'avait rien à se reprocher.

Monsieur Yoûssef Kadir devint encore plus pâle que possible.

— Pardon? Qu'est-ce que j'ai entendu? Vous avez dit Moïse?

— Oui, j'ai dit Moïse, et alors?

Le mec se leva. Il se leva comme sous l'effet de quelque chose de très fort.

— Moïse est un nom juif, dit-il. J'en suis absolument certain, Madame. Moïse n'est pas un bon nom musulman. Bien sûr, il y en a, mais pas dans ma famille. Je vous ai confié un Mohammed, Madame, je ne vous ai pas confié un Moïse. Je ne peux pas avoir un fils juif, Madame, ma santé ne me le permet pas.

Moïse et moi, on s'est regardé, on a réussi à ne pas nous marrer. Madame Rosa parut étonnée. Ensuite elle a paru plus étonnée encore. Elle s'est ventilée. Il y a eu un immense silence où il se passait toutes sortes de choses. Le mec était toujours debout mais il tremblait des pieds à la tête.

— Tss, tss, fit Madame Rosa, avec sa langue, en hochant la tête. Vous êtes sûr?

— Sûr de quoi, Madame? Je ne suis sûr d'absolument rien, nous ne sommes pas mis au monde pour être sûrs. J'ai le cœur fragile. Je dis seulement une petite chose que je sais, une toute petite chose, mais j'y tiens. Je vous ai confié il y a onze ans un fils musulman âgé de trois ans, prénommé Mohammed. Vous m'avez donné un reçu pour un fils musulman, Mohammed Kadir. Je suis musulman, mon fils était musulman. Sa mère était une musulmane. Je dirais plus que ça : je vous ai donné un fils arabe en bonne et due forme et je veux que vous me rendiez un fils arabe. Je ne veux absolument pas un fils juif, Madame. Je n'en veux pas, un point, c'est tout. Ma santé ne me le permet pas. Il y avait un Mohammed Kadir, pas un Moïse Kadir, Madame, je ne veux pas redevenir fou. Je n'ai rien contre les Juifs, Madame, Dieu leur pardonne. Mais je suis un Arabe, un bon musulman, et j'ai eu un fils dans le même état. Mohammed, Arabe, musulman. Je vous l'ai confié dans un bon état et je veux que vous me le rendiez dans le même. Je me permets de vous signaler que je ne peux supporter des émotions pareilles. J'ai été objet des persécutions toute ma vie, j'ai des documents médicaux qui le prouvent, qui reconnaissent à toutes fins utiles que je suis un persécuté.

— Mais alors, vous êtes sûr que vous n'êtes pas juif? demanda Madame Rosa avec espoir.

Monsieur Kadir Yoûssef a eu quelques spasmes nerveux sur la figure, comme s'il avait des vagues.

— Madame, je suis persécuté sans être juif. Vous n'avez pas le monopole. C'est fini, le monopole juif, Madame. Il y a d'autres gens que les Juifs qui ont le droit d'être persécutés aussi. Je veux mon fils Mohammed Kadir dans l'état arabe dans lequel je vous l'ai confié contre reçu. Je ne veux pas de fils juif sous aucun prétexte, j'ai assez d'ennuis comme ça.

— Bon, ne vous émouvez pas, il y a peut-être eu une erreur, dit Madame Rosa, car elle voyait bien que le mec était secoué de l'intérieur et qu'il faisait même pitié, quand on pense à tout ce que les Arabes et les Juifs ont déjà souffert ensemble.

— Il y a sûrement eu une erreur, oh mon Dieu, dit Monsieur Yoûssef Kadir, et il dut s'asseoir parce que ses jambes l'exigeaient.

— Momo, fais-moi voir les papiers, dit Madame Rosa.

J'ai sorti la grande valise de famille qui était sous le lit. Comme j'y avais souvent fouillé à la recherche de ma mère, personne ne connaissait le bordel qu'il y avait là-dedans mieux que moi. Madame Rosa mettait les enfants de putes qu'elle prenait en pension sur des petits bouts de papier où il n'y avait rien à comprendre, parce que chez nous c'était la discrétion et les intéressées pouvaient dormir sur leurs deux oreilles. Personne ne pouvait les dénoncer comme mères pour cause de prostitution avec déchéance paternelle. S'il y avait un maquereau qui voulait les faire chanter dans ce but pour les envoyer à Abidjan, il aurait pas retrouvé un môme là-dedans, même s'il avait fait des études spéciales.

J'ai donné toute la paperasserie à Madame Rosa et elle a mouillé son doigt et a commencé à chercher à travers ses lunettes.

— Voilà, j'ai trouvé, dit-elle avec triomphe, en mettant le doigt dessus. Le sept octobre 1956 et des poussières.

— Comment, des poussières? fit plaintivement Monsieur Kadir Yoûssef.

— C'est pour arrondir. J'ai reçu ce jour-là deux garçons dont un dans un état musulman et un autre dans un état juif...

Elle réfléchit et son visage s'illumina de compréhension.

— Ah bon, tout s'explique! dit-elle avec plaisir. J'ai dû me tromper de bonne religion.

— Comment? dit Monsieur Yoûssef Kadir, vivement intéressé. Comment ça?

— J'ai dû élever Mohammed comme Moïse et Moïse comme Mohammed, dit Madame Rosa. Je les ai reçus le même jour et j'ai mélangé. Le petit Moïse, le bon, est maintenant dans une bonne famille musulmane à Marseille, où il est très bien vu. Et votre petit Mohammed ici présent, je l'ai élevé comme juif. *Barmitzwah* et tout. Il a toujours mangé *kasher,* vous pouvez être tranquille.

— Comment, il a toujours mangé *kasher*? piailla Monsieur Kadir Yoûssef, qui n'avait même pas la force de se lever de sa chaise tellement il était effondré sur toute la ligne. Mon fils Mohammed a toujours mangé *kasher*? Il a eu sa *barmitzwah*? Mon fils Mohammed a été rendu juif?

— J'ai fait une erreur identique, dit Madame Rosa. L'identité, vous savez, ça peut se tromper également, ce n'est pas à l'épreuve. Un gosse de trois ans, ça n'a pas beaucoup d'identité, même quand il est circoncis. Je me suis trompée de circoncis, j'ai élevé votre petit Mohammed comme un bon petit Juif, vous pouvez être tranquille. Et quand on laisse son fils pendant onze ans sans le voir, il faut pas s'étonner qu'il devient juif...

— Mais j'étais dans l'impossibilité clinique! gémit Monsieur Kadir Yoûssef.

— Bon, il était arabe, maintenant il est un peu juif, mais c'est toujours votre petit! dit Madame Rosa avec un bon sourire de famille.

Le mec s'est levé. Il a eu la force de l'indignation et il s'est levé.

— Je veux mon fils arabe! gueula-t-il. Je ne veux pas de fils juif!

— Mais puisque c'est le même, dit Madame Rosa avec encouragement.

— C'est pas le même! On me l'a baptisé!

— Tfou, tfou, tfou! cracha Madame Rosa, qui avait quand même des limites. Il n'a pas été baptisé, Dieu nous en garde. Moïse est un bon petit Juif. Moïse, n'est-ce pas que tu es un bon petit Juif?

— Oui, Madame Rosa, dit Moïse, avec plaisir, car il s'en foutait comme de père et mère.

Monsieur Yoûssef Kadir s'est levé et il nous regardait avec des yeux où il y avait des horreurs. Puis il s'est mis à taper du pied, comme s'il dansait sur place une petite danse avec le désespoir.

— Je veux qu'on me rende mon fils dans l'état dans lequel il se trouvait! Je veux mon fils dans un bon état arabe et pas dans un mauvais état juif!

— Les états arabes et les états juifs, ici, ce n'est pas tenu compte, dit Madame Rosa. Si vous voulez votre fils, vous le prenez dans l'état dans lequel il se trouve. D'abord, vous tuez la mère du petit, ensuite vous vous faites déclarer psychiatrique et ensuite vous faites encore un état parce que votre fils a été grandi juif, en tout bien tout honneur! Moïse, va embrasser ton père même si ça le tue, c'est quand même ton père!

— Il n'y a pas à chier, dis-je, car j'étais drôlement soulagé à l'idée que j'avais quatre ans de plus.

Moïse a fait un pas vers Monsieur Yoûssef Kadir et celui-ci a dit une chose terrible pour un homme qui ne savait pas qu'il avait raison.

— Ce n'est pas mon fils! cria-t-il, en faisant un drame.

Il s'est levé, il a fait un pas vers la porte et c'est là qu'il y a eu indépendance de sa volonté. Au lieu de sortir comme il en manifestait clairement l'intention, il a dit *ah!* et puis *oh!*, il a placé une main à gauche là où on met le cœur et il est tombé par terre comme s'il n'avait plus rien à dire.

— Tiens, qu'est-ce qu'il a? a demandé Madame Rosa, en se ventilant avec son éventail du Japon, car il n'y avait que ça à faire. Qu'est-ce qu'il a? Il faut voir.

On ne savait pas s'il était mort ou si c'était seulement pour un moment, car il ne donnait aucun signe. On a attendu, mais il refusait de bouger. Madame Rosa a commencé à s'affoler car la dernière chose qu'il nous fallait c'était la police, qui ne finit jamais quand elle commence. Elle m'a dit de courir vite chercher quelqu'un faire quelque chose mais je voyais bien que Monsieur Kadir Yoûssef était complètement mort, à cause du grand calme qui s'empare sur leur visage des personnes qui n'ont plus à se biler. J'ai pincé Monsieur Yoûssef Kadir ici et là et je lui ai placé le miroir devant les lèvres, mais il n'avait plus de problème. Moïse naturellement a filé tout de suite, car il était pour la fuite, et moi j'ai couru chercher les frères Zaoum pour leur dire qu'on avait un mort et qu'il fallait le mettre dans l'escalier pour qu'il ne soit pas mort chez nous. Ils sont montés et ils l'ont mis sur le palier du quatrième devant la porte de Monsieur Charmette qui était français garanti d'origine et qui pouvait se le permettre.

Je suis quand même redescendu, je me suis assis à côté de Monsieur Yoûssef Kadir mort et je suis resté là un moment, même si on ne pouvait plus rien l'un pour l'autre.

Il avait un nez beaucoup plus long que le mien mais les nez s'allongent toujours en vivant.

J'ai cherché dans ses poches pour voir s'il n'y avait pas un souvenir mais il y avait seulement un paquet de cigarettes, des gauloises bleues. Il y en avait encore une à l'intérieur et je l'ai fumée assis à côté de lui, parce qu'il avait fumé toutes les autres et ça me faisait quelque chose de fumer celle qui en restait.

J'ai même chialé un peu. Ça me faisait plaisir, comme s'il y avait quelqu'un à moi que j'ai perdu. Ensuite j'ai entendu police-secours et je suis remonté bien vite pour ne pas avoir d'ennuis.

Madame Rosa était encore affolée et ça m'a rassuré de la voir dans cet état et pas dans l'autre. On avait eu de la veine. Des fois, elle n'avait que quelques heures par jour et Monsieur Kadir Yoûssef était tombé au bon moment.

J'étais encore complètement renversé à l'idée que je venais d'avoir d'un seul coup quatre ans de plus et je ne savais pas quelle tête faire, je me suis même regardé dans la glace. C'était l'événement le plus important dans ma vie, qu'on appelle une révolution. Je ne savais plus où j'en étais, comme toujours lorsqu'on n'est plus le même. Je savais que je ne pouvais plus penser comme avant mais pour le moment je préférais ne pas penser du tout.

— Oh mon Dieu, dit Madame Rosa, et on a essayé de ne pas parler de ce qui venait d'arriver pour ne pas faire de vagues. Je me suis assis sur le tabouret à ses pieds et je lui ai pris la main avec gratitude, après ce qu'elle avait fait pour me garder. On était tout ce qu'on avait au monde et c'était toujours ça de sauvé. Moi je pense que lorsqu'on vit avec quelqu'un de très moche, on finit par l'aimer aussi parce qu'il est moche. Moi je pense que les vraies mochetés sont vraiment dans le besoin et c'est là qu'on a le plus de chance. Maintenant que je me souviens, je me dis que Madame Rosa était beaucoup moins moche que ça, elle avait de beaux yeux bruns comme un chien juif, mais il ne fallait pas penser à elle comme à une femme, car là évidemment elle ne pouvait pas gagner.

— Ça t'a fait de la peine, Momo?

— Mais non Madame Rosa, je suis content d'avoir quatorze ans.

— C'est mieux comme ça. Et puis, un père qui a été psychiatrique, c'est pas du tout ce qu'il te faut, parce que des fois c'est héréditaire.

— C'est vrai, Madame Rosa, j'ai eu du pot.

— Et puis tu sais, Aïcha faisait un gros chiffre d'affaires, et on peut pas vraiment savoir qui est le père, là-dedans. Elle t'a eu dans le mouvement, elle s'est jamais arrêtée de travailler.

Après je suis descendu et je lui ai acheté un gâteau au chocolat chez Monsieur Driss qu'elle a mangé.

Elle a continué à avoir toute sa tête pendant plusieurs jours, c'était ce que le docteur Katz appelait une rémission de peine. Les frères Zaoum montaient deux fois par semaine le docteur Katz sur l'un de leur dos, il ne pouvait pas se taper les six étages pour constater les dégâts. Car il ne faut pas oublier que Madame Rosa avait aussi d'autres organes que la tête et il fallait la surveiller partout. Je ne voulais jamais être là pendant qu'il faisait le compte, je descendais dans la rue et j'attendais.

Une fois, il y a eu le Nègre qui est passé par là. On l'appelait le Nègre pour des raisons peu connues, peut-être pour le distinguer des autres Noirs du quartier, car il en faut toujours un qui paie pour les autres. Il est le plus maigre de tous, il porte un chapeau melon et il a quinze ans dont au moins cinq sans personne. Il avait des parents qui l'avaient confié à un oncle qui l'avait refilé à sa belle-sœur qui l'avait refilé à quelqu'un qui faisait du bien et ça a fini en queue de poisson, personne ne savait plus qui avait commencé. Mais il ne se piquait pas, il disait qu'il était rancunier et ne voulait pas se soumettre à la société. Le Nègre était connu dans le quartier comme porteur de commandes parce qu'il coûtait moins cher qu'une communication téléphonique. Il se faisait des fois cent courses par jour et avait même une piaule à lui. Il a bien vu que je n'étais pas dans ma forme olympique et il m'a invité à jouer au baby dans le bistro rue Bisson où il y en avait un. Il m'a demandé ce que j'allais faire si Madame Rosa claquait et je lui ai dit que j'avais quelqu'un d'autre en vue. Mais il voyait bien que je crânais. Je lui ai dit que je venais d'avoir quatre ans de plus d'un seul coup et il m'a félicité. On a discuté un moment pour savoir comment il fallait se défendre quand on avait quatorze ou quinze ans sans personne. Il connaissait des adresses où on peut aller mais il m'a dit que le cul, il faut aimer ça, ou alors c'est dégueulasse. Il n'a jamais voulu de ce pain-là parce que c'était un métier de gonzesse. On a fumé une cigarette ensemble et on a joué au baby, mais le Nègre avait ses courses à faire et moi je ne suis pas le genre de mec qui s'accroche.

Quand je suis monté, le docteur Katz était encore là et il essayait de convaincre Madame Rosa pour qu'elle aille à l'hôpital. Il y avait quelques autres personnes qui étaient montées, Monsieur Zaoum l'aîné, Monsieur Waloumba qui n'était pas de service et cinq de ses copains du foyer, car la mort donne de l'importance à une personne quand elle s'approche et on la respecte davantage. Le docteur Katz mentait comme un arracheur de dents pour faire régner la bonne humeur, car le moral aussi, ça compte.

— Ah, voilà notre petit Momo qui vient aux nouvelles! Eh bien, les nouvelles sont bonnes, ce n'est toujours pas le cancer, je peux vous rassurer tous, ha, ha!

Tout le monde souriait et surtout Monsieur Waloumba qui était fin psychologue et Madame Rosa était contente elle aussi, car elle avait quand même réussi quelque chose dans sa vie.

— Mais comme nous avons des moments difficiles, parce que notre pauvre tête est parfois privée de circulation, et comme nos reins et notre cœur ne sont pas ce qu'ils étaient autrefois, il vaut peut-être mieux que nous allions passer quelque temps à l'hôpital, dans une grande et belle salle où tout finira par s'arranger!

J'avais froid aux fesses en écoutant le docteur Katz. Tout le monde savait dans le quartier qu'il n'était pas possible de se faire avorter à l'hôpital même quand on était à la torture et qu'ils étaient capables de vous faire vivre de force, tant que vous étiez encore de la barbaque et qu'on pouvait planter une aiguille dedans. La médecine doit avoir le dernier mot et lutter jusqu'au bout pour empêcher que la volonté de Dieu soit faite. Madame Rosa avait mis sa robe bleue, et son châle brodé qui était de valeur et elle était contente de présenter de l'intérêt. Monsieur Waloumba s'est mis à jouer de son instrument de musique, car c'était un moment pénible, vous savez, quand personne ne peut rien pour personne. Moi je souriais aussi, mais à l'intérieur j'avais envie de crever. Des fois je sens que la vie, c'est pas ça, c'est pas ça du tout, croyez-en ma vieille expérience. Puis ils sont sortis tous à la queue leu leu et dans le silence, car il y a des moments où on n'a plus rien à dire. Monsieur Waloumba nous a fait encore quelques notes qui sont parties avec lui.

On est restés seuls tous les deux comme je ne le souhaite à personne.

— Tu as entendu, Momo? C'est l'hôpital, maintenant. Et toi, qu'est-ce que tu vas devenir?

Je me suis mis à siffloter, c'était tout ce que je pouvais dire.

Je me tournai vers elle pour lui sortir n'importe quoi dans le genre Zorro, mais là j'ai eu un coup de pot parce que juste à ce moment-là ça s'est bloqué dans sa tête et elle est restée partie deux jours et trois nuits sans se rendre compte. Mais son cœur continuait à servir et elle était pour ainsi dire en vie.

Je n'osais pas appeler le docteur Katz ou même les voisins, j'étais sûr que cette fois on allait nous séparer. Je suis resté assis à côté d'elle autant que c'est possible sans aller pisser ou manger un morceau. Je voulais être là quand elle allait revenir pour être la première chose qu'elle verrait. Je mettais la main sur sa poitrine et je sentais son cœur, malgré tous les kilos qui nous séparaient. Le Nègre est venu, parce qu'il ne me voyait plus nulle part et il a regardé Madame Rosa longuement, en fumant une cigarette. Puis il a fouillé dans sa poche et il m'a donné un numéro imprimé. C'était marqué *Enlèvement gratuit gros objets tél. 278 78 78.*

Et puis il m'a tapé sur l'épaule et il est parti.

Le deuxième jour j'ai couru chercher Madame Lola et elle est montée avec des disques pop qui gueulaient le plus, Madame Lola disait qu'ils réveillaient les morts, mais ça n'a rien donné. C'était le légume que le docteur Katz avait annoncé dès le début et Madame Lola était tellement émue de voir sa copine dans cet état qu'elle n'est pas allée au bois de Boulogne la première nuit, malgré le préjudice qu'elle subissait. Ce Sénégalais était une véritable personne humaine et un jour j'irai la voir.

On a dû laisser la Juive dans son fauteuil. Même Madame Lola, malgré ses années dans le ring, ne pouvait pas la soulever.

Le plus triste avec les personnes qui s'en vont de la tête est qu'on ne sait pas combien ça va durer. Le docteur Katz m'avait dit que le record du monde, c'était un Américain qui le détenait avec dix-sept ans et des poussières, mais pour ça, il faut des soigneurs et des installations spéciales qui font du goutte-à-goutte. C'était terrible de penser que Madame Rosa allait peut-être devenir champion du monde, car elle en avait déjà assez comme ça et la dernière chose qui l'intéressait c'était de battre les records.

Madame Lola était gentille comme je n'en ai pas connu beaucoup. Elle a toujours voulu avoir des enfants mais je vous ai déjà expliqué qu'elle n'était pas équipée pour ça, comme beaucoup de travestites qui ne sont pas de ce côté-là en règle avec les lois de la nature. Elle m'a promis de s'occuper de moi, elle m'a pris sur ses genoux et elle m'a chanté des berceuses pour enfants du Sénégal. En France il y en a aussi, mais je n'en avais jamais entendu parce que je n'ai jamais été un bébé, j'avais toujours d'autres soucis en tête. Je me suis excusé, j'avais déjà quatorze ans et on ne pouvait pas jouer à la poupée avec moi, ça faisait bizarre. Puis elle est partie se préparer pour son travail et Monsieur Waloumba a fait monter la garde autour de Madame Rosa par sa tribu et ils ont même cuit un mouton entier qu'on a mangé en pique-nique assis par terre autour d'elle. C'était sympa, on avait l'impression d'être dans la nature.

On a essayé de nourrir Madame Rosa en lui mâchant d'abord la viande, mais elle restait avec les morceaux à moitié dans la bouche et à moitié dehors à regarder tout ce qu'elle ne voyait pas de ses bons yeux juifs. Ça n'avait pas d'importance parce qu'elle avait assez de graisse sur elle pour la nourrir et même pour nourrir toute la tribu de Monsieur Waloumba, mais c'est fini ce temps-là, ils ne mangent plus les autres. Finalement, comme la bonne humeur régnait et qu'ils ont bu de l'alcool de palme, ils se sont mis à danser et à faire de la musique autour de Madame Rosa. Les voisins ne se plaignaient pas pour le bruit parce que ce ne sont pas des gens qui se plaignent et il n'y en avait pas un qui n'avait pas des papiers en règle. Monsieur Waloumba a fait boire à Madame Rosa un peu d'alcool de palme qu'on achète rue Bisson dans le magasin de Monsieur Somgo avec des noix de cola qui sont également indispensables, surtout en cas de mariage. Il paraît que l'alcool de palme était bon pour Madame Rosa car il monte à la tête et ouvre les voies de circulation, mais ça n'a rien donné du tout, sauf qu'elle est devenue un peu rouge. Monsieur Waloumba disait que le plus important était de faire beaucoup de tam-tam pour éloigner la mort qui devait déjà être là et qui avait une peur bleue des tam-tams, pour des raisons à elle. Les tam-tams sont des petits tambours qu'on frappe avec les mains et ça a duré toute la nuit.

Le deuxième jour, j'étais sûr que Madame Rosa était partie pour battre le record du monde et qu'on ne pouvait pas éviter l'hôpital où ils allaient faire tout leur possible. Je suis sorti et j'ai marché dans les rues en pensant à Dieu et à des choses comme ça, car j'avais envie de sortir encore plus.

Je suis allé d'abord rue de Ponthieu, dans cette salle où ils ont des moyens pour faire reculer le monde. J'avais aussi envie de revoir la même blonde et jolie qui sentait frais dont je vous ai parlé, je crois, vous savez, celle qui s'appelait Nadine ou comment déjà. C'était peut-être pas très gentil pour Madame Rosa, mais qu'est-ce que vous voulez. J'étais dans un tel état de manque que je ne sentais même pas les quatre ans de plus que j'avais gagnés, c'était comme si j'en avais toujours dix, je n'avais pas encore la force de l'habitude.

Bon, vous n'allez pas me croire si je vous disais qu'elle était là à m'attendre, dans cette salle, je ne suis pas le genre de mec qu'on attend. Mais elle était là et j'ai presque senti le goût de la glace à la vanille qu'elle m'avait payée.

Elle ne m'a pas vu entrer, elle était en train de dire des mots d'amour au micro, et ce sont là des choses qui vous occupent. Sur l'écran, il y avait une bonne femme qui remuait les lèvres mais c'était l'autre, la mienne, qui disait tout à sa place. C'est elle qui lui donnait sa voix. C'est technique.

Je me suis mis dans un coin et j'ai attendu. J'étais dans un tel état de manque que j'aurais pleuré, si je n'avais pas quatre ans de plus. Même comme ça, j'étais obligé de me retenir. La lumière s'est allumée et la môme m'a aperçu. Il ne faisait pas très clair dans la salle, mais elle a tout de suite vu qui j'étais et là c'est parti d'un seul coup et j'ai pas pu me retenir.

— Mohammed!

Elle a couru vers moi comme si j'étais quelqu'un et m'a mis le bras autour des épaules. Les autres me regardaient parce que c'est un nom arabe.

— Mohammed! Qu'est-ce qu'il y a? Pourquoi pleures-tu? Mohammed!

J'aimais pas tellement qu'elle m'appelle Mohammed parce que ça fait beaucoup plus loin que Momo mais à quoi bon.

— Mohammed! Parle-moi! Qu'est-ce qu'il y a?

Vous pensez comme c'était facile de lui dire. Il n'y avait même pas par où commencer. J'ai avalé un grand coup.

— Il y a... il y a rien.

— Écoute, j'ai fini mon travail, on va aller chez moi et tu vas tout me raconter.

Elle a couru chercher son imper et on est parti dans sa voiture. Elle se tournait vers moi de temps en temps pour me sourire. Elle sentait tellement bon que c'était difficile de croire. Elle voyait bien que j'étais pas dans ma forme olympique, j'avais même le hoquet, elle ne disait rien parce que à quoi bon, parfois seulement elle me mettait la main sur la joue grâce à un feu rouge, ce qui fait toujours du bien dans ces cas-là. On est arrivé devant son adresse rue Saint-Honoré et elle a fait entrer sa bagnole dans la cour.

Nous sommes montés chez elle et là il y avait un mec que je connaissais pas. Un grand, avec des longs cheveux et des lunettes qui m'a serré la main et n'a rien dit, comme si c'était naturel. Il était plutôt jeune et ne devait pas avoir deux ou trois fois plus que moi. J'ai regardé pour voir si les deux mômes blonds qu'ils avaient déjà n'allaient pas sortir pour me dire qu'on n'avait pas besoin de moi mais il y avait seulement un chien qui n'était pas méchant non plus.

Ils ont commencé à parler entre eux en anglais dans une langue que je ne connaissais pas et puis je fus servi de thé avec des sandwiches qui étaient vachement bons et je me suis régalé. Ils m'ont laissé bouffer comme s'il n'y avait que ça à faire et puis le mec m'a parlé un peu pour savoir si ça allait mieux et j'ai fait un effort pour dire quelque chose mais il y en avait tellement et tellement que j'arrivais même pas à bien respirer et j'avais le hoquet et de l'asthme comme Madame Rosa, parce que c'est contagieux, l'asthme.

Je suis bien resté muet comme une carpe à la juive pendant une demi-heure avec le hoquet et j'ai entendu le mec dire que j'étais en état de choc, ce qui m'a fait plaisir parce que ça avait l'air de les intéresser.

Après, je me suis levé, je leur ai dit que j'étais obligé de rentrer vu qu'il y avait une vieille personne en état de manque qui avait besoin de moi mais la môme qui s'appelait Nadine est allée à la cuisine et elle est revenue avec une glace à la vanille qui était la plus belle chose que j'aie jamais mangée dans ma putain de vie, je vous le dis comme je le pense.

On a causé un peu, après ça, parce que j'étais bien. Quand je leur ai expliqué que la personne humaine était une vieille Juive en état de manque qui était partie pour battre le record du monde toutes catégories et ce que le docteur Katz m'a expliqué sur les légumes, ils ont prononcé des mots que j'avais déjà entendus comme sénilité et sclérose cérébrale et j'étais content parce que je parlais de Madame Rosa et ça me fait toujours plaisir. Je leur ai expliqué que Madame Rosa était une ancienne pute qui était revenue comme déportée dans les foyers juifs en Allemagne et qui avait ouvert un clandé pour enfants de putes qu'on peut faire chanter avec la déchéance paternelle pour prostitution illicite et qui sont obligées de planquer leurs mômes car il y a des voisins qui sont des salauds et peuvent toujours vous dénoncer à l'Assistance publique. Je ne sais pas pourquoi ça me faisait brusquement du bien de leur parler, j'étais bien assis dans un fauteuil et le mec m'a même offert une cigarette et du feu avec son briquet et il m'écoutait comme si j'avais de l'importance. Ce n'est pas pour dire, mais je voyais bien que je leur faisais de l'effet. Je me suis même emballé et j'arrivais plus à m'arrêter tellement j'avais envie de tout sortir mais là évidemment c'est pas possible parce que je suis pas Monsieur Victor Hugo, je ne suis pas encore équipé pour ça. Ça sortait un peu de tous les côtés à la fois parce que je commençais toujours par la fin des haricots, avec Madame Rosa en état de manque et mon père qui avait tué ma mère parce qu'il était psychiatrique, mais il faut vous dire que j'ai jamais su où ça commence et où ça finit parce qu'à mon avis ça ne fait que continuer. Ma mère s'appelait Aïcha et se défendait avec son cul et se faisait jusqu'à vingt passes par jour avant de se faire tuer dans une crise de folie mais c'était pas sûr que j'étais héréditaire, Monsieur Kadir Yoûssef ne pouvait pas jurer qu'il était mon père. Le mec de Madame Nadine s'appelait Ramon et il m'a dit qu'il était un peu médecin et qu'il croyait pas beaucoup à l'héritage et que je devais pas y compter. Il m'a rallumé ma cigarette avec son briquet et m'a dit que les enfants de putes, c'est plutôt mieux qu'autre chose parce qu'on peut se choisir un père qu'on veut, on est pas obligé. Il m'a dit qu'il y avait beaucoup d'accidents de naissance qui ont très bien tourné plus tard et qui ont donné des mecs valables. Je lui ai dit d'accord, quand on est là on est là, c'est pas comme dans la salle de projection de Madame Nadine où on peut tout mettre en marche arrière et retourner chez sa mère à l'intérieur, mais ce qu'il y a de dégueulasse c'est qu'il est pas permis d'avorter les vieilles personnes comme Madame Rosa qui en ont ralbol. Ça me faisait vraiment du bien de leur parler parce qu'il me semblait que c'était arrivé moins, une fois que je l'avais sorti. Ce mec qui s'appelait Ramon et qui n'avait pas du tout une sale gueule, s'occupait beaucoup de sa pipe pendant que je causais, mais je voyais bien que c'était moi qui l'intéressais. J'avais seulement peur que la môme Nadine ne nous laisse seuls avec lui vu que sans elle, ça aurait pas été la même chose comme sympathie. Elle avait un sourire qui était tout à fait pour moi. Quand je leur ai dit comment j'avais eu quatorze ans d'un seul coup alors que j'en avais dix encore la veille, j'ai encore marqué un point, tellement ils étaient intéressés. Je ne pouvais plus m'arrêter, tellement je les intéressais. J'ai fait tout ce que j'ai pu pour les intéresser encore plus et pour qu'ils sentent qu'avec moi, ils faisaient une affaire.

— Mon père est venu l'autre jour pour me reprendre, il m'avait mis en pension chez Madame Rosa avant de tuer ma mère et on l'a déclaré psychiatrique. Il avait d'autres putes qui travaillaient pour lui mais il a tué ma mère parce que c'est elle qu'il préférait. Il est venu me réclamer quand ils l'ont laissé sortir mais Madame Rosa n'a rien voulu savoir, parce que c'est pas bon pour moi d'avoir un père psychiatrique, ça peut être héréditaire. Alors elle lui a dit que son fils c'est Moïse, qui est juif. Il y a aussi des Moïse chez les Arabes mais ils sont pas juifs. Seulement, vous pensez, Monsieur Yoûssef Kadir était arabe et musulman et quand on lui a rendu un fils juif, il a fait un malheur et il est mort...

Le docteur Ramon écoutait lui aussi mais c'était surtout Madame Nadine qui me faisait plaisir.

... Madame Rosa, c'est la femme la plus moche et la plus seule que j'aie jamais vue dans son malheur, heureusement que je suis là, parce que personne n'en voudrait. Moi je comprends pas pourquoi il y a des gens qui ont tout, qui sont moches, vieux, pauvres, malades et d'autres qui n'ont rien du tout. C'est pas juste. Moi j'ai un ami qui est chef de toute la police et qui a les forces de sécurité les plus fortes de tous, il est partout le plus fort, c'est le plus grand flic que vous pouvez imaginer. Il est tellement fort comme flic qu'il pourrait faire n'importe quoi, c'est le roi. Quand on marche dans la rue ensemble, il me met le bras autour des épaules pour bien montrer que c'est comme mon père. Quand j'étais petit il y avait des fois une lionne qui venait la nuit me lécher la figure, j'avais encore dix ans et j'imaginais des choses et à l'école ils ont dit que j'étais perturbé parce qu'ils ne savaient pas que j'avais quatre ans de plus, j'étais pas encore daté, c'était bien avant que Monsieur Yoûssef Kadir est venu se déclarer comme mon père avec un reçu à l'appui. C'est Monsieur Hamil le marchand de tapis bien connu qui m'a appris tout ce que je sais et maintenant il est aveugle. Monsieur Hamil a un Livre de Monsieur Victor Hugo sur lui et quand je serai grand j'écrirai moi aussi les misérables parce que c'est ce qu'on écrit toujours quand on a quelque chose à dire. Madame Rosa avait peur d'une crise de violence de ma part et que je lui cause du tort en lui coupant la gorge parce qu'elle avait peur que j'étais héréditaire. Mais il y a pas un enfant de pute qui peut dire qui est son père et moi je n'irai jamais tuer personne, ce n'est pas fait pour ça. Quand je serai grand j'aurai toutes les forces de sécurité à ma disposition et j'aurai jamais peur. C'est dommage qu'on peut pas tout faire à l'envers comme dans votre salle de projection, pour faire reculer le monde et pour que Madame Rosa soit jeune et belle et ça ferait plaisir de la regarder. Des fois je pense partir avec un cirque où j'ai des amis qui sont clowns mais je ne peux pas le faire et dire merde à tous tant que la Juive sera là parce que je suis obligé de m'occuper d'elle...

Je m'emballais de plus en plus et je ne pouvais plus m'arrêter de parler parce que j'avais peur si je m'arrêtais qu'ils n'allaient plus m'écouter. Le docteur Ramon, car c'était lui, avait un visage avec des lunettes et des yeux qui vous regardent et un moment il s'est même levé et il a même mis le magnétophone pour mieux m'écouter et je me suis senti encore plus important, c'était même pas croyable. Il avait des tas de cheveux sur la tête. C'était la première fois que j'étais digne d'intérêt et qu'on me mettait même sur magnétophone. Moi j'ai jamais su ce qu'il faut faire pour être digne d'intérêt, tuer quelqu'un avec des otages ou est-ce que je sais. Ah la la je vous jure, il y a une telle quantité de manque d'attention dans le monde qu'on est obligé de choisir comme pour les vacances quand on ne peut pas aller à la fois à la montagne et à la mer. On est obligé de choisir ce qui nous plaît le plus comme manque d'attention dans le monde et les gens prennent toujours ce qu'il y a de mieux dans le genre et de plus chèrement payé comme les nazis qui ont coûté des millions ou le Vietnam. Alors une vieille Juive au sixième étage sans ascenseur qui a déjà trop souffert dans le passé pour qu'on s'intéresse encore à elle, c'est pas avec ça qu'on passera en première série, ah non alors. Les gens il leur faut des millions et des millions pour se sentir intéressés et on ne peut pas leur en vouloir car plus c'est petit et moins ça compte...

Je me vautrais dans mon fauteuil et je parlais comme un roi et le plus marrant, c'est qu'ils m'écoutaient comme s'ils avaient jamais rien entendu de pareil. Mais c'est surtout le docteur Ramon qui me faisait parler, parce que la môme, j'avais l'impression qu'elle ne voulait pas entendre, des fois elle faisait même un geste comme pour se boucher les oreilles. Ça me faisait marrer un peu parce que quoi, on est bien obligé de vivre.

Le docteur Ramon m'a demandé ce que je voulais dire quand je parlais de l'état de manque et je lui ai dit que c'est quand on n'a rien et personne. Après il a voulu savoir comment on faisait pour vivre depuis que les putes ne venaient plus nous mettre des mômes en pension, mais là je l'ai tout de suite rassuré et je lui ai dit que le cul, c'est ce qu'il y a de plus sacré chez l'homme, Madame Rosa me l'avait expliqué quand je ne savais même pas encore à quoi ça servait. Je ne me défendais pas avec mon cul, il pouvait être tranquille. On avait une amie Madame Lola qui se défendait au bois de Boulogne comme travestite et qui nous aidait beaucoup. Si tout le monde était comme elle le monde serait vachement différent et il y aurait beaucoup moins de malheurs. Elle avait été champion de boxe au Sénégal avant de devenir travestite et elle gagnait assez d'argent pour élever une famille, si elle n'avait pas la nature contre elle.

De la façon qu'ils m'écoutaient je voyais bien qu'ils avaient pas l'habitude de vivre et je leur ai raconté comment je faisais le proxynète rue Blanche pour me faire un peu d'argent de poche. J'essaie encore maintenant de dire proxénète et pas proxynète comme je faisais quand j'étais môme, mais j'ai pris l'habitude. Parfois le docteur Ramon disait à son amie quelque chose de politique mais je ne comprenais pas très bien parce que la politique c'est pas pour les jeunes.

Je ne sais pas ce que je ne leur ai pas dit et j'avais envie de continuer et de continuer, tellement il me restait des choses que j'avais envie de mettre dehors. Mais j'étais claqué et je commençais même à voir le clown bleu qui me faisait des signes comme souvent quand j'ai envie de dormir et j'avais peur qu'ils le voient aussi et qu'ils se mettent à penser que je suis taré ou quelque chose. J'arrivais plus à parler et ils ont bien vu que j'étais claqué et ils m'ont dit que je pouvais rester dormir chez eux. Mais je leur ai expliqué que je devais aller m'occuper de Madame Rosa qui allait bientôt mourir et après j'allais voir. Ils m'ont encore donné un papier avec leur nom et adresse et la môme Nadine m'a dit qu'elle allait me raccompagner en voiture et que le docteur viendrait avec nous pour jeter un coup d'œil à Madame Rosa pour voir s'il y avait quelque chose qu'il pouvait faire. Moi je ne voyais pas ce qu'on pouvait encore faire pour Madame Rosa après tout ce qu'on lui avait déjà fait, mais j'étais d'accord pour rentrer en voiture. Seulement, il y a eu un truc marrant.

On allait sortir quand quelqu'un a sonné à la porte cinq fois de suite et lorsque Madame Nadine a ouvert, j'ai vu les deux mômes que je connaissais déjà et qui étaient là chez eux, il n'y avait rien à dire. C'étaient ses mômes à elle qui revenaient de l'école ou quelque chose comme ça. Ils étaient blonds et habillés comme on croit rêver, avec des vêtements pour luxe, le genre de sapes qu'on ne peut pas voler parce qu'elles sont pas à l'étalage mais à l'intérieur et il faut franchir les vendeuses pour y arriver. Ils m'ont tout de suite regardé comme si j'étais de la merde. J'étais fringué comme un minable, je l'ai senti tout de suite. J'avais une casquette qui était toujours debout sur ses arrières parce que j'ai trop de cheveux et un pardaf qui m'arrivait aux talons. Quand on fauche des frusques, on n'a pas le temps de mesurer si c'est trop grand ou trop petit, on est pressé. Bon, ils ont rien dit, mais on était pas du même quartier.

J'ai jamais vu deux mômes aussi blonds que ces deux-là. Et je vous jure qu'ils avaient pas beaucoup servi, ils étaient tout neufs. Ils étaient vraiment sans aucun rapport.

— Venez, je vous présente notre ami Mohammed, dit leur mère.

Elle aurait pas dû dire Mohammed, elle aurait dû dire Momo. Mohammed, ça fait cul d'Arabe en France, et moi quand on me dit ça, je me fâche. J'ai pas honte d'être arabe au contraire mais Mohammed en France, ça fait balayeur ou main-d'œuvre. Ça veut pas dire la même chose qu'un Algérien. Et puis Mohammed ça fait con. C'est comme si on disait Jésus-Christ en France, ça fait rigoler tout le monde.

Les deux mômes m'ont tout de suite cherché. Le plus jeune, celui qui devait avoir dans les six ou sept ans, parce que l'autre devait faire dans les dix, m'a regardé comme s'il n'avait jamais vu ça, et puis il a dit :

— Pourquoi il est habillé comme ca?

J'étais pas pour me faire insulter. Je savais bien que j'étais pas chez moi ici. Là-dessus l'autre m'a regardé encore plus et il m'a demandé :

— Tu es arabe?

Merde, je me fais pas traiter d'Arabe par personne. Et puis, quoi, c'était pas la peine d'insister, j'étais pas jaloux ni rien mais la place n'était pas pour moi et puis elle était déjà prise, j'avais rien à dire. J'ai eu un truc à la gorge que j'ai avalé et puis, je me suis précipité dehors et j'ai foutu le camp.

On était pas du même quartier, quoi.

Je me suis arrêté devant un cinéma, mais c'était un film interdit aux mineurs. C'est même marrant quand on pense aux trucs qui sont interdits aux mineurs et à tous les autres auxquels on a droit.

La caissière m'a vu regarder les photos à la devanture et elle m'a gueulé de filer pour protéger la jeunesse. Connasse. J'en avais ralbol d'être interdit aux mineurs, j'ai ouvert ma braguette, je lui ai montré mon zob et je suis parti en courant parce que c'était pas le moment de plaisanter.

Je suis passé à Montmartre à côté d'un tas de sex-shops mais ils sont protégés aussi et puis j'ai pas besoin de trucs pour me branler quand j'en ai envie. Les sex-shops c'est pour les vieux qui peuvent plus se branler tout seuls.

Le jour où ma mère s'était pas fait avorter, c'était du génocide. Madame Rosa avait tout le temps ce mot à la bouche, elle avait de l'éducation et avait été à l'école.

La vie, c'est pas un truc pour tout le monde.

Je me suis plus arrêté nulle part avant de rentrer, je n'avais qu'une envie, c'était de m'asseoir à côté de Madame Rosa parce qu'elle et moi, au moins, c'était la même merde.

Quand je suis arrivé, j'ai vu une ambulance devant la maison et j'ai cru que c'était foutu et que j'avais plus personne mais c'était pas pour Madame Rosa, c'était pour quelqu'un qui était déjà mort. J'ai eu un tel soulagement que j'aurais chialé si j'avais pas quatre ans de plus. J'avais déjà cru qu'il ne me restait rien. C'est le corps de Monsieur Bouaffa. Monsieur Bouaffa, vous savez, celui dont je ne vous ai pas parlé parce qu'il n'y avait rien à en dire, c'était quelqu'un qui se voyait peu. Il avait eu un truc au cœur et Monsieur Zaoum l'aîné, qui était dehors, m'a dit que personne n'avait remarqué qu'il était mort, il ne recevait jamais de courrier. J'ai jamais été aussi content de le voir mort, je dis pas ça contre lui, bien sûr, je dis ça pour Madame Rosa, ça faisait autant de moins pour elle.

Je suis vite monté, la porte était ouverte, les amis de Monsieur Waloumba étaient partis mais ils avaient laissé de la lumière pour que Madame Rosa se voie. Elle était répandue dans son fauteuil et vous pouvez vous imaginer le plaisir que j'ai eu quand j'ai vu qu'elle avait des larmes qui coulaient parce que ça prouvait qu'elle était vivante. Elle était même un peu secouée de l'intérieur comme chez les personnes qui ont des sanglots.

— Momo... Momo... Momo... c'était tout ce qu'elle avait moyen de dire mais ça m'a suffi.

J'ai couru l'embrasser. Elle sentait pas bon parce qu'elle avait chié et pissé sous elle pour des raisons d'état. Je l'ai embrassée encore plus parce que je ne voulais pas qu'elle s'imagine qu'elle me dégoûtait.

— Momo... Momo...

— Oui, Madame Rosa, c'est moi, vous pouvez compter dessus.

— Momo... J'ai entendu... Ils ont appelé une ambulance... Ils vont venir...

— C'est pas pour vous, Madame Rosa, c'est pour Monsieur Bouaffa qui est déjà mort.

— J'ai peur...

— Je sais, Madame Rosa, ça prouve que vous êtes bien vivante.

— L'ambulance...

Elle avait du mal à parler car les mots ont besoin de muscles pour sortir et chez elle les muscles étaient tout avachis.

— C'est pas pour vous. Vous, ils savent même pas que vous êtes là, je vous le jure sur le Prophète. *Khaïrem.*

— Ils vont venir, Momo...

— Pas maintenant, Madame Rosa. On vous a pas dénoncée. Vous êtes bien vivante, même que vous avez chié et pissé sous vous, il n'y a que les vivants qui font ça.

Elle a paru un peu rassurée. Je regardais ses yeux, pour ne pas voir le reste. Vous n'allez pas me croire, mais elle avait des yeux de toute beauté, cette vieille Juive. C'est comme les tapis de Monsieur Hamil, quand il disait : «J'ai là des tapis de toute beauté.» Monsieur Hamil croit qu'il n'y a rien de plus beau au monde qu'un beau tapis et que même Allah était assis dessus. Si vous voulez mon avis, Allah est assis sur des tas de trucs.

— C'est vrai que ça pue.

— Ça prouve que ça fonctionne encore à l'intérieur.

— *Inch'Allah*, dit Madame Rosa. Je vais bientôt mourir.

— *Inch'Allah*, Madame Rosa.

— Je suis contente de mourir, Momo.

— Nous sommes tous contents pour vous, Madame Rosa. Vous n'avez que des amis, ici. Tout le monde vous veut du bien.

— Mais il ne faut pas les laisser m'emmener à l'hôpital, Momo. À aucun prix, il ne faut pas.

— Vous pouvez être tranquille, Madame Rosa.

— Ils vont me faire vivre de force, à l'hôpital, Momo. Ils ont des lois pour ça. C'est des vraies lois de Nuremberg. Tu ne connais pas ça, tu es trop jeune.

— J'ai jamais été trop jeune pour rien, Madame Rosa.

— Le docteur Katz va me dénoncer à l'hôpital et ils vont venir me chercher.

J'ai rien dit. Si les Juifs commençaient à se dénoncer entre eux, moi j'allais pas m'en mêler. Moi les Juifs je les emmerde, c'est des gens comme tout le monde.

— Ils vont pas me faire avorter à l'hôpital.

Je disais toujours rien. Je lui tenais la main. Comme ça, au moins, je mentais pas.

— Combien de temps ils l'ont fait souffrir, ce champion du monde en Amérique, Momo?

J'ai fait le con.

— Quel champion?

— En Amérique? Je t'ai entendu, tu en parlais avec Monsieur Waloumba.

Merde.

— Madame Rosa, en Amérique, ils ont tous les records du monde, c'est des grands sportifs. En France, à l'Olympique de Marseille, il y a que des étrangers. Ils ont même des Brésiliens et n'importe quoi. Ils vont pas vous prendre. À l'hôpital, je veux dire.

— Tu me jures...

— L'hôpital, tant que je suis là, c'est zobbi, Madame Rosa.

Elle a presque souri. De vous à moi, quand elle sourit, ça la fait pas plus belle, au contraire, parce que ça souligne tout le reste autour. Ce sont surtout les cheveux qui lui manquent. Il lui restait encore trente-deux cheveux sur la tête, comme la dernière fois.

— Madame Rosa, pourquoi vous m'avez menti?

Elle parut sincèrement étonnée.

— Moi? Je t'ai menti?

— Pourquoi vous m'avez dit que j'avais dix ans alors que j'en ai quatorze?

Vous allez pas me croire, mais elle a rougi un peu.

— J'avais peur que tu me quittes, Momo, alors je t'ai un peu diminué. Tu as toujours été mon petit homme. J'en ai jamais vraiment aimé un autre. Alors, je comptais les années et j'avais peur. Je ne voulais pas que tu deviennes grand trop vite. Excuse-moi.

Du coup, je l'ai embrassée, j'ai garde sa main dans la mienne et je lui ai passé un bras autour des épaules comme si elle était une femme. Après, Madame Lola est venue avec l'aîné des Zaoum et on l'a soulevée, on l'a déshabillée, on l'a étendue par terre et on l'a lavée.

Madame Lola lui a versé du parfum partout, on lui a mis sa perruque et son kimono, et on l'a étendue dans son lit bien propre et ça faisait plaisir à voir.

Mais Madame Rosa se gâtait de plus en plus et je ne peux pas vous dire combien c'est injuste quand on est en vie uniquement parce qu'on souffre. Son organisme ne valait plus rien et quand ce n'était pas une chose, c'était l'autre. C'est toujours le vieux sans défense qu'on attaque, c'est plus facile et Madame Rosa était victime de cette criminalité. Tous ses morceaux étaient mauvais, le cœur, le foie, le rein, les bronches, il n'y en avait pas un qui était de bonne qualité. On n'avait plus qu'elle et moi à la maison et dehors, à part Madame Lola, il n'y avait personne. Tous les matins je faisais faire de la marche à pied à Madame Rosa pour la dégourdir et elle allait de la porte à la fenêtre et retour, appuyée sur mon épaule pour ne pas se rouiller complètement. Je lui mettais pour la marche un disque juif qu'elle aimait bien et qui était moins triste que d'habitude. Les Juifs ont toujours le disque triste, je ne sais pas pourquoi. C'est leur folklore qui veut ça. Madame Rosa disait souvent que tous ses malheurs venaient des Juifs et que si elle n'avait pas été juive, elle n'aurait pas eu le dixième des emmerdements qu'elle avait eus.

Monsieur Charmette avait fait livrer une couronne mortuaire car il ne savait pas que c'était Monsieur Bouaffa qui était mort, il croyait que c'était Madame Rosa comme tout le monde le souhaitait pour son bien et Madame Rosa était contente parce que ça lui donnait de l'espoir, et aussi c'était la première fois que quelqu'un lui envoyait des fleurs. Les frères de tribu de Monsieur Waloumba ont apporté des bananes, des poulets, des mangues, du riz, comme c'est l'habitude chez eux quand il y aura un heureux événement dans la famille. On faisait tous croire à Madame Rosa que c'était bientôt fini et elle avait moins peur. Il y a eu aussi le père André qui lui a fait une visite, le curé catholique des foyers africains autour de la rue Bisson, mais il n'était pas venu faire le curé, il était simplement venu. Il n'a pas fait des avances à Madame Rosa, il est resté très correct. Nous aussi on lui a rien dit car Dieu, vous savez comment c'est avec Lui. Il fait ce qu'Il veut parce qu'Il a la force pour Lui.

Le père André est mort depuis d'un décrochement du cœur mais je pense que ce n'était pas personnel, c'est les autres qui lui ont fait ça. Je ne vous en ai pas parlé plus tôt parce qu'on n'était pas tellement de son ressort, Madame Rosa et moi. On l'avait envoyé à Belleville comme nécessaire pour s'occuper des travailleurs catholiques africains et nous on n'était ni l'un ni l'autre. Il était très doux et avait toujours un air un peu coupable, comme s'il savait bien qu'il y avait des reproches à faire. Je vous en dis un mot parce que c'était un brave homme et quand il est mort ça m'a laissé un bon souvenir.

Le père André avait l'air d'être là pour un moment et je suis descendu dans la rue aux nouvelles, à cause d'une sale histoire qui était arrivée. Les mecs, pour l'héroïne, disent tous «la merde» et il y a eu un môme de huit ans qui avait entendu que les mecs se faisaient des piqûres de merde et que c'était le pied et il avait chié sur un journal et il s'était foutu une piqûre de vraie merde, croyant que c'était la bonne, et il en est mort. On avait même embarqué le Mahoute et encore deux autre jules parce qu'ils l'avaient mal informé, mais moi je trouve qu'ils étaient pas obligés d'apprendre à un môme de huit ans à se piquer.

Quand je suis remonté, j'ai trouvé avec le père André le rabbin de la rue des Chaumes, à côté de l'épicerie kasher de Monsieur Rubin, qui avait sans doute appris qu'il y avait un curé qui rôdait autour de Madame Rosa et qui a eu peur qu'elle fasse une mort chrétienne. Il n'avait jamais mis les pieds chez nous vu qu'il connaissait Madame Rosa depuis qu'elle était pute. Le père André et le rabbin, qui avait un autre nom mais je ne m'en souviens pas, ne voulaient pas donner le signal du départ et ils restaient là sur deux chaises à côté du lit avec Madame Rosa. Ils ont même parlé de la guerre du Vietnam parce que c'était un terrain neutre.

Madame Rosa a fait une bonne nuit mais moi je n'ai pas pu dormir et je suis resté les yeux ouverts dans le noir à penser à quelque chose de différent et je ne savais pas du tout ce que ça pouvait être.

Le lendemain matin le docteur Katz est venu donner à Madame Rosa un examen périodique et cette fois, quand on est sorti dans l'escalier, j'ai tout de suite senti que le malheur allait frapper à notre porte.

— Il faut la transporter à l'hôpital. Elle ne peut pas rester ici. Je vais appeler l'ambulance.

— Qu'est-ce qu'ils vont lui faire à l'hôpital?

— Ils vont lui donner des soins appropriés. Elle peut vivre encore un certain temps et peut-être même plus. J'ai connu des personnes dans son cas qui ont pu être prolongées pendant des années.

Merde, j'ai pensé, mais j'ai rien dit devant le docteur. J'ai hésité un moment et puis j'ai demandé :

— Dites, est-ce que vous ne pourriez pas l'avorter, docteur, entre Juifs?

Il parut sincèrement étonné.

— Comment, l'avorter? Qu'est-ce que tu racontes?

— Ben, oui, quoi, l'avorter, pour l'empêcher de souffrir.

Là, le docteur Katz s'est tellement ému qu'il a dû s'asseoir. Il s'est pris la tête à deux mains et il a soupiré plusieurs fois de suite, en levant les yeux au ciel, comme c'est l'habitude.

— Non, mon petit Momo, on ne peut pas faire ça. L'euthanasie est sévèrement interdite par la loi. Nous sommes dans un pays civilisé, ici. Tu ne sais pas de quoi tu parles.

— Si je sais. Je suis algérien, je sais de quoi je parle. Ils ont là-bas le droit sacré des peuples à disposer d'eux-mêmes.

Le docteur Katz m'a regardé comme si je lui avais fait peur. Il se taisait, la gueule ouverte. Des fois j'en ai marre, tellement les gens ne veulent pas comprendre.

— Le droit sacré des peuples ça existe, oui ou merde?

— Bien sûr que ça existe, dit le docteur Katz et il s'est même levé de la marche sur laquelle il était assis pour lui témoigner du respect.

— Bien sûr que ça existe. C'est une grande et belle chose. Mais je ne vois pas le rapport.

— Le rapport, c'est que si ça existe, Madame Rosa a le droit sacré des peuples à disposer d'elle-même, comme tout le monde. Et si elle veut se faire avorter, c'est son droit. Et c'est vous qui devriez le lui faire parce qu'il faut un médecin juif pour ça pour ne pas avoir d'antisémitisme. Vous ne devriez pas vous faire souffrir entre Juifs. C'est dégueulasse.

Le docteur Katz respirait de plus en plus et il avait même des gouttes de sueur sur le front, tellement je parlais bien. C'était la première fois que j'avais vraiment quatre ans de plus.

— Tu ne sais pas ce que tu dis, mon enfant, tu ne sais pas ce que tu dis.

— Je ne suis pas votre enfant et je ne suis même pas un enfant du tout. Je suis un fils de pute et mon père a tué ma mère et quand on sait ça, on sait tout et on n'est plus un enfant du tout.

Le docteur Katz en tremblait, tellement il me regardait avec stupeur.

— Qui t'a dit ça, Momo? Qui t'a dit ces choses-là?

— Ça ne fait rien qui me l'a dit, docteur Katz, parce que des fois, ça vaut mieux d'avoir le moins de père possible, croyez-en ma vieille expérience et comme j'ai l'honneur, pour parler comme Monsieur Hamil, le copain de Monsieur Victor Hugo, que vous n'êtes pas sans ignorer. Et ne me regardez pas comme ça, docteur Katz, parce que je ne vais pas faire une crise de violence, je ne suis pas psychiatrique, je ne suis pas héréditaire, je ne vais pas tuer ma pute de mère parce que c'est déjà fait, Dieu ait son cul, qui a fait beaucoup de bien sur cette terre, et je vous emmerde tous, sauf Madame Rosa qui est la seule chose que j'aie aimée ici et je ne vais pas la laisser devenir champion du monde des légumes pour faire plaisir à la médecine et quand j'écrirai les misérables je vais dire tout ce que je veux sans tuer personne parce que c'est la même chose et si vous n'étiez pas un vieux youpin sans cœur mais un vrai Juif avec un vrai cœur à la place de l'organe vous feriez une bonne action et vous avorteriez Madame Rosa tout de suite pour la sauver de la vie qui lui a été foutue au cul par un père qu'on connaît même pas et qui n'a même pas de visage tellement il se cache et il n'est même pas permis de le représenter parce qu'il a toute une maffia pour l'empêcher de se faire prendre et c'est la criminalité, Madame Rosa, et la condamnation des sales cons de médecins pour refus d'assistance...

Le docteur Katz était tout pâle et ça lui allait bien avec sa jolie barbe blanche et ses yeux qui étaient cardiaques et je me suis arrêté parce que s'il mourait, il n'aurait encore rien entendu de ce qu'un jour j'allais leur dire. Mais il avait les genoux qui commençaient à céder et je l'ai aidé à se rasseoir sur la marche mais sans lui pardonner ni rien ni personne. Il a porté la main à son cœur et il m'a regardé comme s'il était le caissier d'une banque et qu'il me suppliait de ne pas le tuer. Mais j'ai seulement croisé les bras sur ma poitrine et je me sentais comme un peuple qui a le droit sacré de disposer de lui-même.

— Mon petit Momo, mon petit Momo...

— Il y a pas de petit Momo. C'est oui ou c'est merde?

— Je n'ai pas le droit de faire ça...

— Vous voulez pas l'avorter?

— Ce n'est pas possible, l'euthanasie est sévèrement punie...

Il me faisait marrer. Moi je voudrais bien savoir qu'est-ce qui n'est pas sévèrement puni, surtout quand il n'y a rien à punir.

— Il faut la mettre à l'hôpital, c'est une chose humanitaire...

— Est-ce qu'ils me prendront à l'hôpital avec elle?

Ça l'a un peu rassuré et il a même souri.

— Tu es un bon petit, Momo. Non, mais tu pourras lui faire des visites. Seulement, bientôt, elle ne te reconnaîtra plus...

Il a essayé de parler d'autre chose.

— Et à propos, qu'est-ce que tu vas devenir, Momo? Tu ne peux pas vivre seul.

— Vous en faites pas pour moi. Je connais des tas de putes, à Pigalle. J'ai déjà reçu plusieurs propositions.

Le docteur Katz a ouvert la bouche, il m'a regardé, il a avalé et puis il a soupiré, comme ils le font tous. Moi je réfléchissais. Il fallait gagner du temps, c'est toujours la chose à faire.

— Écoutez, docteur Katz, n'appelez pas l'hôpital. Donnez-moi encore quelques jours. Peut-être qu'elle va mourir toute seule. Et puis, il faut que je m'arrange. Sans ça, ils vont me verser à l'Assistance.

Il a soupiré encore. Ce mec-là, chaque fois qu'il respirait, c'était pour soupirer. J'en avais ma claque des mecs qui soupirent.

Il m'a regardé, mais autrement.

— Tu n'as jamais été un enfant comme les autres, Momo. Et tu ne seras jamais un homme comme les autres, j'ai toujours su ça.

— Merci, docteur Katz. C'est gentil de me dire ça.

— Je le pense vraiment. Tu seras toujours très différent.

J'ai réfléchi un moment.

— C'est peut-être parce que j'ai eu un père psychiatrique.

Le docteur Katz parut malade, tellement il avait l'air pas bien.

— Pas du tout, Momo. Ce n'est pas du tout ce que j'ai voulu dire. Tu es encore trop jeune pour comprendre, mais...

— On est jamais trop jeune pour rien, docteur, croyez-en ma vieille expérience.

Il parut étonné.

— Où as-tu appris cette expression?

— C'est mon ami Monsieur Hamil qui dit toujours ça.

— Ah bon. Tu es un garçon très intelligent, très sensible, trop sensible même. J'ai souvent dit à Madame Rosa que tu ne seras jamais comme tout le monde. Quelquefois, ça fait des grands poètes, des écrivains, et quelquefois...

Il soupira.

— ... et quelquefois, des révoltés. Mais rassure-toi, cela ne veut pas dire du tout que tu ne seras pas normal.

— J'espère bien que je ne serai jamais normal, docteur Katz, il n'y a que les salauds qui sont toujours normaux.

— Normaux.

— Je ferai tout pour ne pas être normal, docteur...

Il s'est encore levé et j'ai pensé que c'était le moment de lui demander quelque chose, car ça commençait à me turlupiner sérieusement.

— Dites-moi, docteur, vous êtes sûr que j'ai quatorze ans? J'en ai pas vingt, trente ou quelque chose d'encore plus? D'abord on me dit dix, puis quatorze. J'aurais pas des fois beaucoup mieux? Je suis pas un nain, putain de nom? J'ai aucune envie d'être un nain, docteur, même s'ils sont normaux et différents.

Le docteur Katz sourit dans sa barbe et il était heureux de m'annoncer enfin une vraie bonne nouvelle.

— Non, tu n'es pas un nain, Momo, je t'en donne ma parole médicale. Tu as quatorze ans, mais Madame Rosa voulait te garder le plus longtemps possible, elle avait peur que tu la quittes, alors elle t'a fait croire que tu n'en avais que dix. J'aurais peut-être dû te le dire un peu plus tôt, mais...

Il sourit et ça l'a rendu encore plus triste.

— ... mais comme c'était une belle histoire d'amour, je n'ai rien dit. Pour Madame Rosa, je veux bien attendre encore quelques jours, mais je pense qu'il est indispensable de la mettre à l'hôpital. Nous n'avons pas le droit d'abréger ses souffrances, comme je te l'ai expliqué. En attendant, faites-lui faire un peu d'exercice, mettez-la debout, remuez-la, faites-lui faire des petites promenades dans la chambre, parce que sans ça elle va pourrir partout et elle va faire des abcès. Il faut la remuer un peu. Deux jours ou trois, mais pas plus...

J'ai appelé un des frères Zaoum qui l'a descendu sur ses épaules.

Le docteur Katz vit encore et un jour j'irai le voir.

Je suis resté un moment assis seul dans l'escalier pour avoir la paix. J'étais quand même heureux de savoir que je n'étais pas un nain, c'était déjà quelque chose. J'ai vu une fois la photo d'un monsieur qui est cul-de-jatte et qui vit sans bras ni jambes. J'y pense souvent pour me sentir mieux que lui, ça me donne le plaisir d'avoir des bras et des jambes. Ensuite j'ai pensé aux exercices qu'il fallait faire à Madame Rosa pour la remuer un peu et je suis allé chercher Monsieur Waloumba pour m'aider mais il était à son travail dans les ordures. Je suis resté toute la journée avec Madame Rosa qui a fait les cartes pour lire son avenir. Lorsque Monsieur Waloumba est revenu de son boulot, il est monté avec ses copains, ils ont pris Madame Rosa et ils lui ont fait faire un peu d'exercice. Ils l'ont d'abord promenée dans la chambre car ses jambes pouvaient encore servir, et après ils l'ont couchée sur une couverture et ils l'ont balancée un peu pour la remuer à l'intérieur. Ils se sont même marrés à la fin parce que ça leur faisait un effet désopilant de voir Madame Rosa comme une grande poupée et on avait l'air de jouer à quelque chose. Ça lui a fait le plus grand bien et elle a même eu un mot gentil pour chacun. Après on l'a couchée, on l'a nourrie et elle a demandé son miroir. Quand elle s'est vue dans le miroir, elle s'est souri et elle a arrangé un peu les trente-cinq cheveux qui lui restaient. Nous l'avons tous félicitée pour sa bonne mine. Elle s'est maquillée, elle avait encore sa féminité, on peut très bien être moche et essayer d'arranger ça pour le mieux. C'est dommage que Madame Rosa n'était pas belle car elle était douée pour ça et aurait fait une très jolie femme. Elle se souriait dans le miroir et on était tous très contents qu'elle n'était pas dégoûtée.

Après, les frères de Monsieur Waloumba lui ont fait du riz aux piments, ils disaient qu'il fallait bien la pimenter pour que son sang coure plus vite. Madame Lola est arrivée là-dessus et c'était toujours comme si le soleil entrait, ce Sénégalais. La seule chose qui me rend triste avec Madame Lola, c'est quand elle rêve d'aller tout se faire couper devant pour être femme à part entière, comme elle dit. Je trouve que c'est des extrémités et j'ai toujours peur qu'elle se fasse mal.

Madame Lola a offert une de ses robes à la Juive car elle savait combien le moral c'est important chez les femmes. Elle a aussi apporté du champagne et il n'y a rien de mieux. Elle a versé du parfum sur Madame Rosa qui en avait besoin de plus en plus car elle avait du mal à contrôler ses ouvertures.

Madame Lola est d'un naturel gai parce qu'elle a été bénie par le soleil d'Afrique dans ce sens et c'était un plaisir de la voir assise là, les jambes croisées, sur le lit, vêtue avec la dernière élégance. Madame Lola est très belle pour un homme sauf sa voix qui date du temps où elle était champion de boxe poids lourds, et elle n'y pouvait rien car les voix sont en rapport avec les couilles et c'était la grande tristesse de sa vie. J'avais Arthur le parapluie avec moi, je ne voulais pas m'en séparer brutalement malgré les quatre ans que j'avais pris en une fois. J'avais le droit de m'habituer, car les autres mettent beaucoup plus de temps à vieillir de plusieurs années et il ne fallait pas me presser.

Madame Rosa reprenait si vite du poil de la bête qu'elle a pu se lever et même marcher toute seule, c'était la récession et l'espoir. Quand Madame Lola est partie au boulot avec son sac à main, nous avons fait dînette et Madame Rosa a dégusté le poulet que Monsieur Djamaïli, l'épicier bien connu, lui a fait porter. Monsieur Djamaïli lui-même était décédé mais ils avaient eu de bons rapports de leur vivant et sa famille avait repris l'affaire. Après, elle a bu un peu de thé avec de la confiture et pris un air songeur et j'ai eu peur, j'ai cru que c'était une nouvelle attaque d'imbécillité. Mais on l'avait tellement secouée dans la journée que son sang assumait son service et arrivait à la tête comme prévu.

— Momo, dis-moi toute la vérité.

— Madame Rosa, toute la vérité, je ne la connais pas, je sais même pas qui la connaît.

— Qu'est-ce qu'il t'a dit, le docteur Katz?

— Il a dit qu'il faut vous mettre à l'hôpital et que là-bas ils vont s'occuper de vous pour vous empêcher de mourir. Vous pouvez vivre encore longtemps.

J'avais le cœur serré de lui dire des choses pareilles et j'ai même essayé de sourire, comme si c'était une bonne nouvelle que je lui annonçais.

— Comment ça s'appelle chez eux, cette maladie que j'ai?

J'avalai ma salive.

— C'est pas le cancer, Madame Rosa, je vous le jure.

— Momo, comment ça s'appelle chez les médecins?

— On peut vivre comme ça pendant longtemps.

— Comment, comme ça?

Je me taisais.

— Momo, tu ne vas pas me mentir? Je suis une vieille Juive, on m'a tout fait qu'on peut faire à un homme...

Elle disait *mensch* et en juif c'est pareil pour homme ou femme.

— Je veux savoir. Il y a des choses qu'on n'a pas le droit de faire à un *mensch*. Je sais qu'il y a des jours que je n'ai plus ma tête à moi.

— C'est rien, Madame Rosa, on peut très bien vivre comme ça.

— Comment, comme ça?

J'ai pas pu tenir. J'avais des larmes qui m'étouffaient à l'intérieur. Je me suis jeté sur elle, elle m'a pris dans ses bras et j'ai gueulé :

— Comme un légume, Madame Rosa, comme un légume! Ils veulent vous faire vivre comme un légume!

Elle n'a rien dit. Elle a seulement transpiré un peu.

— Quand est-ce qu'ils vont venir me chercher?

— Je ne sais pas, dans un jour ou deux, le docteur Katz vous aime bien, Madame Rosa. Il m'a dit qu'il nous séparera seulement le couteau sur la gorge.

— Je n'irai pas, dit Madame Rosa.

— Je ne sais plus quoi faire, Madame Rosa. C'est tout des salauds. Ils ne veulent pas vous avorter.

Elle paraissait très calme. Elle a seulement demandé à se laver parce qu'elle avait pissé sous elle.

Je trouve qu'elle était très belle, maintenant que j'y pense. Ça dépend comment on pense à quelqu'un.

— C'est la Gestapo, dit-elle.

Et puis elle n'a plus rien dit.

La nuit j'ai eu froid, je me suis levé et je suis allé lui mettre une deuxième couverture.

Je me suis réveillé content le lendemain. Lorsque je me réveille je pense d'abord à rien et j'ai ainsi du bon temps. Madame Rosa était vivante et elle m'a même fait un beau sourire pour montrer que tout allait bien, elle avait seulement mal au foie qui chez elle était hépatique et au rein gauche que le docteur Katz voyait d'un très mauvais œil, elle avait aussi d'autres détails qui ne marchaient pas mais ce n'est pas à moi de vous dire ce que c'était, je n'y connais rien. Il y avait du soleil dehors et j'en ai profité pour tirer les rideaux, mais elle n'a pas aimé ça parce qu'avec la lumière, elle se voyait trop et ça lui faisait de la peine. Elle a pris le miroir et elle a dit seulement :

— Qu'est-ce que je suis devenue moche, Momo.

Je me suis mis en colère, parce qu'on n'a pas le droit de dire du mal d'une femme qui est vieille et malade. Je trouve qu'on ne peut pas juger tout d'un même œil, comme les hippopotames ou les tortues qui ne sont pas comme tout le monde.

Elle a fermé les yeux et elle a eu des larmes qui ont coulé mais je ne sais pas si c'était parce qu'elle pleurait ou si c'étaient les muscles qui se relâchaient.

— Je suis monstrueuse, je le sais très bien.

— Madame Rosa, c'est seulement parce que vous ressemblez pas aux autres.

Elle m'a regardé.

— Quand est-ce qu'ils viennent me chercher?

— Le docteur Katz...

— Je ne veux pas entendre parler du docteur Katz. C'est un brave homme mais il ne connaît pas les femmes. J'ai été belle, Momo. J'avais la meilleure clientèle, rue de Provence. Combien il nous reste d'argent?

— Madame Lola m'a laissé cent francs. Elle nous en donnera encore. Elle se défend très bien.

— Moi j'aurais jamais travaillé au bois de Boulogne. Il n'y a rien pour se laver. Aux Halles, on avait des hôtels de bonne catégorie, avec l'hygiène. Et au bois de Boulogne, c'est même dangereux, à cause des maniaques.

— Les maniaques, Madame Lola leur casse leur gueule, vous savez bien qu'elle a été champion de boxe.

— C'est une sainte. Je ne sais pas ce qu'on serait devenu sans elle.

Après elle a voulu réciter une prière juive comme sa mère lui avait appris. J'ai eu très peur, je croyais qu'elle retombait en enfance mais j'ai pas voulu la contrarier. Seulement, elle n'arrivait pas à se rappeler les paroles à cause du mou dans sa tête. Elle avait appris la prière à Moïse et je l'avais apprise aussi parce que ça me faisait chier quand ils se faisaient des trucs à part. J'ai récité :

— *Shma israël adenoï eloheïnou adenoï ekhot bouroukh shein kweit malhoussé loëilem boët...*

Elle a répété ça avec moi et après je suis allé aux W.-C. et j'ai craché tfou tfou tfou comme font les Juifs parce que ce n'était pas ma religion. Elle m'a demandé à s'habiller mais je ne pouvais pas l'aider tout seul et je suis allé au foyer noir où j'ai trouvé Monsieur Waloumba, Monsieur Sokoro, Monsieur Tané et d'autres dont je ne peux pas vous dire les noms car ils sont tous gentils là-bas.

Dès qu'on est remonté, j'ai tout de suite vu que Madame Rosa était de nouveau imbécile, elle avait des yeux de merlan frit et la bouche ouverte qui salivait, comme j'ai déjà eu l'honneur et comme je ne tiens pas à y revenir. Je me suis tout de suite rappelé ce que le docteur Katz m'avait dit au sujet des exercices qu'il fallait faire à Madame Rosa pour la remuer et pour que son sang se précipite dans tous les endroits où on a besoin de lui. On a vite couché Madame Rosa sur une couverture et les frères de Monsieur Waloumba l'ont soulevée avec leur force proverbiale et ils se sont mis à l'agiter mais à ce moment le docteur Katz est arrivé sur le dos de Monsieur Zaoum l'aîné, avec ses instruments de médecine dans une petite valise. Il s'est mis dans tous ses états avant même de descendre du dos de Monsieur Zaoum l'aîné car ce n'était pas du tout ce qu'il avait voulu dire. J'ai jamais vu le docteur Katz aussi furieux et il a même dû s'asseoir et se tenir le cœur car tous ces Juifs ici sont malades, ils sont venus à Belleville il y a très longtemps d'Europe, ils sont vieux et fatigués et c'est pour ça qu'ils se sont arrêtés ici et n'ont pas pu aller plus loin. Il m'a engueulé quelque chose de terrible et nous a tous traités de sauvages ce qui a foutu en rogne Monsieur Waloumba qui lui a fait remarquer que c'étaient des propos. Le docteur Katz s'est excusé en disant qu'il n'était pas péjoratif, qu'il n'avait pas prescrit de jeter Madame Rosa en l'air comme une crêpe pour la remuer mais de la faire marcher ici et là à petits pas avec mille précautions. Monsieur Waloumba et ses compatriotes ont vite placé Madame Rosa dans son fauteuil car il fallait changer les draps, à cause de ses besoins naturels.

— Je vais téléphoner à l'hôpital, dit le docteur Katz définitivement. Je demande immédiatement une ambulance. Son état l'exige. Il lui faut des soins constants.

Je me suis mis à chialer mais je voyais bien que je parlais pour ne rien dire. Et c'est alors que j'ai eu une idée géniale car j'étais vraiment capable de tout.

— Docteur Katz, on ne peut pas la mettre à l'hôpital. Pas aujourd'hui. Aujourd'hui, elle a de la famille.

Il parut étonné.

— Comment, de la famille? Elle n'a personne au monde.

— Elle a de la famille en Israël et...

J'ai avalé ma salive.

— Ils arrivent aujourd'hui.

Le docteur Katz a observé une minute de silence à la mémoire d'Israël. Il n'en revenait pas.

— Ça, je ne savais pas, dit-il, et il avait maintenant du respect dans la voix, car pour les Juifs, Israël c'est quelque chose.

— Elle ne me l'a jamais dit...

Je reprenais de l'espoir. J'étais assis dans un coin avec mon pardessus et le parapluie Arthur, et j'ai pris son chapeau melon et je me le suis mis pour la baraka.

— Ils arrivent aujourd'hui pour la chercher. Ils vont l'emmener en Israël. C'est tout arrangé. Les Russes lui ont donné le visa.

Le docteur Katz était stupéfait.

— Comment, les Russes? Qu'est-ce que tu racontes?

Merde, je sentais bien que j'avais dit quelque chose de traviole et pourtant Madame Rosa m'avait souvent répété qu'il fallait un visa russe pour aller en Israël.

— Enfin, vous voyez ce que je veux dire.

— Tu confonds, mon petit Momo, mais je vois... Alors, ils viennent la chercher?

— Oui, ils ont appris qu'elle n'avait plus sa tête à elle, alors ils vont l'emmener vivre en Israël. Ils prennent l'avion demain.

Le docteur Katz était tout émerveillé, il se caressait la barbe, c'était la meilleure idée que j'aie jamais eue. C'était la première fois que j'avais vraiment quatre ans de plus.

— Ils sont très riches. Ils ont des magasins et ils sont motorisés. Ils...

Je me suis dit merde il ne faut pas en mettre trop.

— ... Ils ont tout ce qu'il faut, quoi.

— Tss, tss, fit le docteur Katz en hochant la tête. C'est une bonne nouvelle. La pauvre femme a tellement souffert dans sa vie... Mais pourquoi ne lui ont-ils pas fait signe avant?

— Ils lui écrivaient de venir, mais Madame Rosa elle voulait pas m'abandonner. Madame Rosa et moi, on peut pas sans l'autre. C'est tout ce qu'on a au monde. Elle voulait pas me lâcher. Même maintenant, elle ne veut pas. Encore hier, j'ai dû la supplier. Madame Rosa, allez dans votre famille en Israël. Vous allez mourir tranquillement, ils vont s'occuper de vous, là-bas. Ici, vous êtes rien. Là-bas, vous êtes beaucoup plus.

Le docteur Katz me regardait la bouche ouverte d'étonnement. Il avait même de l'émotion dans les yeux qui s'étaient un peu mouillés.

— C'est la première fois qu'un Arabe envoie un Juif en Israël, dit-il, et il arrivait à peine à parler, parce qu'il avait un choc.

— Elle voulait pas y aller sans moi.

Le docteur Katz eut un air pensif.

— Et vous ne pouvez pas y aller tous les deux?

Ça m'a fait un coup. J'aurais donné n'importe quoi pour aller quelque part.

— Madame Rosa m'a dit qu'elle allait se renseigner là-bas...

J'avais presque plus de voix, tellement je ne savais plus quoi dire.

— Enfin, elle a accepté. Ils viennent aujourd'hui la chercher et demain, ils prennent l'avion.

— Et toi, mon petit Mohammed? Qu'est-ce que tu vas devenir?

— J'ai trouvé quelqu'un ici, en attendant de me faire venir.

— De... quoi?

J'ai plus rien dit. Je m'étais fourré dans le vrai merdier et je ne savais plus comment m'en sortir.

Monsieur Waloumba et tous les siens étaient très contents car ils voyaient bien que j'avais tout arrangé. Moi j'étais assis par terre avec mon parapluie Arthur et je ne savais plus où j'en étais. Je ne savais plus et je n'avais même pas envie de savoir.

Le docteur Katz s'est levé.

— Eh bien, c'est une bonne nouvelle. Madame Rosa peut encore vivre pas mal de temps, même si elle ne le saura plus vraiment. Elle évolue très rapidement. Mais elle aura des moments de conscience et elle sera heureuse de regarder autour d'elle et de voir qu'elle est chez elle. Dis à sa famille de passer me voir, je ne bouge plus, tu sais.

Il me posa la main sur la tête. C'est dingue ce qu'il y a comme personnes qui me mettent la main sur la tête. Ça leur fait du bien.

— Si Madame Rosa reprend conscience avant son départ, tu lui diras que je la félicite.

— C'est ça, je lui dirai *mazltov*.

Le docteur Katz me regarda avec fierté.

— Tu dois être le seul Arabe au monde à parler yiddish, mon petit Momo.

— Oui, *mittornischt zorgen*.

Au cas où vous sauriez pas le juif, chez eux ça veut dire : on peut pas se plaindre.

— N'oublie pas de dire à Madame Rosa combien je suis heureux pour elle, répéta le docteur Katz et c'est la dernière fois que je vous parle de lui parce que c'est la vie.

Monsieur Zaoum l'aîné l'attendait poliment à la porte pour le descendre. Monsieur Waloumba et ses tribuns ont couché Madame Rosa sur son lit bien propre et ils sont partis aussi. Moi, j'étais là avec mon parapluie Arthur et mon pardessus et je regardais Madame Rosa couchée sur le dos comme une grosse tortue qui était pas faite pour ça.

— Momo...

J'ai même pas levé la tête.

— Oui, Madame Rosa.

— J'ai tout entendu.

— Je sais, j'ai bien vu quand vous avez regardé.

— Alors, je vais partir en Israël?

Je disais rien. Je baissais la tête pour ne pas la voir car chaque fois qu'on se regardait on se faisait mal.

— Tu as bien fait, mon petit Momo. Tu vas m'aider.

— Bien sûr que je vais vous aider, Madame Rosa, mais encore pas tout de suite.

J'ai même chialé un peu.

Elle a eu une bonne journée et elle a bien dormi mais le lendemain soir ça s'est gâté encore plus quand le gérant est venu parce qu'on n'avait pas payé le loyer depuis des mois. Il nous a dit que c'était honteux de garder en appartement une vieille femme malade avec personne pour s'en occuper et qu'il fallait la mettre dans un asile pour raisons humanitaires. C'était un gros chauve avec des yeux comme des cafards et il est parti en disant qu'il allait téléphoner à l'hôpital de la Pitié pour Madame Rosa et à l'Assistance publique pour moi. Il avait aussi des grosses moustaches qui remuaient. J'ai dégringolé l'escalier et j'ai rattrapé le gérant alors qu'il était déjà dans le café de Monsieur Driss pour téléphoner. Je lui ai dit que la famille de Madame Rosa allait arriver le lendemain pour l'emmener en Israël et que j'allais partir avec elle. Il pourra récupérer l'appartement. J'ai eu une idée géniale et je lui ai dit que la famille de Madame Rosa allait lui payer les trois mois de loyer qu'on lui devait, alors que l'hôpital n'allait rien payer du tout. Je vous jure que les quatre ans que j'avais récupérés ça faisait une différence et maintenant je m'habituais très vite à penser comme il faut. Je lui ai même fait remarquer que s'il mettait Madame Rosa à l'hôpital et moi à l'Assistance il allait avoir tous les Juifs et tous les Arabes de Belleville sur le dos, parce qu'il nous a empêchés de retourner dans la terre de nos ancêtres. Je lui ai mis tout le paquet en lui promettant qu'il allait se retrouver avec ses *khlaoui* dans la bouche parce que c'est ce que les terroristes juifs font toujours et qu'il n'y a pas plus terrible, sauf mes frères arabes qui luttent pour disposer d'eux-mêmes et rentrer chez eux et qu'avec Madame Rosa et moi il allait avoir ensemble les terroristes juifs et les terroristes arabes sur le dos et qu'il pouvait compter ses couilles. Tout le monde nous regardait et j'étais très content de moi, j'avais vraiment ma forme olympique. J'avais envie de le tuer ce type-là, c'était le désespoir et personne ne m'avait vu comme ça au café. Monsieur Driss écoutait et il a conseillé au gérant de ne pas se mêler des histoires entre Juifs et Arabes car ça pouvait lui coûter cher. Monsieur Driss est tunisien mais ils ont des Arabes là-bas aussi. Le gérant était devenu tout pâle et il nous a dit qu'il ne savait pas qu'on allait rentrer chez nous et qu'il était le premier à se réjouir. Il m'a même demandé si je voulais boire quelque chose. C'était la première fois qu'on m'offrait à boire comme un homme. J'ai commandé un Coka, je leur ai dit salut et je suis remonté au sixième. Il n'y avait plus de temps à perdre.

J'ai trouvé Madame Rosa dans son état d'habitude, mais je voyais bien qu'elle avait peur et c'est signe d'intelligence. Elle a même prononcé mon nom, comme si elle m'appelait au secours.

— Je suis là, Madame Rosa, je suis là...

Elle essayait de dire quelque chose et ses lèvres bougeaient, sa tête tremblait et elle faisait des efforts pour être une personne humaine. Mais tout ce que ça donnait, c'est que ses yeux devenaient de plus en plus grands et elle restait la bouche ouverte, les mains posées sur les bras du fauteuil à regarder devant elle comme si elle entendait déjà la sonnette...

— Momo...

— Soyez tranquille, Madame Rosa, je vous laisserai pas devenir champion du monde des légumes dans un hôpital...

Je ne sais pas si je vous ai fait savoir que Madame Rosa avait toujours le portrait de Monsieur Hitler sous son lit et quand ça allait très mal, elle le sortait, elle le regardait et ça allait tout de suite mieux. J'ai pris le portrait sous le lit et je l'ai placé sous le nez de Madame Rosa.

— Madame Rosa, Madame Rosa, regardez qui est là...

J'ai dû la secouer. Elle a soupiré un peu, elle a vu le visage de Monsieur Hitler devant elle et elle l'a reconnu tout de suite, elle a même poussé un hurlement, ça l'a ranimée tout a fait et elle a essayé de se lever.

— Dépêchez-vous, Madame Rosa, vite, il faut partir...

— Ils arrivent?

— Pas encore, mais il faut partir d'ici. On va aller en Israël, vous vous souvenez?

Elle commençait à fonctionner, parce que chez les vieux, c'est toujours les souvenirs qui sont les plus forts.

— Aide-moi, Momo...

— Doucement, Madame Rosa, on a le temps, ils ont pas encore téléphoné, mais on peut plus rester ici...

J'ai eu du mal à l'habiller et par-dessus le marché, elle a voulu se faire belle et j'ai dû lui tenir le miroir pendant qu'elle se maquillait. Je ne voyais pas du tout pourquoi elle voulait mettre ce qu'elle avait de mieux, mais la féminité, on peut pas discuter avec ça. Elle avait tout un tas de frusques dans son placard, qui ne ressemblaient à rien de connu, elle les achetait aux Puces quand elle avait du pognon, pas pour les mettre mais pour rêver dessus. La seule chose dans laquelle elle pouvait entrer tout entière c'était son kimono modèle japonais avec des oiseaux, des fleurs et le soleil qui se levait. Il était rouge et orange. Elle a aussi mis sa perruque et elle a encore voulu se regarder dans la glace de l'armoire mais je ne l'ai pas laissé faire, ça valait mieux.

Il était déjà onze heures du soir quand on a pu prendre l'escalier. Jamais j'aurais cru qu'elle allait y arriver. Je ne savais pas combien Madame Rosa avait encore de force en elle pour aller mourir dans son trou juif. Son trou juif, je n'y ai jamais cru. J'avais jamais compris pourquoi elle l'avait aménagé et pourquoi elle y descendait de temps en temps, s'asseyait, regardait autour d'elle et respirait. Maintenant, je comprenais. J'avais pas encore assez vécu pour avoir assez d'expérience et même aujourd'hui que je vous parle, je sais qu'on a beau en baver, il vous reste toujours quelque chose à apprendre.

La minuterie ne marchait pas bien et s'éteignait tout le temps. Au quatrième étage, on a fait du bruit et Monsieur Zidi, qui nous vient d'Oujda, est sorti pour voir. Quand il a aperçu Madame Rosa, il est resté la bouche ouverte comme s'il n'avait jamais vu un kimono modèle japonais et il a vite refermé la porte. Au troisième, on a croisé Monsieur Mimoûn qui vend des cacahuètes et des marrons à Montmartre et qui va bientôt rentrer au Maroc fortune faite. Il s'est arrêté, il a levé les yeux et il a demandé :

— Qu'est-ce que c'est, mon Dieu?

— C'est Madame Rosa qui se rend en Israël.

Il a réfléchi, et puis il a réfléchi encore et il a voulu savoir, d'une voix encore effrayée :

— Pourquoi ils l'ont habillée comme ça?

— Je ne sais pas, Monsieur Mimoûn, je ne suis pas juif.

Monsieur Mimoûn a avalé de l'air.

— Je connais les Juifs. Ils s'habillent pas comme ça. Personne ne s'habille comme ça. C'est pas possible.

Il a pris son mouchoir, il s'est essuyé le front et puis il a aidé Madame Rosa à descendre, parce qu'il voyait bien que c'était trop pour un seul homme. En bas, il a voulu savoir où étaient ses bagages et si elle n'allait pas prendre froid en attendant le taxi et il s'est même fâché et a commencé à gueuler qu'on n'avait pas le droit d'envoyer une femme chez les Juifs dans un état pareil. Je lui ai dit de monter au sixième et de parler à la famille de Madame Rosa qui s'occupait des bagages et il est parti en disant que la dernière chose qu'il voulait c'était de s'occuper d'envoyer des Juifs en Israël. On est resté seuls en bas et il fallait se dépêcher car il y avait encore un demi-étage à descendre jusqu'à la cave.

Quand on y est arrivé, Madame Rosa s'est écroulée dans le fauteuil et j'ai cru qu'elle allait mourir. Elle avait fermé les yeux et n'avait plus assez de respiration pour soulever sa poitrine. J'ai allumé les bougies, je me suis assis par terre à côté d'elle et je lui ai tenu la main. Ça l'a améliorée un peu, elle a ouvert les yeux, elle a regardé autour d'elle et elle a dit :

— Je savais bien que j'allais en avoir besoin, un jour, Momo. Maintenant, je vais mourir tranquille.

Elle m'a même souri.

— Je ne vais pas battre le record du monde des légumes.

— *Inch'Allah.*

— Oui, *inch'Allah,* Momo. Tu es un bon petit. On a toujours été bien ensemble.

— C'est ça, Madame Rosa, et c'est quand même mieux que personne.

— Maintenant, fais-moi dire ma prière, Momo. Je pourrai peut-être plus jamais.

— *Shma israël adenoï...*

Elle a tout répété avec moi jusqu'à *loeïlem boët* et elle a paru contente. Elle a eu encore une bonne heure mais après elle s'est encore détériorée. La nuit elle marmonnait en polonais à cause de son enfance là-bas et elle s'est mise à répéter le nom d'un mec qui s'appelait Blumentag et qu'elle avait peut-être connu comme proxynète quand elle était femme. Je sais maintenant que ça se dit proxénète mais j'ai pris l'habitude. Après elle a plus rien dit du tout et elle est restée là avec un air vide à regarder le mur en face et à chier et pisser sous elle.

Moi il y a une chose que je vais vous dire : ça devrait pas exister. Je le dis comme je le pense. Je comprendrai jamais pourquoi l'avortement, c'est seulement autorisé pour les jeunes et pas pour les vieux. Moi je trouve que le type en Amérique qui a battu le record du monde comme légume, c'est encore pire que Jésus parce qu'il est resté sur sa croix dix-sept ans et des poussières. Moi je trouve qu'il n'y a pas plus dégueulasse que d'enfoncer la vie de force dans la gorge des gens qui ne peuvent pas se défendre et qui ne veulent plus servir.

Il y avait beaucoup de bougies et j'en ai allumé un tas pour avoir moins noir. Elle a encore murmuré Blumentag, Blumentag deux fois et je commençais à en avoir marre, j'aurais bien voulu voir son Blumentag se donner autant de mal que moi pour elle. Et puis je me suis rappelé que *blumentag* ça veut dire jour des fleurs en juif et ça devait être encore un rêve de femme qu'elle faisait. La féminité, c'est

142

plus fort que tout. Elle a dû aller à la campagne une fois, quand elle était jeune, peut-être avec un mec qu'elle aimait, et ça lui est resté.

— *Blumentag*, Madame Rosa.

Je l'ai laissée là et je suis remonté chercher mon parapluie Arthur parce que j'étais habitué. Je suis remonté encore une fois plus tard pour prendre le portrait de Monsieur Hitler, c'était la seule chose qui lui faisait encore de l'effet.

Je pensais que Madame Rosa n'allait pas rester longtemps dans son trou juif et que Dieu aura pitié d'elle, car lorsqu'on est au bout des forces on a toutes sortes d'idées. Je regardais parfois son beau visage et puis je me suis rappelé que j'ai oublié son maquillage et tout ce qu'elle aimait pour être femme et je suis remonté une troisième fois, même que j'en avais marre, elle était vraiment exigeante, Madame Rosa.

J'ai mis le matelas à côté d'elle pour la compagnie mais j'ai pas pu fermer l'œil parce que j'avais peur des rats qui ont une réputation dans les caves, mais il n'y en avait pas. Je me suis endormi je ne sais pas quand et quand je me suis réveillé il n'y avait presque plus de bougies allumées. Madame Rosa avait les yeux ouverts mais lorsque je lui ai mis le portrait de Monsieur Hitler devant, ça ne l'a pas intéressée. C'était un miracle qu'on a pu descendre dans son état.

Quand je suis sorti, il était midi, je suis resté sur le trottoir et quand on me demandait comment allait Madame Rosa, je disais qu'elle était partie dans son foyer juif en Israël, sa famille était venue la chercher, elle avait là-bas le confort moderne et allait mourir beaucoup plus vite qu'ici où c'était pas une vie pour elle. Peut-être même qu'elle allait vivre un bout de temps encore et qu'elle me ferait venir parce que j'y avais droit, les Arabes y ont droit aussi. Tout le monde était heureux que la Juive avait trouvé la paix. Je suis allé au café de Monsieur Driss qui m'a fait manger à l'œil et je me suis assis en face de Monsieur Hamil qui était là près de la fenêtre, vêtu de son beau burnous gris et blanc. Il n'y voyait plus du tout comme j'ai eu l'honneur, mais quand je lui ai dit mon nom trois fois il s'est tout de suite rappelé.

— Ah mon petit Mohammed, oui, oui, je me souviens... Je le connais bien... Qu'est-ce qu'il est devenu?

— C'est moi, Monsieur Hamil.

— Ah bon, ah bon, excuse-moi, je n'ai plus mes yeux...

— Comment ça va, Monsieur Hamil?

— J'ai eu un bon couscous hier à manger et aujourd'hui à midi j'aurai du riz avec du bouillon. Ce soir, je ne sais pas encore ce que j'aurai à manger, je suis très curieux de le savoir.

Il gardait toujours sa main sur le Livre de Monsieur Victor Hugo et il regardait très loin, très loin au-delà, comme s'il cherchait ce qu'il aurait à dîner ce soir.

— Monsieur Hamil, est-ce qu'on peut vivre sans quelqu'un à aimer?

— J'aime beaucoup le couscous, mon petit Victor, mais pas tous les jours.

— Vous ne m'avez pas entendu, Monsieur Hamil. Vous m'avez dit quand j'étais petit qu'on ne peut pas vivre sans amour.

Son visage s'est éclairé de l'intérieur.

— Oui, oui, c'est vrai, j'ai aimé quelqu'un quand j'étais jeune, moi aussi. Oui, tu as raison, mon petit...

— Mohammed. C'est pas Victor.

— Oui, mon petit Mohammed. Quand j'étais jeune, j'ai aimé quelqu'un. J'ai aimé une femme. Elle s'appelait...

144

Il se tut et parut étonné.

— Je ne me souviens plus.

Je me suis levé et je suis retourné dans la cave.

Madame Rosa était dans son état d'habitude. Oui, d'hébétude, merci, je m'en souviendrai la prochaine fois. J'ai pris quatre ans d'un coup et c'est pas facile. Un jour, je parlerai sûrement comme tout le monde, c'est fait pour ça. Je ne me sentais pas bien et j'avais mal un peu partout. Je lui ai encore mis le portrait de Monsieur Hitler devant les yeux mais ça ne lui a rien fait du tout. Je pensais qu'elle pourrait vivre ainsi encore des années et je ne voulais pas lui faire ça, mais je n'avais pas le courage de l'avorter moi-même. Elle n'avait pas bonne mine même dans l'obscurité et j'ai allumé toutes les bougies que je pouvais, pour la compagnie. J'ai pris son maquillage et je lui en ai mis sur les lèvres et les joues et je lui ai peint les sourcils comme elle l'aimait. Je lui ai peint les paupières en bleu et blanc et je lui ai collé des petites étoiles dessus comme elle le faisait elle-même. J'ai essayé de lui coller des faux cils mais ça tenait pas. Je voyais bien qu'elle ne respirait plus mais ça m'était égal, je l'aimais même sans respirer. Je me suis mis à côté d'elle sur le matelas avec mon parapluie Arthur et j'ai essayé de me sentir encore plus mal pour mourir tout à fait. Quand ça s'est éteint autour de moi, j'ai allumé encore des bougies et encore et encore. Ça s'est éteint comme ça plusieurs fois. Puis il y a eu le clown bleu qui est venu me voir malgré les quatre ans de plus que j'avais pris et il m'a mis son bras autour des épaules. J'avais mal partout et le clown jaune est venu aussi et j'ai laissé tomber les quatre ans que j'avais gagnés, je m'en foutais. Parfois je me levais et j'allais mettre le portrait de Monsieur Hitler sous les yeux de Madame Rosa mais ça ne lui faisait rien, elle n'était plus avec nous. Je l'ai embrassée une ou deux fois mais ça sert à rien non plus. Son visage était froid. Elle était très belle avec son kimono artistique, sa perruque rousse et tout le maquillage que je lui avais mis sur la figure. Je lui en ai remis un peu ici et là parce que ça devenait un peu gris et bleu chez elle, chaque fois que je me réveillais. J'ai dormi sur le matelas à côté d'elle et j'avais peur d'aller dehors parce qu'il n'y avait personne. Je suis quand même monté chez Madame Lola car elle était quelqu'un de différent. Elle n'était pas là, ce n'était pas la bonne heure. J'avais peur de laisser Madame Rosa seule, elle pouvait se réveiller et croire qu'elle était morte en voyant partout le noir. Je suis redescendu et j'ai allumé une bougie mais pas trop parce que ça ne lui aurait pas plu d'être vue dans son état. J'ai dû encore la maquiller avec beaucoup de rouge et des jolies couleurs pour qu'elle se voie moins. J'ai dormi encore à côté d'elle et puis je suis remonté chez Madame Lola qui était comme rien et personne. Elle était en train de se raser, elle avait mis de la musique et des œufs au plat qui sentaient bon. Elle était à moitié nue et elle se frottait partout vigoureusement pour effacer les traces de son travail et quand elle était à poil avec son rasoir et sa mousse à barbe, elle ressemblait à rien de connu et ça m'a fait du bien. Lorsqu'elle m'a ouvert la porte, elle est restée sans paroles tellement j'avais dû changer depuis quatre ans.

— Mon Dieu, Momo! Qu'est-ce qu'il y a, tu es malade?

— Je voulais vous dire adieu pour Madame Rosa.

— Ils l'ont emmenée à l'hôpital?

Je me suis assis parce que je n'avais plus la force. Je n'avais plus mangé depuis je ne sais quand pour faire la grève de la faim. Moi les lois de la nature, j'ai rien à en foutre. Je veux même pas les savoir.

— Non, pas à l'hôpital. Madame Rosa est dans son trou juif.

J'aurais pas dû dire ça, mais j'ai tout de suite vu que Madame Lola ne savait pas où c'était.

— Quoi?

— Elle est partie en Israël.

Madame Lola s'était tellement inattendue qu'elle en est restée la bouche ouverte au milieu de la mousse.

— Mais elle ne m'a jamais dit qu'elle allait partir!

— Ils sont venus la chercher en avion.

— Qui?

— La famille. Elle avait plein de famille là-bas. Ils sont venus la chercher en avion avec une voiture à sa disposition. Une Jaguar.

— Et elle t'a laissé seul?

— Je vais partir là-bas aussi, elle me fait venir.

Madame Lola m'a regardé encore et elle m'a touché le front.

— Mais tu as de la fièvre, Momo!

— Non, ça va aller.

— Tiens, viens manger avec moi, ça te fera du bien.

— Non, merci, je mange plus.

— Comment, tu ne manges plus? Qu'est-ce que tu racontes?

— Moi les lois de la nature j'ai rien à en foutre, Madame Lola.

Elle s'est mise à rire.

— Moi non plus.

— Moi les lois de la nature je les emmerde complètement, Madame Lola. Je leur crache dessus. Les lois de la nature, c'est des telles dégueulasses que ça devrait même pas être permis.

Je me suis levé. Elle avait un sein plus grand que l'autre parce qu'elle n'était pas naturelle. Je l'aimais bien, Madame Lola.

Elle m'a fait un beau sourire.

— Tu veux pas venir vivre avec moi, en attendant?

— Non, merci, Madame Lola.

Elle est venue s'accroupir à côté de moi et elle m'a pris le menton. Elle avait les bras tatoués.

— Tu peux rester ici. Je vais m'occuper de toi.

— Non, merci, Madame Lola. J'ai déjà quelqu'un.

Elle a soupiré et puis elle s'est levée et elle est allée fouiller dans son sac.

— Tiens, prends ça.

Elle m'a refilé trente sacs.

Je suis allé faire de l'eau au robinet parce que j'avais une soif de seigneur.

Je suis redescendu et je me suis enfermé avec Madame Rosa dans son trou juif. Mais j'ai pas pu tenir. Je lui ai versé dessus tout le parfum qui restait mais c'était pas possible. Je suis ressorti et je suis allé rue Coulé où j'ai acheté des couleurs à peindre et puis des bouteilles de parfum à la parfumerie bien connue de Monsieur Jacques qui est un hétérosexuel et qui me fait toujours des avances. Je ne voulais rien manger pour punir tout le monde mais c'était même plus la peine de leur adresser la parole et j'ai bouffé des saucisses dans une brasserie. Quand je suis rentré, Madame Rosa sentait encore plus fort, à cause des lois de la nature et je lui ai versé dessus une bouteille de parfum Samba qui était son préféré. Je lui ai peint ensuite la figure avec toutes les couleurs que j'ai achetées pour qu'elle se voie moins. Elle avait toujours les yeux ouverts mais avec le rouge, le vert, le jaune et le bleu autour c'était moins terrible parce qu'elle n'avait plus rien de naturel. Après j'ai allumé sept bougies comme c'est toujours chez les Juifs et je me suis couché sur le matelas à côté d'elle. Ce n'est pas vrai que je suis resté trois semaines à côté du cadavre de ma mère adoptive parce que Madame Rosa n'était pas ma mère adoptive. C'est pas vrai et j'aurais pas pu tenir, parce que je n'avais plus de parfum. Je suis sorti quatre fois pour acheter du parfum avec l'argent que Madame Lola m'a donné et j'en ai volé autant. Je lui ai tout versé dessus et je lui ai peint et repeint le visage avec toutes les couleurs que j'avais pour cacher les lois de la nature mais elle se gâtait terriblement de partout parce qu'il n'y a pas de pitié. Quand ils ont enfoncé la porte pour voir d'où ça venait et qu'ils m'ont vu couché à côté, ils se sont mis à gueuler au secours quelle horreur mais ils n'avaient pas pensé à gueuler avant parce que la vie n'a pas d'odeur. Ils m'ont transporté en ambulance où ils ont trouvé dans ma poche le bout de papier avec le nom et l'adresse. Ils vous ont appelés parce que vous avez le téléphone, ils avaient cru que vous étiez quelque chose pour moi. C'est comme ça que vous êtes tous arrivés et que vous m'avez pris chez vous à la campagne sans aucune obligation de ma part. Je pense que Monsieur Hamil avait raison quand il avait encore sa tête et qu'on ne peut pas vivre sans quelqu'un à aimer, mais je ne vous promets rien, il faut voir. Moi j'ai aimé Madame Rosa et je vais continuer à la voir. Mais je veux bien rester chez vous un bout de temps, puisque vos mômes me le demandent. C'est Madame Nadine qui m'a montré comment on peut faire reculer le monde et je suis très intéressé et le souhaite de tout cœur. Le docteur Ramon est même allé chercher mon parapluie Arthur, je me faisais du mauvais sang car personne n'en voudrait à cause de sa valeur sentimentale, il faut aimer.

Notes

Notes

Notes

Notes

▲ **Romain Gary**
© Harlingue - Viollet

▲ **Émile Ajar**
© Roger Viollet

▼ Le Paris de...

Rue de Ponthieu

Rue Saint-Honoré

© Infographie Beauchemin

❶ Lieux de la vie quotidienne
    Belleville
    Montparnasse

❷ Lieux de prostitution

❸ Beaux quartiers

II

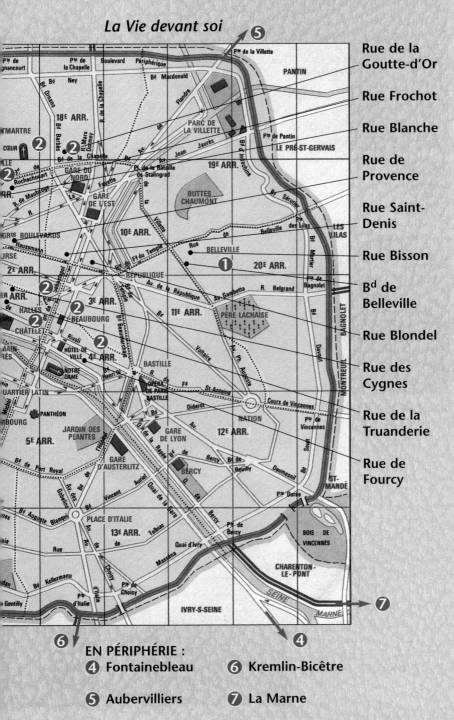

La Vie devant soi

Rue de la Goutte-d'Or

Rue Frochot

Rue Blanche

Rue de Provence

Rue Saint-Denis

Rue Bisson

Bᵈ de Belleville

Rue Blondel

Rue des Cygnes

Rue de la Truanderie

Rue de Fourcy

EN PÉRIPHÉRIE :

④ Fontainebleau   ⑥ Kremlin-Bicêtre

⑤ Aubervilliers   ⑦ La Marne

III

▲ Rue de Belleville
© Murielle De Serres

Éventaire de ▶
Belleville
© Murielle De Serres

IV

▲ Être arabe à Paris.
© Roger Viollet

Ce que disait ▶
une certaine
publicité.
© Bibliothèque Forney, Paris

▲ Être africain à
Paris.
© Murielle De Serres

Balayeur de la ▶
Ville de Paris
© Murielle De Serres

La Grande Mosquée de Paris
© Denis Tremblay/Publiphoto

LES BEAUX QUARTIERS

◀ **L'Opéra**
© D. Alix/Publiphoto

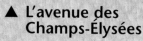

▲ **L'avenue des Champs-Élysées**
© D. Alix/Publiphoto

Le Saint-Honoré ▶
© Alain Dex/Publiphoto

Vitrine d'un ▶ grand magasin

Madame Rosa
© Michel Poirier

▲ **Momo et Madame Rosa** *(film)*

▲ **Madame Rosa écrit une lettre pour Monsieur N'Da** *(film)*.

Nice
© P. Brunet/Publiphoto

La promenade des Anglais

◀ **La Rafle du Vel' d'Hiv'**
(Seule photo connue de la Rafle.)
© Paris-Soir

▼ **Plaque com-mémorant la Rafle du Vélodrome d'hiver.**
© Murielle de Serres

▲ **Auschwitz**
© FNDIRP/Sygma/Publiphoto

الصَّلوةُ حَوْلَ الكَعْبةِ

▲ **La Mecque**
© ND - Viollet

▲ **Le Coran**
© Frederic Neema/Publiphoto

▲ **Le mur des Lamentations**
© Gilles Villemure

ANALYSES ET DOCUMENTS

1   Vie et œuvre de Romain Gary/Émile Ajar

La présentation suivante se base principalement sur deux biographies de Romain Gary/Émile Ajar. Celle de Bona (1987) se consacre davantage à la vie de l'auteur; celle de Catonné (1990), largement tributaire de la première, conjugue à la vie la présentation des œuvres principales. On ajoutera à ces deux ouvrages le récent essai de Huston (1995), qui se donne à lire comme un dialogue imaginaire avec l'auteur dont on voudrait découvrir le secret de la vie et de l'œuvre.

Évidemment, le cas de Gary/Ajar est assez exceptionnel, puisqu'il n'est pas exagéré de dire qu'avec les romans signés Ajar nous assistons à la naissance d'un second écrivain, encore qu'on note après coup, entre l'œuvre de l'un et celle de l'autre, de nombreuses ressemblances : «*C'était une nouvelle naissance. Je recommençais. Tout m'était donné encore une fois*[1]. J'avais l'illusion parfaite d'une nouvelle création de moi-même par moi-même» (GARY, 1988, p. 30).

Vie	Œuvre
1914	
• Naissance à Moscou de Romain Kacew, fils de Lebja Kacew et de Nina Owczinski dont le nom de comédienne est Nina Boriskaïa.	
1917	
• Révolution russe. Fuite à Wilno (Vilnius), en Lituanie, occupée par les Allemands.	
1920	
• Rattachement de Wilno à la Pologne.	
1922-1923	
• Nina et son fils à Varsovie. Persécutions antisémites. Études secondaires en polonais. Connaît le russe et le français.	

---

1. Souligné dans le texte.

Vie	Œuvre
1927	
• Arrivée en France. Nice. Nina tient boutique à l'hôtel Négresco, puis est gérante de l'hôtel-pension Mermonts.	
• Études au lycée de Nice.	
1932	
• Obtient son baccalauréat.	
1933	
• Études de droit à Aix-en-Provence.	
1934	
• Études de droit à Paris.	
1935	
• Naturalisé français.	*L'Orage*, nouvelle publiée dans l'hebdomadaire parisien *Gringoire*.
1938	
• Formation militaire dans l'armée de l'air.	
1939	
• Déclaration de la guerre.	
1940	
• Mobilisé, instructeur de tir aérien à l'École de l'air de Salon-de-Provence.	
• Sergent. Blessé à la mâchoire. Passe en Afrique du Nord puis en Angleterre. Incorporé aux Forces aériennes françaises libres. Retour en Afrique.	
1941	
• Détaché à Bangui. Sous-lieutenant. Fièvre typhoïde. Damas.	
1942	
• Affecté au Groupe Lorraine en Libye. Rejoint l'Angleterre. Mort de sa mère.	
1943-1945	
• Participe à la Campagne de France. Grièvement blessé. Décoré de la croix de la Libération et fait Compagnon de la Libération. Épouse la journaliste anglaise Leslie Blanch.	*The Forest of Anger*, traduction anglaise d'*Éducation européenne*.

Vie	Œuvre
1945	
• Décoré de la Légion d'honneur sous l'Arc de triomphe.	*Éducation européenne*, roman d'apprentissage sur la guerre et la souffrance. Prix des critiques.
• Nommé secrétaire d'ambassade à Sofia (Bulgarie).	Sélectionné pour le prix Goncourt.
1946	
	Tulipe, récit.
1948	
• Rentre au Quay d'Orsay. Affecté à l'Administration, section Europe. S'occupe du sort de l'Allemagne.	*Le Grand Vestiaire*, roman mettant en scène un jeune héros de 15 ans.
1949	
• Nommé premier secrétaire d'Ambassade à Berne (Suisse).	
1951	
• Devient officiellement Romain Gary.	
1952	
• Nommé secrétaire d'ambassade à la délégation française auprès de l'ONU à New York.	*Les Couleurs du jour*, roman dont sera tiré *Les Clowns lyriques* (1979).
1955	
• Nommé officier de la Légion d'honneur.	
1956	
• Nommé consul général de France à Los Angeles.	*Les Racines du ciel*, roman. Prix Goncourt. Roman écologique où le héros, Morel, sorti des camps allemands, se consacre à la défense des éléphants.
1958	
	L'Homme à la colombe, roman publié sous le pseudonyme de Fosco Sinibaldi.
1959	
	Lady L., roman écrit en anglais.
1960	
• En congé de maladie à Paris avec Jean Seberg, actrice de cinéma.	*La Promesse de l'aube*, autobiographie, émouvant hommage à sa mère. Annonce *La Vie devant soi*.

Vie	Œuvre
1961	
• Mise en disponibilité au Quay d'Orsay.	*Johnnie Cœur*, adaptation théâtrale de *L'Homme à la colombe* (1958).
1962	
	Gloire à nos illustres prisonniers, série de nouvelles, mieux connu sous le titre définitif *Les Oiseaux vont mourir au Pérou*.
1963	
• Épouse Jean Seberg. Naissance de son fils Alexandre Diego.	Parution en français de *Lady L*.
1965	
	Pour Sganarelle : Recherche d'un roman et d'un personnage, essai, préface à *Frère Océan*.
1966	
	The Ski Bum, roman écrit en anglais. *Les Mangeurs d'étoiles*, roman qui dénonce la dictature et fait l'apologie des artistes (*La Comédie américaine*, I).
1967	
• Reprend du service. Chargé de mission au ministère de l'Information.	*La Danse de Gengis Cohn*, roman (*Frère Océan*, I).
1968	
• Démission du Quay d'Orsay. Se sépare de Jean Seberg.	*La Tête coupable*, roman (*Frère Océan*, II).
• Tourne et réalise le film *Les oiseaux vont mourir au Pérou*.	*White Dog*, roman paru en anglais.
1969	
	Adieu Gary Cooper, roman (*La Comédie américaine*, II). Adaptation française de *Ski Bum* (1966).
	The Dance of Gengis Cohn, adaptation anglaise du roman paru en 1967.
1970	
	Chien Blanc, récit qui dénonce le racisme. Doit beaucoup aux activités de Jean Seberg. Adaptation française de *White Dog* (1968).
1971	
• Reporter à *Life Magazine*.	*Les Trésors de la mer Rouge*, reportages.

Vie	Œuvre
1972	
• Tourne et réalise le film *Kill*.	*Europa*, roman.
1973	
	Les Enchanteurs, roman qui célèbre l'écrivain comme héritier des acrobates, alchimistes et astrologues, échappant aux contraintes du temps et de l'espace.
	The Gasp, roman écrit en anglais.
1974	
• Retraite du Quay d'Orsay.	*Les Têtes de Stéphanie*, roman publié
• Commencent les publications signées Émile Ajar.	sous le nom de Shatan Bogat.
	Gary
	La Nuit sera calme, interview accordée à François Bondy.
	Ajar
	Gros-Câlin, roman qui raconte la passion de Michel Cousin pour son python. Écriture qui annonce *La Vie devant soi*.
1975	
• Célèbre passage à *Apostrophes* pour son roman signé Gary. Paul Pavlowitch, son petit-cousin, est identifié comme Émile Ajar.	Gary
	Au-delà de cette limite votre ticket n'est plus valable, roman sur l'impuissance masculine et la peur de vieillir.
	Ajar
	La Vie devant soi. Prix Goncourt.
1976	
	Ajar
	Pseudo, confession fictive qui décrit les rapports de haine et de jalousie entre l'oncle et le neveu (petit-cousin).
1977	
• *La Vie devant soi*, film de Moshe Mizrehi, tiré du roman du même nom.	Gary
	Clair de femme, roman.
1978	
	Gary
	Charge d'âme, roman (*Frère Océan*, III), adaptation française de *The Gasp* (1973).

Vie	Œuvre
1979	
• Mort suspecte de Jean. Gary dénonce le FBI.	**Gary**
	Les Clowns lyriques, roman tiré des *Couleurs du jour* (1952).
	La Bonne moitié, adaptation théâtrale du *Grand Vestiaire*.
	Ajar
	L'Angoisse du roi Salomon, roman qui interroge encore la vieillesse. Le héros pourrait être Momo vieilli.
1980	
• Suicide de Romain Gary.	**Gary**
	Les Cerfs-volants, roman sur la Résistance et la guerre.
1981	
• Paul Pavlowitch publie *L'Homme que l'on croyait* et est reçu à *Apostrophes*.	**Gary**
	Vie et mort d'Émile Ajar, testament de Romain Gary. «Je me suis bien amusé. Au revoir et merci.»

2   L'Histoire dans la fiction

Momo – rappelons que Romain Gary a participé à la Seconde Guerre mondiale et a poursuivi ensuite une carrière de diplomate – évoque à plusieurs reprises, dans son récit, des événements de l'histoire contemporaine pour expliquer le comportement de madame Rosa ou ses propres réactions. Même si probablement il répète ce qu'il a entendu, il semble comprendre la portée générale de ces faits. Dans le but d'aider le lecteur à mieux saisir les liens entre l'histoire de Momo et l'Histoire, nous présentons ici un résumé des principaux faits historiques qui sont mentionnés dans *La Vie devant soi*.

La persécution des Juifs

Dans son livre *Mein Kampf* (*Mon combat*), Hitler développe les grands principes qui lui permettraient de réaliser son rêve d'un «Reich de mille ans». À l'Aryen, l'être pur, l'enfant chéri de la Nature, Hitler oppose les êtres inférieurs : les handicapés physiques et mentaux, les homosexuels, les Slaves, les Tziganes et surtout les Juifs. Comparés à un poison, à un bacille, les Juifs sont accusés d'être les seuls responsables de tous les malheurs du peuple allemand. Pour préserver la pureté de la race aryenne, il faut donc, selon Hitler, éliminer ces éléments inférieurs. Pour la première fois dans l'histoire, on verra traduite en actes la volonté d'exterminer toute une partie de l'humanité. Arrivé au pouvoir le 30 janvier 1933, Hitler pourra mettre en œuvre sa politique raciste. D'abord des lois antisémites excluent les Juifs des tribunaux de commerce, des assurances sociales et des fonctions d'avoué, de médecin, de dentiste. Puis la discrimination et l'humiliation s'accentuent avec les célèbres lois de Nuremberg.

Ils vont me faire vivre de force, à l'hôpital, Momo.
Ils ont des lois pour ça. C'est des vraies lois
de Nuremberg. (p. 123)

Adoptées en septembre 1935, lors du Congrès annuel du NSDAP (Nationalsozialistische Deutsche Arbeiterpatei), ces lois privent les Juifs de leurs droits civiques.

L'antisémitisme nazi conçoit alors les camps de concentration dans lesquels sont envoyés, dès novembre 1938, environ 30 000 Juifs. Mais ces camps n'ont pas encore pour but leur extermination. C'est à partir de janvier 1942 que l'Allemagne décide d'organiser de façon systématique la recherche et l'extermination des Juifs. Ainsi se met en place le génocide du peuple juif, qu'un euphémisme nommera la solution finale. En France, l'antisémitisme allemand trouve un écho : les Juifs ne seraient-ils pas les grands responsables des problèmes économiques, sociaux et politiques que le pays connaît depuis le krach de 1929? En zone occupée comme en zone libre, sous le gouvernement de Vichy, ils sont persécutés et accusés d'être à l'origine de l'humiliante défaite. Pour le compte des SS et de la Gestapo, des milliers de Juifs sont traqués par la police française, victimes de rafles et déportés.

La Rafle du Vélodrome d'hiver, familièrement appelée la Rafle du Vel' d'hiv', marque un tournant dans l'histoire de la persécution juive française. Jusque-là, seuls des hommes en âge de travailler avaient été retenus à l'occasion de contrôles d'identité dans la rue. Les 16 et 17 juillet 1942, dans le cadre de l'opération cyniquement nommée «Vent printanier», 4500 policiers français arrêtent 13 152 Juifs : 3118 hommes, 5119 femmes, la plupart des immigrés, et 4115 enfants, en majorité de nationalité française. Lorsque les policiers font irruption dans les appartements, certains Juifs préfèrent se suicider, d'autres réussissent à prendre la fuite soit parce qu'ils ont été prévenus à temps, soit parce que des policiers ferment les yeux. Les célibataires et les couples sans enfants (4992 personnes) sont conduits au camp de Drancy; les familles avec enfants (8160 personnes au total) sont amenées par autobus au Vélodrome d'hiver de Paris. Les conditions d'internement au Vel' d'hiv' sont telles que plusieurs prisonniers meurent ou perdent la raison; certains se tuent en se précipitant du haut des gradins. À partir du 20 juillet 1942, les parents et les enfants détenus au Vel' d'hiv' sont transférés dans les camps de Pithiviers et de Beaune-la-Rolande, dans le Loiret (département du centre du Bassin parisien).

Des camps d'internement, bien nommés les antichambres de la mort, les prisonniers juifs sont déportés vers le plus célèbre des camps de concentration, Auschwitz. À partir du 31 juillet 1942, les mères arrêtées au Vélodrome d'hiver seront déportées; le 17 août commence le transport des enfants qui, à leur arrivée, sont tous gazés[2].

---

2. Voir le texte sur la vie des femmes et des enfants dans les camps de concentration, à la fin du chapitre.

Pour réaliser le grand dessein hitlérien, environ 76 000 Juifs, dont 70 000 à Auschwitz, ont été déportés de France à la fin de 1944. Seuls 2500 survivent. Au total, 5 100 000 Juifs meurent pendant la guerre, dont 3 000 000 dans les camps. Dans la mémoire collective, Auschwitz reste le symbole de toutes les atrocités de la Seconde Guerre mondiale.

L'histoire israélo-arabe

L'histoire du peuple juif est jalonnée de déportations, d'exils, de retours. En 587 avant Jésus-Christ, l'entrée à Jérusalem de Nabuchodonosor, roi de Babylone, et l'incendie du Temple de Yahvé marquent le début de la première dispersion des Juifs en Babylonie. Confiants en Yahvé, les Juifs reviennent en Palestine après la chute de l'Empire babylonien en 539 et reconstruisent le temple de Salomon. Les périodes de soumission alternent avec les périodes d'indépendance jusqu'en 63 avant Jésus-Christ, alors que Pompée prend Jérusalem et que la Palestine passe sous la domination romaine. Les Juifs ne recouvreront leur indépendance que deux siècles plus tard.

À la fin du XIXe siècle se développe le mouvement sioniste (de *Sion*, nom de l'ancienne citadelle de Jérusalem) dont le but est de promouvoir le retour des Juifs de la Diaspora en Palestine, berceau du peuple d'Israël. En 1917, le gouvernement britannique, par la déclaration Balfour, s'engage à encourager le projet sioniste; mais en même temps il promet aux Arabes révoltés la création d'un État arabe. Cette politique double explique en grande partie les relations problématiques entre Juifs et Arabes.

Peu soucieux de respecter leur engagement, les Britanniques qui, depuis 1920, détiennent le mandat de la Société des Nations sur la Palestine, tentent d'y freiner l'immigration juive. De nombreux conflits éclatent. À la fin de la Seconde Guerre mondiale, il leur est difficile de s'opposer à l'arrivée en Palestine des Juifs qui ont échappé à la persécution nazie. Le gouvernement de Londres décide alors de soumettre le problème palestinien à l'Assemblée générale des Nations Unies. En novembre 1947, un plan de partage de la Palestine est adopté par l'ONU : deux États, l'un juif, l'autre arabe, liés par une union économique, seront créés, Jérusalem et Bethléem formant une zone sous administration internationale. Les Juifs acceptent ce plan tandis que les Palestiniens et les pays arabes le rejettent. Aussitôt commence une longue série d'affrontements et de guerres auxquels les derniers accords devraient en principe mettre fin.

La rumeur d'Orléans

Lorsque Momo veut démentir certains faits – que les Noirs mangent des enfants dans leur pain (p. 30), que madame Rosa affame les enfants qu'elle garde (p. 71), que les travailleurs nord-africains ont le choléra (p. 77) –, il les qualifie de rumeurs d'Orléans. Le docteur Katz et madame Rosa emploient la même expression : le premier pour rassurer madame Rosa qui croit Momo syphilitique parce qu'il est Arabe (p. 20); la seconde pour éviter l'hôpital (p. 99). Ils font alors d'un fait réel l'exemple type de la rumeur.

Edgar Morin, qui a mené une recherche sociologique sur ce fait, résume ainsi les événements d'Orléans :

> En mai 1969 naît, se répand et se déploie à Orléans le bruit qu'un, puis deux, puis six magasins d'habillement féminin du centre de la ville organisent la traite des Blanches. Les jeunes filles sont droguées par piqûre dans les salons d'essayage, puis déposées dans les caves, d'où elles sont évacuées de nuit vers des lieux de prostitution exotique. Les magasins incriminés sont tenus par des commerçants juifs.
>
> Il s'agit là d'une rumeur à l'état pur. Pur à double titre : a) il n'y a aucune disparition dans la ville, et plus largement aucun fait qui puisse servir de point de départ ou d'appui à la rumeur; b) l'information circule toujours de bouche à oreille, en dehors de la presse, de l'affiche, même du tract ou du graffiti.
>
> MORIN, E. (dir.) (1969). *La Rumeur d'Orléans*, Paris : Éd. du Seuil, p. 17.

L'insoutenable univers des femmes et des enfants

Coups, humiliations extrêmes, travaux forcés, sous-alimentation et manque de sommeil, l'univers concentrationnaire des femmes et des enfants n'a rien à envier à celui des hommes. À cela il faut ajouter la séparation dès leur arrivée des enfants et de leurs mères : un déchirement irréparable.

Les femmes étaient tondues puis tatouées.
Leurs bébés étaient tués.

L'accueil était le même pour tous les camps : les femmes, épuisées par un long voyage sans eau, entassées dans des wagons à bestiaux, étaient reçues sur un quai de gare sous les hurlements, les coups de schlague et les brutalités, sous la menace des chiens. Voici, par exemple, un groupe de Françaises qui, à peine remises de l'accueil qu'elles viennent de subir à la gare, franchissent le portail métallique du camp de Ravensbrück au début de 1945.

Ces patriotes, arrêtées depuis trois ans, ont connu diverses prisons allemandes, très dures, mais «régulières», en quelque sorte. Elles n'ont pas peur d'affronter un nouveau camp de travail. Et pourtant. «En franchissant la porte d'entrée, écrit l'une d'entre elles, une impression de malaise nous serra la gorge. Sur une immense place, plusieurs femmes, plutôt des fantômes, vêtues de tenues rayées bleu et blanc sales, couraient dans tous les sens, poursuivies par des SS hommes et femmes, la schlague à la main, qui retombait sur les malheureuses. Il nous était difficile de comprendre pourquoi. Instinctivement, nous nous rapprochions l'une de l'autre quand une *Aufseherin* (surveillante), toujours la schlague à la main, s'approcha pour nous informer du règlement du camp. Mme Mertens, une Belge parlant allemand, fut chargée de nous le traduire en français, mais à la fin elle ajouta : «Vous ne serez pas toujours les plus forts.» Hélas! Elle fut aussitôt frappée par la «souris grise» et tomba à terre. Un jeune SS arriva à la rescousse et c'est à coups de talon et de schlague qu'il acheva cette pauvre femme, en visant surtout le visage. Comme les hommes, les femmes étaient poussées dans une salle de douches sous les hurlements des SS, hommes et femmes. On leur prenait leurs valises, leurs vêtements, leurs bijoux et, nues et trempées, on rasait leurs poils jusque dans les parties les plus intimes. Le moral baissait.

Certaines pleuraient, surtout lorsqu'on tondait leur chevelure. Dans le principal camp de femmes du Reich, Ravensbrück, situé à 80 kilomètres au nord de Berlin, seules quelques femmes étaient tondues dans chaque convoi, mais à Auschwitz-Birkenau, en Silésie, toutes les femmes qui n'avaient pas été assassinées par les gaz à l'arrivée étaient tondues. Après que leur numéro eut été tatoué sur l'avant-bras, elles recevaient des vêtements infâmes d'homme ou de femme qu'elles devaient rafistoler avec des ficelles : ainsi elles avaient perdu toute apparence féminine, toute dignité extérieure.

À Ravensbrück, le régime était moins dur, les femmes recevaient des vêtements propres et, jusqu'aux grandes arrivées de l'été 1944, l'uniforme rayé bleu et gris, des culottes propres et des bas. Des galoches à semelles de bois complétaient l'habillement dans tous les camps. Les femmes n'échappaient pas à l'humiliation de la visite médicale : entièrement nues dans la cour de l'infirmerie, elles attendaient dehors des matinées entières avant d'être introduites dans le cabinet médical. Là, un médecin en uniforme SS était assis sur une table, balançant ses bottes noires et jouant avec sa badine. Il n'interrompait le défilé des femmes nues que lorsqu'il repérait quelque difformité. Il faisait aussitôt relever le numéro de la malheureuse. Une seconde séance avait lieu quelques jours plus tard. Elle consistait à faire défiler les femmes, toujours entièrement nues, pour les soumettre à un prélèvement gynécologique, au moyen du même instrument pour toutes, jamais nettoyé. Plus tard, certaines des jeunes femmes étaient appelées à l'infirmerie où l'on essayait sur elles des traitements contre la syphilis. On ne revoyait jamais ces camarades. Après une quarantaine de durée variable, le régime concentrationnaire – le même depuis la création des camps en 1933 – s'abattait sur ces femmes, déjà rayées du monde des humains dans l'esprit de leurs bourreaux : il s'agissait de leur enlever peu à peu leurs forces, d'en tirer cependant le maximum de travail et de les conduire à la mort par un excès de souffrances ou par assassinat. Les procédés étaient toujours les mêmes : appel matinal dehors, debout, de 4 h 30 à 6 h. Puis appel du travail pour la répartition par colonnes. Épuisées avant même de commencer la journée, les prisonnières se demandaient comment elles atteindraient le soir – eh bien! elles l'atteignaient, recevaient leur pain ou leur soupe, jouaient des coudes pour aller se laver et se précipitaient sur leur châlit. Celles qui travaillaient de nuit partaient alors pour l'usine. Le lendemain, après l'appel du matin, les travailleuses de nuit n'auraient que cinq à six heures pour dormir. La privation systématique de sommeil faisait partie du régime, au même titre que la réduction de la nourriture, l'interdiction de porter des vêtements chauds, l'obligation de marcher dans des galoches à semelles de bois (oh! les jours de neige!) et la difficulté extrême de recevoir des soins médicaux. Dans une note confidentielle, l'ingénieur-docteur von Lepel expose le secret de l'art de faire travailler les prisonnières des camps de concentration. Il s'agit là, explique notre ingénieur, de «techniques non traditionnelles» qu'il ne détaille pas. Car ces «techniques» consistent à pousser une main-d'œuvre féminine exsangue à un travail extrême à coup de gifles, de schlague, de menaces de cachot, de suppression de nourriture, d'exposition au froid, etc. Tous les Kommandos de travail n'ont pas été aussi durs que celui de Neu Brandenburg que nous prenons en exemple à cause de son célèbre ingénieur. Il y en eut de plus supportables avec une mortalité relativement faible. Mais il y en eut aussi de pires, avec une mortalité qui a atteint cinquante pour cent. À Auschwitz dès 1942, à Strutthof en 1944 et à Ravensbrück en 1945, les médecins SS parcourent de temps à autre les infirmeries et inscrivent, dans une atmosphère de terreur, les femmes qui doivent disparaître. Ce sont les «sélections». Quelques jours après, des camions viennent charger les malades et les emmènent directement dans les chambres à gaz. Au moment du chargement des femmes sur les camions, ce sont des scènes effroyables. Les femmes essaient de se cacher ou de s'enfuir : les malades les plus faibles déploient une force insoupçonnée. Elles crient, elles pleurent, les SS hurlent : mais la loi de la sélection est implacable.

Quelle catastrophe que d'arriver enceinte dans un camp de concentration! À Ravensbrück, jusqu'en octobre 1944 on faisait avorter les femmes, ou bien on tuait les nouveau-nés viables, étranglés ou noyés dans un seau... Puis on les laissa vivre, on inscrivit le jour et l'heure de leur naissance dans un petit registre, on leur donna un numéro, la maman eut le droit de leur choisir un prénom... Mais les bébés n'eurent droit ni au lait ni au linge ni à la présence de leur mère. Ils moururent les uns après les autres, la date, l'heure et la cause de leur mort dûment inscrites sur le registre.

L'insoutenable douleur des mères

Plus de cinq cents nouveau-nés moururent ainsi dans les six derniers mois de la guerre. À partir de 1943, on laissa la vie sauve aux bébés des Polonaises qui semblaient devoir être blonds aux yeux bleus. On les enleva à leurs mères et on les emmena à l'extérieur du camp, dans un lieu encore mal identifié aujourd'hui, pour y recevoir un état-civil allemand. La douleur des mères était insoutenable. Les bébés polonais non blonds n'étaient plus tués, mais dépérissaient comme à Ravensbrück. L'immense majorité des enfants jetés dans les camps y furent massacrés ou gazés, principalement à Auschwitz d'où pas un seul enfant français ne revint. Sans y réussir vraiment, Himmler avait pourtant prévu qu'il ne resterait aucun enfant. «(...) je pense qu'il n'y aurait pas de justification à l'extermination des hommes si on autorisait leurs vengeurs, sous la forme de leurs enfants, avait-il déclaré en 1943 à une réunion secrète des préfets régionaux à Poznan, à grandir au milieu de nos fils et de nos petits-fils.»

POSTEL-VINAY, A. (1995). *Historia*, n° 34, p. 61-64.

Historienne, Anise Postel-Vinay a publié *Médecine et crimes contre l'humanité : témoignage* (Actes-Sud, 1991).

Résolution de l'O.N.U. sur le droit des peuples à disposer d'eux-mêmes
16 décembre 1952 (636/VIII)

«Les États membres de l'Organisation doivent reconnaître et favoriser la réalisation, en ce qui concerne les populations des territoires non autonomes et des territoires sous tutelle placés sous leur administration, du droit des peuples à disposer d'eux-mêmes et doivent faciliter l'exercice de ce droit aux populations de ces territoires, compte tenu des principes et de l'esprit de la Charte des Nations Unies en ce qui concerne chaque territoire et de la volonté librement exprimée des populations intéressées, la volonté de la population étant déterminée par voie de plébiscite ou par d'autres moyens démocratiques reconnus, de préférence sous l'égide des Nations Unies; les États membres de l'Organisation qui ont la responsabilité d'administrer des territoires non autonomes et des territoires sous tutelle prendront des mesures pratiques, en attendant la réalisation du droit des peuples à disposer d'eux-mêmes et afin de préparer cette réalisation, pour assurer la participation directe des populations autochtones aux organes législatifs et exécutifs du gouvernement de ces territoires ainsi que pour préparer les dites populations à l'autonomie complète ou à l'indépendance.»

3   Action et structure

La Vie devant soi peut se lire à deux niveaux, réaliste et philosophique. Au premier niveau, on est en présence d'un roman réaliste d'une vibrante actualité, qui relate fidèlement – à la manière du roman-feuilleton – les petits faits de la vie quotidienne de deux êtres marginaux, Momo et madame Rosa, résidant dans le quartier de Belleville à Paris. C'est sur le ton de la confidence que s'ouvre ce récit. Dès les premières lignes, le lecteur, interpellé, se trouve saisi par la forte intensité dramatique qui se dégage des propos du jeune Momo présentant madame Rosa avec force détails pittoresques : une grosse femme juive, malade, sans ressources financières, incapable de vivre dans un sixième sans ascenseur.

> La première chose que je peux vous dire c'est qu'on habitait au sixième à pied et que pour Madame Rosa, avec tous ces kilos qu'elle portait sur elle et seulement deux jambes, c'était une vraie source de vie quotidienne, avec tous les soucis et les peines. Elle nous le rappelait chaque fois qu'elle ne se plaignait pas d'autre part, car elle était également juive. Sa santé n'était pas bonne non plus et je peux vous dire aussi dès le début que c'était une femme qui aurait mérité un ascenseur. (p. 9)

Comme on peut le constater dans ce passage, les faits et les événements sont présentés avec beaucoup de retenue, en un raccourci hardi qui assure l'entrée du lecteur dans l'univers romanesque. Il n'y a ni longues descriptions ni digressions comme on pourrait s'y attendre dans ce genre de récit.

Toutefois, on trouve suffisamment d'éléments réalistes pour recréer l'atmosphère propre au quartier de Belleville, à Paris, où grouille un monde d'immigrés, de prostituées et d'enfants abandonnés, de proxénètes, de travestis, de prolétaires, en un mot, de laissés-pour-compte, dont le plus grand nombre est constitué de Noirs et d'Arabes.

La vérité sociale de ces gens dépasse celle du simple documentaire et elle renvoie très justement à la vie réelle d'aujourd'hui dans ce milieu particulier de Paris.

À la fin du roman, le réalisme devient tragique. L'attachement exagéré de Momo pour madame Rosa le conduit à vouloir mourir avec elle dans son trou juif. Madame Rosa souhaite faire une mort tranquille et, avec l'aide de Momo, elle atteint son but. Toutefois, madame Rosa se semble pas avoir prévu la réaction extrême de Momo face à sa mort. Ce dernier décroche complètement de la réalité et refuse de l'abandonner. Il s'enferme avec elle et continue à la maquiller, à lui montrer le portrait d'Hitler, même s'il sait pertinemment qu'elle est déjà morte.

> [...] elle n'était plus avec nous. Je l'ai embrassée une ou deux fois mais ça sert à rien non plus. Son visage était froid. Elle était très belle avec son kimono artistique, sa perruque rousse et tout le maquillage que je lui avais mis sur la figure. (p. 145)

Finalement, c'est l'odeur du cadavre en décomposition de madame Rosa qui a permis de sauver Momo de la mort. On croit qu'il est resté trois semaines auprès d'elle. Cette fin tragique bouleverse et laisse un goût amer chez le lecteur qui se demande comment tout cela a été possible.

> Quand ils ont enfoncé la porte pour voir d'où ça venait et qu'ils m'ont vu couché à côté, ils se sont mis à gueuler au secours quelle horreur mais ils n'avaient pas pensé à gueuler avant parce que la vie n'a pas d'odeur. (p. 147)

La portée philosophique de cette œuvre se trouve dans le message humanitaire véhiculé par les personnages, qui peut se lire au deuxième niveau. À la recherche de ses origines et de son identité, Momo éprouve un besoin dévorant d'aimer et croit «qu'on ne peut vivre sans quelqu'un à aimer» (p. 147-148). L'interrogation de Momo sur ce besoin d'aimer sert de fil conducteur au roman et révèle, croyons-nous, le sens profond de cette œuvre.

Au début du roman, Momo pose une question essentielle à monsieur Hamil et attend une réponse affirmative qui ne vient pas : «[...] est-ce qu'on peut vivre sans amour?» (p. 10) Comme il n'obtient pas de réponse, il pose une seconde fois sa question fondamentale, comme le font les enfants lorsqu'ils interrogent les adultes préoccupés par leurs propres activités.

L'histoire est racontée à la première personne du singulier par un narrateur unique, Momo. Le lecteur apprend à le connaître, au fil de sa lecture, en même temps qu'il découvre les autres personnages. Si Momo est le narrateur du récit, c'est madame Rosa qui cristallise toute l'action romanesque, depuis son rôle de tenancière de clandé pour les enfants des prostituées jusqu'à sa mort dans son trou juif.

Momo, à 14 ans, raconte sa vie auprès de madame Rosa qu'il aime de tout son être jusqu'à vouloir mourir avec elle. Cette vie s'étend de l'âge de 3 ans à l'âge de 14 ans et est racontée, la plupart du temps, selon l'ordre chronologique. On trouve des retours en arrière, notamment dans le premier chapitre.

En un long monologue (p. 116), Momo raconte sa vie au couple Nadine-Ramon. Le docteur Ramon enregistre son récit. Le lecteur se trouve à lire pour la seconde fois tout ce que le narrateur lui a déjà raconté. Ce procédé du redoublement donne au lecteur l'impression qu'il vient d'écouter l'enregistrement fait par Ramon.

À la suite de cette intrusion du récit dans le récit, Momo reprend le fil de son histoire jusqu'au dénouement final qui présente une double fin : la première est prévisible, mais la seconde est inattendue. En effet, le lecteur anticipe la mort de madame Rosa, mais considère comme un dénouement inattendu le désespoir de Momo qui veut mourir avec elle. Momo sera sauvé *in extremis* par l'odeur dégagée par le corps en décomposition de madame Rosa, que les parfums répandus ne réussissent pas à couvrir.

4 Personnages et valeurs

C'est à travers le regard de Momo que le lecteur découvre les personnages du roman et c'est autour de madame Rosa que les personnages prennent vie. Momo les présente en pleine action sans interrompre son récit. Au fil des chapitres, le lecteur apprend à mieux connaître ces personnages dans leur dimension physique, sociale et axiologique.

La plupart des personnages féminins sont désignés par leurs prénoms auxquels est accolé un titre de civilité : Madame ou Mademoiselle. À titre d'exemples, qu'il suffise de mentionner madame Rosa, madame Lola, madame Nadine. Cette façon de nommer les gens caractérise le milieu de la prostitution dans lequel évolue Momo.

Le roman compte une cinquantaine de personnages qui n'ont pas tous la même importance dans la dynamique du récit. Madame Rosa et Momo occupent la première place : ce sont les personnages principaux. Autour d'eux gravitent une dizaine de personnages secondaires qui possèdent des particularités qu'il convient de faire ressortir. Certains présentent de l'intérêt en raison de leur appartenance à un groupe donné. Font partie de cette catégorie les colocataires de l'immeuble où habitent Momo et madame Rosa. Enfin, une trentaine de personnages font l'objet d'une courte description ou d'une simple appellation au cours du récit : ce sont les personnages de soutien, pour emprunter un terme du cinéma, qui servent à renforcer le côté réaliste.

Madame Rosa domine le récit du début à la fin par sa présence physique imposante et par le rôle social de mère qu'elle s'est donné en ouvrant une pension de famille pour les enfants des prostituées. Ancienne prostituée, âgée de soixante-cinq ans, elle s'est retirée du métier à cinquante ans. Vieillie, malade, elle n'a pas un physique des plus agréables à voir, comme le montre cette comparaison de Momo : «Elle avait les seins, le ventre et les fesses qui ne faisaient plus de distinction, comme chez un tonneau» (p. 46).

Madame Rosa vit constamment dans la peur. À Momo qui l'interroge à ce sujet, elle répond sans ambages : «C'est pas nécessaire d'avoir des raisons pour avoir peur» (p. 37). Momo est très impressionné par cette remarque. Et pourtant, madame Rosa a toutes les raisons du monde d'avoir peur.

Tout d'abord, en tant que Juive, elle possède de faux papiers et vit dans la clandestinité. Elle craint qu'on la dénonce à la police française qui l'a déjà livrée à la Gestapo. Elle craint les coups de sonnette (p. 36).

Ensuite, elle a peur que Momo fasse des crises de violence, étant donné que son père a dû être interné pour avoir tué sa mère. Elle redoute la consternation (crises d'épilepsie et de violence, p. 50) chez les enfants qu'elle garde chez elle. Elle a une peur terrible de la lionne imaginaire que Momo fait venir dans l'appartement. Enfin, elle a peur du corps médical qui lui refuse l'euthanasie, ce droit de disposer elle-même de sa vie. Elle refuse de mourir à l'hôpital et rejette tout acharnement thérapeutique.

Toutefois, elle ne craint pas la mort, mais la façon dont elle va mourir. Cette peur, madame Rosa essaie de l'exorciser en s'isolant dans son «trou juif» qu'elle appelle ironiquement sa «résidence secondaire» (p. 37). Elle explique à Momo, qui comprendra à la fin du récit le sens profond de ses paroles : «C'est là que je viens me cacher quand j'ai peur.» (p. 37) Momo l'aidera à descendre dans son trou juif où elle mourra en toute quiétude à ses côtés.

La Vie devant soi est un roman dans lequel l'humanisme définit les valeurs morales et sociales véhiculées par les principaux personnages.

Les gens du quartier de Belleville et tous les colocataires de l'immeuble où habite madame Rosa cherchent à l'aider physiquement et moralement. Dès qu'ils ont appris son état, ils ont offert à Momo leur soutien et leur aide. «Je ne sais pas ce qu'on serait devenu au sixième s'il n'y avait pas les cinq autres étages où il y avait des locataires qui ne cherchaient pas à se nuire.» (p. 78) Ces gens de nationalité différente donnent un bel exemple d'humanisme. Entre eux, il n'existe pas de ségrégation raciale : ils s'entraident parce que madame Rosa a besoin d'eux. À aucun moment dans le roman, ces colocataires ne forment de clans ni de classes sociales. Ce sont des personnes tolérantes qui acceptent les autres avec leurs différences. Madame Rosa résume bien cette attitude quand elle s'adresse en ces termes au père de Momo : «Les états arabes et les états juifs, ici, ce n'est pas tenu compte» (p. 108).

Dès le début du roman, Momo recherche sa mère. Quand il se rend compte qu'elle n'existe pas, il cherche une femme qui pourrait la remplacer. C'est un besoin chez lui. Bien sûr, madame Rosa joue ce rôle pendant un certain temps jusqu'à ce qu'il se rende compte qu'elle est gravement malade. Sa première tentative pour se trouver une mère remonte au vol d'un œuf. Il voulait attirer, par ce geste, l'attention de la propriétaire de l'épicerie. Il dira : «J'ai eu un moment d'espoir» (p. 12). Par la suite, il rencontre madame Nadine, sur qui il jette son dévolu. Il la suit jusque chez elle, il la retrouve à son travail, il la rencontre devant une vitrine, dans le quartier de l'Opéra, et regarde avec elle le cirque merveilleux avec ses clowns bleus et blancs. Il fonde beaucoup d'espoir sur elle et sur Ramon. À la fin du roman, son rêve se réalise. Il suivra le couple Nadine-Ramon à la campagne. Momo a toutefois attendu que madame Rosa soit morte avant d'accepter de suivre le couple et ses deux enfants. Il recherche une mère, mais il aimerait aussi avoir un père. «Je pensais souvent en le regardant que si j'avais un père, ce serait le docteur Katz que j'aurais choisi.» (p. 21)

Momo est élevé dans le monde de la prostitution. Il connaît bien le milieu. Quand madame Rosa lui pose la question concernant le sens du mot *putain*, il a la réponse facile : «C'est des personnes qui se défendent avec leur cul.» (p. 16) Pour le lecteur, le milieu de la prostitution n'est pas présenté d'une façon trop réaliste. L'auteur fait plutôt ressortir le côté humain des personnes vivant dans ce monde marginal, il montre la grande générosité de madame Rosa et de madame Lola. Il met plutôt en relief leur grandeur d'âme, ce qui nous les rend sympathiques. Il montre également les difficultés des femmes qui avaient un enfant. Elles devaient placer leur enfant dans une garderie et ne pas révéler son existence si elles désiraient être protégées par les proxénètes. «Quand une femme est obligée de se défendre, elle n'a pas le droit d'avoir la puissance paternelle, c'est la prostitution qui veut ça.» (p. 14)

Momo sait toutefois que le milieu de la prostitution a mauvaise réputation chez les bourgeois. Aussi refuse-t-il de révéler à madame Nadine sa véritable adresse.

Momo est entouré de personnes âgées. Que ce soit madame Rosa ou monsieur Hamil, Momo respecte les vieilles personnes. Il dit que monsieur Hamil lui a tout appris et que madame Rosa est la personne qu'il aimera toujours. «Moi j'ai aimé Madame Rosa et je vais continuer à la voir.» (p. 148) L'amour de Momo pour madame Rosa va jusqu'à l'aider à mourir selon son désir et à vouloir mourir avec elle. Momo aurait aimé que madame Rosa et monsieur Hamil soient traités comme on le fait en Afrique. «En Afrique, ils sont agglomérés par tribus où les vieux sont très recherchés» (p. 96), tandis qu'en France «les vieux et les vieilles ne servent plus à rien et ne sont plus d'utilité publique, alors on les laisse vivre.» (p. 96) Momo aurait aimé que le docteur Katz pratique l'euthanasie sur madame Rosa qui voulait mourir dignement sans recevoir de remède thérapeutique qui lui permettrait de vivre plus longtemps.

Les Vieux

Jacques Brel, auteur-compositeur et chansonnier belge, est né à Bruxelles en 1929 et est mort à Bobigny en 1978. Sa chanson intitulée Les Vieux *présente la vieillesse sous un jour satirique où ressortent la solitude, l'ennui, la fatigue et la lassitude des gens qui ont vécu trop longtemps. Le portrait que fait Brel est très éloigné d'un âge d'or!*

Les vieux ne parlent plus ou alors seulement parfois du bout des yeux
Même riches ils sont pauvres, ils n'ont plus d'illusions
    et n'ont qu'un cœur pour deux
Chez eux ça sent le thym, le propre, la lavande et le verbe d'antan
Que l'on vive à Paris on vit tous en province quand on vit trop longtemps
Est-ce d'avoir trop ri que leur voix se lézarde quand ils parlent d'hier
Et d'avoir trop pleuré que des larmes encore leur perlent aux paupières
Et s'ils tremblent un peu est-ce de voir vieillir la pendule d'argent
Qui ronronne au salon, qui dit oui qui dit non, qui dit : je vous attends

Les vieux ne rêvent plus, leurs livres s'ensommeillent,
    leurs pianos sont fermés
Le petit chat est mort, le muscat du dimanche ne les fait plus chanter
Les vieux ne bougent plus leurs gestes ont trop de rides
    leur monde est trop petit
Du lit à la fenêtre, puis du lit au fauteuil et puis du lit au lit
Et s'ils sortent encore bras dessus dessous tout habillés de raide
C'est pour suivre au soleil l'enterrement d'un plus vieux,
    l'enterrement d'une plus laide
Et le temps d'un sanglot, oublier toute une heure la pendule d'argent
Qui ronronne au salon, qui dit oui qui dit non, et puis qui les attend

Les vieux ne meurent pas, ils s'endorment un jour
    et dorment trop longtemps
Ils se tiennent la main, ils ont peur de se perdre et se perdent pourtant
Et l'autre reste là, le meilleur ou le pire, le doux ou le sévère
Cela n'importe pas, celui des deux qui reste se retrouve en enfer
Vous le verrez peut-être, vous la verrez parfois en pluie et en chagrin

Traverser le présent en s'excusant déjà de n'être pas plus loin
Et fuir devant vous une dernière fois la pendule d'argent
Qui ronronne au salon, qui dit oui qui dit non, qui leur dit : je t'attends
Qui ronronne au salon, qui dit oui qui dit non et puis qui nous attend.

Auteur : Jacques BREL/ Compositeurs :
Jacques BREL-Gérard JOUANNEST-Jean CORTI.
Copyright : Éditions Musicales Pouchenel, Bruxelles, 1963.

La Promesse de l'aube

La Promesse de l'aube est un roman autobiographique dans lequel Gary rend hommage à sa mère. Dans ce passage, Gary raconte la honte et le désarroi qui se sont emparés de lui le jour où il a découvert que sa mère se privait de bifteck pour lui permettre d'en manger un chaque jour. Il s'est promis ce jour-là de travailler très fort pour apporter à sa mère assez d'argent pour qu'elle vive à l'aise, loin de la pauvreté, le reste de ses jours.

Depuis treize ans, déjà, seule, sans mari, sans amant, elle luttait ainsi courageusement, afin de gagner, chaque mois, ce qu'il nous fallait pour vivre, pour payer le beurre, les souliers, le loyer, les vêtements, le bifteck de midi — ce bifteck qu'elle plaçait chaque jour devant moi dans l'assiette, un peu solennellement, comme le signe même de sa victoire sur l'adversité. Je revenais du lycée et m'attablais devant le plat. Ma mère, debout, me regardait manger avec cet air apaisé des chiennes qui allaitent leurs petits. Elle refusait d'y toucher elle-même et m'assurait qu'elle n'aimait que les légumes et que la viande et les graisses lui étaient strictement défendues.

Un jour, quittant la table, j'allai à la cuisine boire un verre d'eau.

Ma mère était assise sur un tabouret; elle tenait sur ses genoux la poêle à frire où mon bifteck avait été cuit. Elle en essuyait soigneusement le fond graisseux avec des morceaux de pain qu'elle mangeait ensuite avidement et, malgré son geste rapide pour dissimuler la poêle sous la serviette, je sus soudain, dans un éclair, toute la vérité sur les motifs réels de son régime végétarien.

Je demeurai là un moment, immobile, pétrifié, regardant avec horreur la poêle mal cachée sous la serviette et le sourire inquiet, coupable, de ma mère, puis j'éclatai en sanglots et m'enfuis.

Au bout de l'avenue Shakespeare où nous habitions alors, il y avait un remblai presque vertical qui dominait le chemin de fer, et c'est là que je courus me cacher. L'idée de me jeter sous un train et de me dérober ainsi à ma honte et à mon impuissance me passa par la tête, mais, presque aussitôt, une farouche résolution de redresser le monde et de le déposer un jour aux pieds de ma mère, heureux, juste, digne d'elle, enfin, me mordit au cœur d'une brûlure dont mon sang charria le feu jusqu'à la fin. Le visage enfoui dans mes bras, je me laissai aller à ma peine, mais les larmes, qui me furent souvent si clémentes, ne m'apportèrent cette fois aucune consolation. Un intolérable sentiment de privation, de dévirilisation, presque d'infirmité, s'empara de moi; au fur et à mesure que je grandissais, ma frustration d'enfant et ma confuse aspiration, loin de s'estomper, grandissaient avec moi et se transformaient peu à peu en un besoin que ni femme ni art ne devaient plus jamais suffire à apaiser.

J'étais en train de pleurer dans l'herbe, lorsque je vis ma mère apparaître en haut du talus. Je ne sais comment elle avait découvert l'endroit : personne n'y venait jamais. Je la vis se baisser pour passer sous les fils de fer, puis descendre vers moi, ses cheveux gris pleins de lumière et de ciel. Elle vint s'asseoir à côté de moi, son éternelle gauloise à la main.

— Ne pleure pas.

— Laisse-moi.

— Ne pleure pas. Je te demande pardon. Tu es un homme, maintenant. Je t'ai fait de la peine.

— Laisse-moi, je te dis!

Un train passa sur la voie. Il me parut soudain que c'était mon chagrin qui faisait tout ce fracas.

— Je ne recommencerai plus.

Je me calmai un peu. Nous étions assis sur le remblai tous les deux, les bras sur les genoux, regardant de l'autre côté. Il y avait une chèvre attachée à un arbre, un mimosa. Le mimosa était en fleurs, le ciel était très bleu, et le soleil faisait de son mieux. Je pensai soudain que le monde donnait bien le change. C'est ma première pensée d'adulte dont je me souvienne.

Ma mère me tendit le paquet de gauloises.

— Tu veux une cigarette?

— Non.

Elle essayait de me traiter en homme. Peut-être était-elle pressée. Elle avait déjà cinquante et un ans. Un âge difficile, lorsqu'on n'a qu'un enfant pour tout soutien dans la vie.

— Tu as écrit, aujourd'hui?

Depuis plus d'un an, «j'écrivais». J'avais déjà noirci de mes poèmes plusieurs cahiers d'écolier. Pour me donner l'illusion d'être publié, je les recopiais lettre par lettre en caractères d'imprimerie.

— Oui. J'ai commencé un grand poème philosophique sur la réincarnation et la migration des âmes.

Elle fit «bien» de la tête.

— Et au lycée?

— J'ai eu un zéro en math.

Ma mère réfléchit.

— Ils ne te comprennent pas, dit-elle.

J'étais assez de son avis. L'obstination avec laquelle mes professeurs de sciences me donnaient des zéros me faisait l'effet d'une ignorance crasse de leur part.

— Ils le regretteront, dit ma mère. Ils seront confondus. Ton nom sera un jour gravé en lettres d'or sur les murs du lycée. Je vais aller les voir demain et leur dire...

Je frémis.

— Maman, je te le défends! Tu vas encore me ridiculiser.

— Je vais leur lire tes derniers poèmes. J'ai été une grande actrice, je sais dire des vers. Tu seras d'Annunzio! Tu seras Victor Hugo, Prix Nobel!

— Maman, je te défends d'aller leur parler.

Elle ne m'écoutait pas. Son regard se perdit dans l'espace et un sourire heureux vint à ses lèvres, naïf et confiant à la fois, comme si ses yeux, perçant les brumes de l'avenir, avaient soudain vu son fils, à l'âge d'homme, monter lentement les marches du Panthéon* , en grande tenue, couvert de gloire, de succès et d'honneurs.

— Tu auras toutes les femmes à tes pieds, conclut-elle catégoriquement, en balayant le ciel de sa cigarette.

GARY, R. (1960-1980). *La Promesse de l'aube*, Édition définitive, Paris : Gallimard, p. 20-23.

---

* Oui, je sais.

5   Le dialogue des cultures

La Vie devant soi donne à lire un véritable dialogue des cultures fondé sur la tolérance et sur le respect. À Belleville, milieu privilégié de l'interculturel, Noirs africains, Maghrébins, Juifs et Français (en minorité), fiers de leurs origines, réussissent à rester fidèles à leurs valeurs propres tout en acceptant l'Autre et son étrangeté. La pension de madame Rosa qui héberge des enfants de cultures différentes illustre bien ce mariage de l'un et du multiple. Plus préoccupés de survivre que d'affirmer leurs différences, les enfants, Moïse le jeune Juif, Banania le toujours souriant Africain, Michel, né de parents vietnamiens, Momo l'Arabe à l'origine incertaine, Antoine le vrai Français, apprennent, sous la férule de madame Rosa, la fraternité et l'égalité des hommes. Microcosme de cette société multiethnique de Belleville, la salle d'attente du docteur Katz accueille des Juifs, des Nord-Africains, des Noirs (p. 38) qui ont en commun d'être des marginaux, des exclus de la bonne société française.

La culture arabe

Le lien particulier qui unit la France aux pays du Maghreb peut expliquer que plusieurs personnages du roman sont originaires du Maroc (M. Mimoûn, p. 141), de Tunisie (M. Keibali, p. 80; M. Driss, p. 139), d'Algérie (le Mahoute, Momo, M. Hamil). Ce dernier, qui, en tant que père substitut de Momo, joue un rôle plus important, incarne le type même de l'Arabe immigré fidèle à sa culture d'origine.

La religion musulmane

Le nom même de Momo évoque l'islam et son prophète, Mohammed étant le nom arabe de Mahomet. D'ailleurs Momo n'apprécie guère que madame Nadine l'appelle Mohammed devant ses enfants : outre les connotations négatives attachées à ce nom d'immigré, il explique que «c'est comme si on disait Jésus-Christ en France» (p. 120). Même si Momo ne connaît ni ses parents, ni son âge exact, un papier atteste qu'il doit être élevé dans la religion musulmane (p. 43). Madame Rosa, toute juive fût-elle, a donc veillé à ce que Momo apprenne l'arabe et soit instruit du Coran, car elle «disait que c'était bon pour les Arabes» (p. 25). Aussi Momo connaît-il sa religion et peut-il jurer sur le Prophète (p. 122) pour rassurer madame Rosa.

Momo puise sa formation religieuse non seulement dans les récits oraux de monsieur Hamil, mais surtout dans lecture du Koran (*sic*) (p. 25). Livre saint de l'islam, le Coran comprend 114 sourates ou sections composées de versets dont le nombre varie de 3 à 286. Pour le musulman, le Coran, c'est la parole même de Dieu transmise à Mahomet par l'archange Gabriel de 610 à 632. Dans l'islamisme, il est recommandé de l'apprendre par cœur (p. 61), parce que le Coran indique la voie droite (sourate 46, 29).

Dans son récit, Momo évoque quatre des cinq piliers de l'islam, c'est-à-dire les cinq obligations fondamentales auxquelles doivent se soumettre tous les musulmans :

- La **profession de foi** : «Il n'y a de dieu que Dieu et Mahomet est son Prophète.» Le thème de l'unicité et de l'éternité de Dieu est très fort et très répandu dans l'islam[3] : on le retrouve énoncé dans le poème-prière de la page 31, qui pourrait se traduire littéralement par : «Celui qui aime Dieu n'aime point quelqu'un d'autre que Lui, gloire à Lui l'Éternel qui ne disparaîtra jamais.»

- Les **prières rituelles** que la tradition fixe à cinq par jour. Monsieur Hamil et même Momo respectent cette obligation (p. 58, 61 et 87).

- Le **ramadan**. Durant le mois du ramadan (entre 20 et 30 jours selon les années), du lever au coucher du soleil, les musulmans doivent s'abstenir de tout aliment solide ou liquide et de relations conjugales. Momo n'apprécie pas tellement le fait que madame Rosa l'oblige à respecter le ramadan (p. 32).

- Le **pèlerinage à La Mecque**, le hadj. Monsieur Hamil, en fidèle croyant, a observé cette prescription du Coran (p. 26, 56 et 76).

- Le récit de Momo n'évoque pas le cinquième pilier, à savoir l'**impôt purificateur** ou l'aumône légale annuelle.

Les valeurs

Les pratiques religieuses risquent d'être perçues comme vides de sens si l'on ne cherche pas au-delà du rite l'intention du croyant; et si on

---

3. Le substantif arabe *Ilâh*, «dieu», est devenu, dans le Coran, *Allah* (*Al-ilâh*, «le Dieu»).

ne les rattache pas aux valeurs préconisées par la culture arabe et la religion musulmane. Entre autres, Momo mentionne que, chez les siens, les aveugles sont très bien vus (p. 61) et que les vieillards sont respectés (p. 86). Le respect des musulmans pour les aveugles peut s'expliquer par un incident qui a marqué les débuts de l'apostolat du Prophète. En effet, un jour, un aveugle demanda à Mahomet, qui tentait de convertir un riche bourgeois, de lui apprendre un peu ce que Dieu lui avait révélé. Impatient, le Prophète le rabroua. Plus tard, Dieu rappela son messager à son devoir : s'occuper autant de l'aveugle et du pauvre que du riche.

La relation affectueuse de Momo avec monsieur Hamil lui fait découvrir la sagesse d'un «père» âgé dont l'expérience éclaire les choix du plus jeune, nourri et formé par les réflexions de l'aîné. Qui, mieux que monsieur Hamil, pourrait incarner ce vieillard dont parle le grand écrivain malien Hampâte Bâ quand il dit : «En Afrique, quand un vieillard meurt, c'est toute une bibliothèque qui brûle»?

La culture juive

Dans cette mosaïque culturelle que forme la société de *La Vie devant soi*, madame Rosa et le docteur Katz représentent la communauté juive. Avec la première surtout, le lecteur découvre la culture juive.

La religion juive

Dans la prière récitée par madame Rosa (p. 134 et 142), l'une des plus chères aux juifs, le croyant professe sa foi en un Dieu unique.

Les lois concernant l'alimentation sont nombreuses dans la religion juive. Les mets kasher sont des aliments qu'on a préparés selon les rites prescrits et dont la consommation est permise par la loi hébraïque. Ainsi on peut manger des quadrupèdes ruminants aux sabots fendus, des poissons à écailles ainsi que des oiseaux qui ne se nourrissent pas de charogne. Par contre sont interdits les rongeurs, les oiseaux de proie, les reptiles, les carnivores dont le porc, considéré comme animal impur et répugnant. Momo ne se gêne pas pour rappeler à madame Rosa qu'elle ne respecte pas cette loi (p. 32), alors qu'elle pourrait s'approvisionner à l'épicerie kasher de la rue des Chaumes (p. 126) ou à celle de la rue Tienné (p. 23). Pourtant elle se vante d'avoir élevé le fils de monsieur Yoûssef Kadir (le père de Momo) en bon juif : il a toujours mangé kasher, il a été circoncis et a célébré la bar-metsva (p. 107).

Le point de vue de Momo

Momo perçoit les Juifs comme des êtres plaintifs qui se lamentent souvent sur leurs malheurs, à qui on a même élevé «un mur pour ça» (p. 91). Le jeune Arabe évoque ici le célèbre mur des Lamentations, vestige du temple de Jérusalem. Selon Momo, les Juifs pleurent toujours entre eux (p. 91), ils ont toujours le disque triste (p. 125). Unis dans le souvenir de leurs malheurs, les Juifs peuvent trouver dans la solidarité un réconfort et un soutien (p. 16).

La culture noire africaine

De nombreux personnages de *La Vie devant soi* sont originaires de l'Afrique, plus particulièrement de pays francophones autrefois colonies françaises : monsieur Waloumba (Cameroun), madame Lola (Sénégal), monsieur N'Da Amédée (Niger) et Banania dont le nom évoque une marque française de cacao. La plupart des locataires de l'immeuble sont des Noirs (p. 10); la rue Bisson, qui croise le boulevard de Belleville, compte trois foyers noirs.

L'organisation sociale

Dans les foyers créés par l'État pour accueillir les nouveaux arrivants, les Noirs recréent la vie communautaire de leur pays d'origine et vivent en tribus. Cette reconstitution en plein Paris d'une famille élargie semble avoir frappé l'enfant sans père ni mère, sans frères ni sœurs; plusieurs fois dans son récit, il insiste sur la vie tribale des Noirs de Belleville. Sur un ton presque d'envie, il décrit les Noirs qui se rencontrent au café de la rue Bisson et, anthropologue en herbe, il souligne qu'en Afrique, «c'est complètement différent, ils ont là-bas des tribus et quand vous faites partie d'une tribu, c'est comme s'il y avait une société, une grande famille» (p. 88). Le lecteur peut facilement supposer que Momo aurait bien aimé faire partie de la tribu de monsieur Waloumba, dont les frères s'occupent de distraire madame Rosa (p. 94, 113 et 125). N'avoue-t-il pas lui-même qu'il regarde toujours avec admiration les quatre frères Zaoum parce qu'il aurait aimé être quatre lui aussi (p. 82)?

Les valeurs et les croyances

Cette structuration de la société africaine de Paris met en évidence l'importance que les Noirs accordent à la vie communautaire, à la solidarité et au partage. Une telle façon de vivre remet en question la société française dont l'individualisme, selon monsieur Waloumba, menace les jeunes et engendre la violence. Les jeunes ont besoin des personnes âgées, qui sont respectées et recherchées pour leur sagesse et pour l'aide qu'elles pourront apporter quand elles seront mortes (p. 96). Et Momo de rapporter une longue comparaison entre les Africains et les Français sur le sort réservé aux vieux (p. 96-97) : monsieur Waloumba dénonce avec vigueur la solitude et l'abandon des vieux qu'on entasse dans des nids de vieux ou qu'on laisse croupir dans des chambres de bonnes.

Le point de vue de Momo

Vus à travers les yeux de Momo, les Noirs apparaissent comme des êtres pleins de vitalité et de générosité. Dès qu'il a besoin d'aide, il court chez les Noirs de l'immeuble ou au foyer de la rue Bisson où, dit-il, «ils sont tous très gentils» (p. 134). Il va même jusqu'à comparer madame Lola à un soleil qui illumine l'appartement (p. 131). La couleur de la peau ne constitue donc pas pour le jeune Arabe une barrière; au contraire, il se sent à l'aise avec les Noirs qui lui donnent l'illusion d'une famille.

Les relations interculturelles

Plus que toute Semaine interculturelle avec repas exotiques et danses folkloriques, *La Vie devant soi* apprend au lecteur à accueillir les différences comme un enrichissement et lui donne une grande leçon d'humanisme. Car, au-delà de la couleur, de l'origine ethnique, de la religion, Momo, madame Rosa et presque tous les personnages du roman voient l'être humain avec sa soif de bonheur et ses souffrances. Cette compréhension mutuelle n'empêche pas d'être fier de ses origines et de porter un regard critique sur certains comportements. Comme madame Rosa qui impose régulièrement à Banania un bain de culture noire (p. 15) et comme monsieur Hamil qui, par fidélité à sa religion, ne peut envisager d'épouser la vieille femme juive (p. 76), tous partagent une forte conscience identitaire tout en se donnant le droit de juger les comportements des autres. Ainsi monsieur Driss méprise les pratiques de monsieur Waloumba et de ses frères qu'il accuse de faire «de la médecine au noir» (p. 95), alors que le docteur Katz les traite de sauvages (p. 135). La tolérance qui marque le rapport des immigrés entre eux est loin de définir leurs relations avec les Français d'origine. Arabes et Noirs sont souvent victimes de racisme, voire de persécutions et d'ostracisme.

En réalité, dans cette France qui se dit terre d'asile, Momo se sent à la fois chez lui et chez eux; il appartient au milieu de Belleville tout en étant conscient de sa différence. Sentiment paradoxal que résume bien sa phrase «j'ai une tête pas de chez nous» (p. 18 et 61).

6   Espace et temps

L'espace

Dans *La Vie devant soi*, les lieux constituent plus qu'un simple cadre dans lequel évoluent les personnages; ils structurent l'action et traduisent des valeurs et des atmosphères; ils acquièrent même parfois le statut de symboles.

L'ici du quotidien

Les quartiers populaires

La vie quotidienne de Momo et de madame Rosa se déroule au rythme de Belleville. Ville dans la ville, ce quartier populaire, constitué d'une partie des XXe, XIXe, X^e et XIe arrondissements, est l'un des plus cosmopolites de Paris. Dès le début de son récit, Momo nous apprend qu'à part madame Rosa, «il y avait beaucoup d'autres Juifs, Arabes et Noirs à Belleville» (p. 9). Dans le roman, ce quartier si coloré et si dépaysant donne à voir des gens de cultures diverses qui vivent dans l'harmonie et la compréhension. Tout comme Belleville, le quartier de la Goutte-d'Or, où Zola a situé l'action de *L'Assommoir*, a attiré de nombreux immigrants et est devenu un lieu de brassage des cultures. C'est pourquoi Momo dit qu'au-delà de Belleville et de la Goutte-d'Or «c'est les quartiers français qui commencent» (p. 11).

À Belleville, Madame Rosa habite au sixième étage d'un immeuble (p. 9); d'après l'usage québécois de compter le rez-de-chaussée, nous dirions au septième étage. Momo s'émeut lorsqu'il la voit s'essouffler à monter à pied, «avec tous ces kilos qu'elle [porte] sur elle et seulement deux jambes» (p. 9). Les descriptions de madame Rosa grimpant de peine et de misère les six étages sont trop nombreuses pour que nous ne voyions pas dans l'escalier un symbole de dénuement et de pauvreté.

C'est dans le monde souterrain du trou juif que madame Rosa trouvera du réconfort. Là, «elle [sourit] avec plaisir [et prend] un air malin et même vainqueur» (p. 24). Là, elle n'a plus besoin de ses faux papiers en règle et peut vivre conformément à son identité juive. Dans cette «résidence secondaire» (p. 37), elle se réfugie quand elle a peur (p. 37). Comme les Juifs fuyant les persécutions, elle s'y cache pour échapper à l'hôpital. Madame Rosa descendra dans le trou juif une dernière fois pour y mourir, «tranquille» malgré tout, car elle ne battra pas «le record du monde des légumes» (p. 142).

Qu'il s'agisse de Belleville ou de l'immeuble même, ces lieux reflètent la vie de madame Rosa et de Momo : la pauvreté s'y conjugue à la convivialité, la solitude à la fraternité, l'exclusion à la solidarité.

Les prostituées sont peut-être les personnes qui incarnent le mieux ce mariage des contraires : marginales et exclues, elles font preuve d'une chaleur humaine exceptionnelle. C'est pourquoi l'allusion à leur métier ne crée aucune gêne à Momo qui mentionne avec simplicité les lieux de Paris où les prostituées «se défendent» : il cite des noms de rues (Saint-Denis, la Truanderie, de Fourcy, Blondel, des Cygnes, Blanche, de Provence, Frochot), des noms de quartiers (Pigalle, la Goutte-d'Or, les Halles, Montmartre, Saint-Lazare) et le célèbre bois de Boulogne.

Les beaux quartiers

Pour fuir la souffrance de madame Rosa et ses inquiétudes sur son propre sort, Momo s'évade dans les quartiers de l'ouest de Paris : à l'Opéra (p. 54), à l'Étoile (p. 57), aux Champs-Élysées (p. 59) ou rue de Ponthieu (p. 57, 59 et 114). Il s'attarde à regarder les vitrines des magasins, à feuilleter des bandes dessinées dans un drug-store ou à voler dans les grands magasins comme le Printemps (p. 57). Si ces échappées permettent à Momo d'oublier un peu la tristesse de sa vie, il reste cependant lucide : lorsque madame Nadine l'amène chez elle, rue Saint-Honoré (p. 115), il sent bien qu'il appartient à un autre monde.

L'ailleurs du rêve

Seul un dépaysement complet permettrait à Momo d'oublier sa condition d'orphelin abandonné. C'est pourquoi il voudrait «aller très loin dans un endroit plein d'autre chose et [il] ne cherche même pas à l'imaginer, pour ne pas le gâcher» (p. 62). La ville de Nice (intimement liée à la jeunesse de Gary et à sa mère) devient son lieu fétiche : il rêve d'y voir les «clowns qui dansent dans les rues et [les] géants joyeux qui sont assis sur les chars», «les forêts de mimosas» et les «oiseaux tout blancs» (p. 27); il rêve d'y assister «aux batailles de fleurs» (p. 51) [ces batailles désignent un défilé de chars allégoriques tout décorés de fleurs que l'on lance sur les spectateurs]. Ce rêve, alimenté par les récits répétés que monsieur Hamil lui fait de son grand voyage à Nice (p. 27 et 85), Momo le nourrit également pour les autres, aussi défavorisés que lui : riche, il enverrait «les fils de putes et leurs mères dans des palaces de luxe à Nice où ils seraient à l'abri de la vie» (p. 60). Dans cet Eldorado, cet Éden, il gomme la réalité pour redistribuer la richesse et le pouvoir. La mer et la campagne véhiculent aussi fortement les espoirs de Momo, au point que nous pourrions voir dans son désir d'eau et de terre une recherche de la mère aimante et protectrice. Quand il rencontre madame Nadine pour la première fois, il pense immédiatement qu'elle pourrait remplacer madame Rosa et il l'associe à la mer (p. 56). À l'occasion d'une autre rencontre, madame Nadine l'invitera à aller à la campagne, à Fontainebleau, où elle a une maison (p. 70). Après la mort de madame Rosa, elle l'amène à la campagne (p. 147).

Comme la réalité ne lui offre pas les vacances à la campagne ou à la mer dont il rêve tant (p. 62), Momo comprend «que la meilleure chose pour [lui], c'est d'aller vivre là où ce n'est pas vrai» (p. 88); il cherche alors une compensation dans des voyages imaginaires qui l'amènent «ailleurs, très loin, loin de [lui]» (p. 20). Il monte à bord du bateau à voiles qu'il voit dans le bureau du docteur Katz et part «loin seul» (p. 20); ou bien il rejoint les clowns du manège qu'il a longuement observé dans la vitrine d'un grand magasin (p. 54). Auprès d'eux, surtout avec le clown bleu, il trouve un peu de réconfort et se sent moins seul face à la maladie et à la mort de madame Rosa (p. 60 et 145). S'il ne se sentait pas aussi responsable de madame Rosa, il partirait avec ses amis clowns (p. 118). Nous sommes loin ici de la simple fascination d'un enfant pour les automates : le cirque et ses personnages comblent le manque d'affection et d'attention dont souffre Momo qui «n'a rien et personne» (p. 119). Grâce à cette fuite dans l'imaginaire, Momo échappe au tragique, car la rêverie lui permet de ne pas sombrer dans le désespoir. Dans sa fuite vers l'ailleurs, Momo entraîne madame Rosa. En effet, il lui promet d'abord qu'elle verra la Normandie (p. 73), puis qu'elle partira pour Israël (p. 137-138). Pour elle aussi, le bonheur ne se trouve que dans la négation de la réalité : Momo remarque que, dans son trou juif, «elle [a] l'air complètement ailleurs, tellement elle [est] heureuse» (p. 89).

Presque tous les personnages du roman, qu'il s'agisse des immigrés, de madame Rosa ou de Momo, ne peuvent espérer être heureux dans la réalité. Ils n'entrevoient qu'une issue à leur malheur : fuir cette réalité, impuissants qu'ils sont à la transformer.

Les lieux à fuir

Malgré leur grande misère, madame Rosa et Momo refusent le soutien de deux institutions sociales : l'hôpital et l'Assistance publique. Aux yeux de madame Rosa, l'hôpital, qui nie toute dignité en réduisant les êtres humains à l'état de légumes (p. 58 et 123) et en les prolongeant pour servir la science médicale (p. 98-99), représente un enfer aussi horrible que les camps de concentration. Pour Momo, la menace vient de l'Assistance publique qui recueille les enfants abandonnés ou ceux dont les parents sont jugés inaptes, comme les prostituées.

On retiendra donc que l'espace romanesque, au-delà de la réalité des quartiers parisiens, s'ouvre aussi au rêve, à un monde imaginaire où il est plus facile de vivre.

Le temps

Comme madame Rosa, Momo appartient à une culture dans laquelle le souvenir et le récit oral jouent un rôle important. Il est donc naturel pour le jeune Arabe de plonger dans son passé et de raconter sa vie chez madame Rosa, de trois à quatorze ans, sous le mode de la langue parlée. Son récit autobiographique, qui n'a aucune prétention à l'exactitude historique, naît de l'émotion et se développe dans le registre de l'affectif. Cela expliquerait le déroulement faussement linéaire des événements, les répétitions, les retours en arrière ainsi que les nombreuses imprécisions sur les moments des actions.

Lorsque Momo tente de se rappeler quel âge il avait lorsque tel ou tel événement s'est produit, très souvent il donne un âge approximatif parce qu'il n'a pas été daté (p. 10, 85 et 117). En effet, pour le garder plus longtemps avec elle, madame Rosa a toujours déclaré que Momo avait quatre ans de moins que son âge réel.

Pour situer les événements de façon précise dans le temps, le lecteur devra relire le récit à la lumière des informations que fournit le père de Momo lorsqu'il vient réclamer son enfant. Momo découvre alors qu'il a quatorze ans.

Une première lecture du roman donne l'impression de lire un récit plutôt linéaire. Pourtant plusieurs des événements sont racontés par Momo à l'imparfait comme si, en tant que narrateur, il tenait à décrire autant les faits répétitifs de son quotidien que les événements singuliers qui l'ont marqué. Il est vrai qu'il est plus facile à la mémoire de garder le souvenir de ce qui arrive plus d'une fois, mais aussi

Momo se définit comme un être du quotidien : «Je me souviens très bien de ce moment dans ma vie parce qu'il était tout à fait comme les autres. Chez moi c'est toujours la vie de tous les jours» (p. 60).

Le lecteur éprouve d'autant plus de difficulté à replacer les événements dans l'ordre chronologique que Momo lui-même se répète : ou il raconte deux fois le même fait, par exemple la visite de son père (p. 100-109 et 116-117), ou il reprend une description qu'il a faite précédemment, comme celle du trou juif (p. 24 et 36-37), ou encore il redit, en les faisant siens, des propos qu'il a déjà entendus. Ainsi, lorsqu'il confie à Nadine et à Ramon que «le cul, c'est ce qu'il y a de plus sacré chez l'homme» (p. 119), on croirait entendre madame Rosa (p. 74). À certains moments, il raconte même ce qui arrivera plus tard dans l'histoire. Par exemple, il dit : «Je ne l'ai jamais vue sentir mauvais jusqu'à beaucoup plus tard.» (p. 28)

Quand Momo a-t-il écrit ou raconté ses souvenirs? Il est bien difficile de le dire avec précision. Après avoir vécu ce qu'il raconte ou en même temps qu'il le vivait? Nous serions portés à croire que Momo a livré son récit tout au moins quelques années après la mort de madame Rosa. D'abord, à quelques reprises, il insère des «je me souviens» (p. 60 et 80) : cette précision eût-elle été nécessaire si le récit avait suivi de près les événements? Puis, il raconte des faits qui semblent s'être passés au-delà du temps de l'histoire, c'est-à-dire après qu'il eut été recueilli par madame Nadine et Ramon, comme l'assassinat de monsieur N'Da Amédée (p. 28).

Plus qu'un simple repère, le temps devient un thème dans *La Vie devant soi*. Plusieurs personnages semblent vouloir régler son compte au temps. Toute sa vie, monsieur Hamil eut peur que le temps lui fasse oublier Djamila, l'amour de sa jeunesse (p. 10). Malheureusement le temps lui ravira ce beau souvenir (p. 144-145). De son côté, madame Rosa refuse le temps qui vieillit Momo et elle le rajeunit de quatre ans pour ne pas le perdre. Avec coquetterie, elle essaie de tricher sur son âge (p. 98). Quant à Momo, pour se venger du temps qui détruit madame Rosa, il se l'imagine à quinze ans avec sa «belle chevelure rousse et un sourire comme si c'était plein de bonnes choses devant elle, là où elle allait» (p. 73). Le temps n'ayant pas tenu ses promesses, Momo rêve de recréer l'histoire en retournant en arrière, en faisant reculer le monde comme au cinéma (p. 114). Il retrouverait alors une madame Rosa jeune et belle (p. 118), il redeviendrait le petit enfant que deux bras chauds berçaient (p. 67). Mais le temps tire sa force de son irréversibilité; la réalité, «c'est pas comme dans la salle de projection de madame Nadine où on peut tout mettre en marche arrière et retourner chez sa mère à l'intérieur» (p. 116). Aussi, même si Momo trouve bien jolie la métaphore de monsieur Hamil qui dit «que le temps vient lentement du désert avec ses caravanes de chameaux», selon lui, «le temps, c'est du côté des voleurs qu'il faut le chercher» (p. 85); quand on voudrait qu'il passe vite, il se fait vieux et «il marche lentement» (p. 59).

Toute la problématique du temps se trouve résumée dans le titre même du roman. Alors que les vieux souhaiteraient avoir toute la vie devant eux, Momo a déjà assez vécu pour avoir peur de la vie devant lui (p. 72). À l'image de sa vie qui sort des chemins habituels de l'enfance, son récit se moque des conventions, en particulier en ce qui concerne la dimension temporelle.

7 La langue de Momo

Une des caractéristiques majeures de *La Vie devant soi*, c'est la langue de Momo, la langue du narrateur, qui emprunte à différents registres et donne en même temps à lire celle des principaux protagonistes dont il aurait appris le français. Au-delà de la nécessaire transcription et transformation que suppose le passage de l'oral à l'écrit, la langue de Momo est bien plus qu'une tentative de recréer avec vraisemblance la langue même du narrateur; c'est à la fois une exceptionnelle réussite poétique de jeux de langage et une efficacité indéniable à tordre la langue pour lui faire atteindre un niveau de profondeur sans commune mesure avec l'âge de Momo, en bref pour produire une vision du monde d'une rare densité.

Le procédé le plus facilement reconnaissable est le recours aux images. On notera ici les images où la comparaison est faite avec un objet, un végétal ou un animal.

Les images

La comparaison avec un objet permet de donner une vision matérielle de madame Rosa et atteint ce que l'on pourrait appeler, faute de mieux, une tendre irrévérence :

> *Quand elle marchait, c'était un déménagement.* (p. 43)

L'image atteint le même effet quand la comparaison décrit les répondants de madame Rosa que son état chosifie :

> *[...] elle nous regardait avec un bon sourire, parfois même elle nous faisait un petit bonjour de la main, comme si on était un train qui passait.* (p. 35)

La métaphore filée du train est reprise avec monsieur Charmette, lui-même retraité des chemins de fer, pour devenir une véritable allégorie de la vie :

> *C'était quelque chose d'écouter Monsieur Charmette qui parlait des trains, des gares et des heures de départ, comme s'il espérait pouvoir encore se tirer en prenant le bon train au bon moment et en trouvant une correspondance, alors qu'il savait très bien qu'il était déjà arrivé et qu'il lui restait plus qu'à descendre.* (p. 80)

C'est le même procédé que l'auteur emploie avec l'image du voilier – appelée par l'illustration du voilier dans le bureau du docteur

Katz – et qui figure les voyages intérieurs, les fuites imaginaires de Momo :

> *Encore maintenant, quand je veux, je peux monter à bord du voilier du docteur Katz et partir loin seul à bord. Je n'en ai jamais parlé à personne et je faisais toujours semblant que j'étais là.* (p. 20)

L'emploi d'un objet comme comparaison peut se doubler d'un jeu de mots, comme dans l'exemple suivant :

> [le garde du corps de Monsieur N'Da] *qui avait tellement l'air d'un faux jeton que personne ne pouvait l'encaisser.* (p. 32)

ou s'accompagner des commentaires de Momo sur la langue :

> *[...] j'en suis resté comme deux ronds de flan et pourtant je ne sais pas ce que ça veut dire.* (p. 64)

> *J'ai marqué ce jour-là d'une pierre blanche parce que c'était une jolie expression.* (p. 94)

Enfin l'objet peut transformer l'énoncé en une véritable maxime : «Monsieur Hamil dit que l'humanité n'est qu'une virgule dans le Grand Livre de la vie» (p. 58). On remarquera qu'ici l'expression est formellement attribuée à un adulte.

Au-delà des clichés comme «c'était la fin des haricots» (p. 24), on notera que la comparaison avec un légume revient d'une façon lancinante dans le roman pour décrire d'abord l'état appréhendé de madame Rosa — «Elle ne pourra plus penser et va vivre comme un légume» (p. 72) —, puis pour signifier la promesse de Momo : «je vous laisserai pas devenir champion du monde des légumes dans un hôpital...» (p. 140) Malgré son extrême banalité, l'image ne perd pas son efficacité pour moduler l'un des thèmes majeurs du roman : la déchéance de la vieillesse et l'inhumanité de l'acharnement thérapeutique.

Comme les métaphores d'objet, les métaphores animales ont une fonction descriptive :

> *[...] elle avait de beaux yeux bruns comme un chien juif* (p. 110).

> *[...] je regardais Madame Rosa couchée sur le dos comme une grosse tortue qui était pas faite pour ça.* (p. 138)

Elles peuvent aussi avoir une fonction explicative : «Elle [madame Lola] avait nourri ses niches artificiellement comme des poulets» (p. 77), ou elles peuvent exprimer un constat moral : «[...] il n'avait pas du tout la gueule qu'il fallait pour être mon père, qui devait être un vrai mec, un vrai de vrai, pas une limace» (p. 105).

On retiendra donc un emploi assez limité des images, mais très expressif à cause de leur caractère inattendu dans la bouche d'un jeune garçon pour décrire la vieille femme qu'il aime.

Autres procédés

Au-delà des images, la langue de Momo recourt à divers procédés : registres de langue variés, déformations et substitutions de mots, paradoxes, antithèses et jeux de mots.

Enfant de la rue, élevé dans un milieu populaire et d'origine non française, Momo joue des registres de langue. Cette pratique, naturelle pour le narrateur, produit des effets de distanciation souvent comiques auprès du lecteur et de la lectrice.

On trouve ainsi, par exemple :

[...] on n'avait pas le droit d'amener la diphtérie, la fièvre scarlatine, la rougeole et d'autres **saloperies** qu'il faut garder chez soi. (p. 38) [Registre familier.]

[...] je suis resté là à **glandouiller**. (p. 58) [Registre populaire.]

[...] j'ai trop de cheveux et un **pardaf** qui m'arrivait aux talons. (p. 120) [Emploi de l'argot.]

Semblablement, pourrait-on dire, Momo est comme justifié de ne pas connaître tous les mots qu'il emploie, glanés ici et là auprès des adultes qu'il fréquente. Il en déforme plusieurs, comme le montrent les exemples qui suivent :

Si le cœur s'arrête, on ne peut plus continuer comme avant et si la tête se détache de tout et ne tourne plus rond, la personne perd ses attributions et ne profite plus de la vie. (p. 51)

C'était l'amnistie et le docteur Katz m'avait prévenu qu'elle allait en avoir de plus en plus (p. 90).

Voisines des déformations de mots, les substitutions de mots opèrent le remplacement du mot ou du groupe de mots attendus par un équivalent sémantique ou phonétique.

On trouve ainsi, par exemple :

Si vous connaissez le coin, vous savez que c'est toujours plein d'autochtones qui nous viennent tous d'Afrique, comme ce nom l'indique. (p. 22)

Madame Rosa appelait un enfant consterné quand il était frappé de consternation, comme ce mot l'indique. Ça veut dire qu'il ne voulait rien savoir pour vivre et devenait antique. (p. 38-39)

Quand Madame Rosa sourit, elle devient moins vieille et moins moche que d'habitude car elle a gardé un sourire très jeune qui lui donne des soins de beauté. (p. 73)

En plus de la suppression du *ne* de négation, fréquente d'ailleurs à l'oral et sur laquelle nous ne reviendrons pas, un emploi assez particulier, pour ne pas dire fantaisiste, du passif et de certains connecteurs donne un tour particulier à la langue de Momo.

L'emploi de la forme passive au lieu de la forme active attendue produit un effet de surprise. On trouve ainsi, par exemple :

Au début, je ne savais pas que Madame Rosa s'occupait de moi seulement pour toucher un mandat à la fin du mois. Quand je l'ai appris, j'avais déjà six ou sept ans et ça m'a fait un coup de savoir que j'étais payé. (p. 9)

En ce moment, je devais avoir sept ans ou peut-être huit, je ne peux pas vous dire juste parce que je n'ai pas été daté. (p. 10)

Les substitutions de connecteurs transgressent l'organisation habituelle de la langue et trahissent une certaine impossibilité à dire le monde. On trouve ainsi, par exemple :

Il y avait beaucoup d'autres Juifs, Arabes et Noirs à Belleville, mais Madame Rosa était obligée de grimper les six étages seule. (p. 9)

[Monsieur N'Da] on lui a coupé les doigts pour avoir les bagues parce que c'était un règlement de comptes. (p. 28)

On pourrait rattacher à ce procédé la coordination inattendue de deux mots ou de deux groupes de mots. Ainsi, on peut lire :

[...] avec tous ces kilos qu'elle portait sur elle et seulement deux jambes (p. 9).

Madame Rosa disait que le docteur Katz était pour la médecine générale et c'est vrai qu'il y avait de tout chez lui, des Juifs, bien sûr, comme partout, des Nord-Africains pour ne pas dire des Arabes, des Noirs et toutes sortes de maladies. (p.38)

[...] il fallait ajouter les médicaments et le crédit qu'on lui refusait. (p. 50)

Monsieur Hamil m'a aussi dit beaucoup de bien de la vie et surtout des tapis persans. (p. 70)

Un peu dans la même veine que les substitutions de connecteurs, qui proposent comme une nouvelle logique, de nombreux énoncés suggèrent une logique paradoxale. À la limite, ils débouchent sur l'absurde. C'est le cas, notamment, des énoncés suivants :

[...] la seule chose qu'on avait ensemble, c'est qu'on avait rien et personne (p. 25).

[...] elle a passé la soirée à regarder droit devant elle avec un sourire heureux parce qu'elle ne sentait rien. (p. 35)

[...] elle me disait que si j'étais pas là pour lui donner des soucis, elle n'aurait plus aucun intérêt à vivre. (p. 71)

L'antithèse est proche du paradoxe. Elle s'en distingue en opposant explicitement deux mots ou deux réalités, comme dans les exemples suivants :

Je ne vois pas à quoi ça sert de rêver en arrière et à son âge elle ne pouvait plus rêver en avant. (p. 41)

[...] le blanc, c'est souvent le noir qui se cache et le noir, c'est parfois le blanc qui s'est fait avoir. (p. 49)

Passage du sens propre au sens figuré, déformation de proverbe, élargissement du contexte d'emploi, divers procédés portent sur les mots mêmes, sont de véritables jeux de mots :

Le petit endroit était encore plus petit que ça et Madame Rosa n'y tenait pas encore tout entière, à cause de son étendue (p. 15).

[...] c'était pas une vie pour un chien. (p. 18)

Il y avait des gens [...] qui disaient que c'était pas permis de traiter un enfant de la sorte. Je ne sais pas du tout qui me traitait (p. 45).

Riche, poétique, la langue de Momo, pleine de «fautes» créées par un écrivain maître de son écriture, est un des plus grands plaisirs que procure la lecture du roman.

En terminant, on évoquera la figure de Victor Hugo, l'auteur des *Misérables*, auquel il est fait allusion dans *La Vie devant soi*. Monsieur Hamil, un des éducateurs de Momo, est un fervent admirateur de l'écrivain :

«[...] il se trompait tout le temps et au lieu de prier il récitait Waterloo Waterloo morne plaine» (p. 61).

Il s'agit d'un vers du poème *L'Expiation*, qu'on trouvera à la page 210. Momo lui-même fera le même genre d'erreur puisqu'il attribue à Victor Hugo (p. 75) un passage en arabe ainsi traduit : «seul l'Éternel ne finit jamais».

Mais c'est plus à l'auteur des *Misérables* que se réfèrent Momo et monsieur Hamil. On peut dire que *Les Misérables* et le Coran sont pratiquement mis sur le même pied par le vieillard et l'enfant. Dans un certain sens, on peut dire que *La Vie devant soi* peut se donner à lire comme une sorte de réécriture moderne du célèbre roman : «Un jour, j'écrirai les misérables, moi aussi, monsieur Hamil» (p. 85). On se rappellera à ce propos les paroles que Gary prête à sa mère dans *La Promesse de l'aube* : «Tu seras Victor Hugo, Prix Nobel!» (Voir notre extrait à la page 178.) On trouvera à la page 208 un extrait des *Misérables* mettant en scène le personnage de Gavroche, sorte d'ancêtre littéraire de Momo.

8   L'adaptation cinématographique

En 1977, deux ans après la parution du roman *La Vie devant soi*, le réalisateur Moshe Mizrahi adapte cette œuvre pour le cinéma. Il écrit le scénario et les dialogues du film à partir de l'œuvre de Gary/Ajar. Le film reprend le titre du roman, consacré par le prix Goncourt. Le film, comme le roman, a connu beaucoup de succès. D'ailleurs, le film de Moshe Mizrahi a grandement contribué à la popularité du roman. Ajoutons que Simone Signoret a mérité, en 1978, le César de la meilleure actrice pour son rôle émouvant et bouleversant de madame Rosa.

L'adaptation cinématographique d'une œuvre littéraire présente de l'intérêt en ce sens qu'elle contribue souvent à faire connaître le roman et incite à le lire.

D'emblée, nous pouvons affirmer que, quoique très intéressants l'un et l'autre, le film et le roman *La Vie devant soi* sont foncièrement différents. En effet, le film diffère du roman par son écriture qui recourt à des moyens techniques et matériels étrangers à l'écriture romanesque. Le roman, c'est la vision d'un enfant de quatorze ans qui raconte sa vie et rapporte, en tant que narrateur, les propos de tous les personnages de l'œuvre. Le film, au contraire, est une dramatisation dans laquelle les actions sont montrées plutôt que narrativisées.

Le scénario tel que l'a conçu Moshe Mizrahi retient les moments forts de l'action romanesque qui se prêtent le mieux à la représentation, tant sur le plan des émotions que sur celui de la narration. Toutefois, l'expression cinématographique ne rend pas toute la richesse de l'écrit. L'écriture filmique ne prend pas en compte la poésie, les images et les procédés ironiques caractéristiques de l'écriture romanesque et qui font sa valeur littéraire.

Rappelons que, dans le roman, Momo raconte son histoire à la première personne du singulier au lecteur et au couple Nadine-Ramon. Dans le film, ce n'est plus Momo qui raconte son histoire; celle-ci est montrée au spectateur avec des retours en arrière comme le permet le septième art. Cette technique cinématographique ne crée pas de distanciation, à cause du caractère réaliste des événements présentés à l'écran.

Parce que l'épisode du magnétophone est placé à la fin du film, le spectateur peut croire que Momo se trouve à la campagne chez le couple Nadine-Ramon, sa nouvelle famille, en train de raconter son histoire, celle-là même que le film présente au spectateur : la vie de madame Rosa et de Momo, de l'âge de 3 ans à celui de 14, moment de la mort de madame Rosa.

Le film présente de l'intérêt en ce qui concerne l'interprétation des comédiens. Nous en retiendrons quatre : madame Rosa, le docteur Katz, Momo et monsieur Yoûssef Kadir. Tout d'abord, soulignons la remarquable interprétation de Simone Signoret dans le rôle de madame Rosa. Sa sensibilité, son talent d'artiste, son imposante stature, la justesse du ton de sa voix, le regard, la mimique, tout dans sa personne amène le spectateur à croire au personnage. La violence et les silences, les soupirs de madame Rosa sont éloquents. On peut dire que cette actrice sauve le film de la banalité et l'empêche de sombrer dans le mélodrame. Elle est convaincante parce qu'elle est vraie.

Un deuxième comédien, Claude Dauphin, joue avec brio à ses côtés. C'est un comédien de grande renommée qui rend à merveille le rôle du docteur Katz, ce docteur sympathique et philanthrope qui soigne madame Rosa. Claude Dauphin joue avec naturel et retient l'attention du spectateur. Ses répliques bien senties et sa présence réconfortante pour Momo, entre autres, ajoutent de la crédibilité au personnage du roman. Claude Dauphin incarne bien ce personnage.

Le troisième comédien qui mérite une mention est sans aucun doute le jeune Samy Ben Youb qui interprète Momo. Malgré un ton pas toujours juste et un jeu plus ou moins convaincant, il n'en demeure pas moins, étant donné son jeune âge, qu'il réussit à passer la rampe. D'ailleurs, son rôle est difficile puisqu'il est présent du début du film jusqu'à la fin. Il faut quand même admettre que ce n'est pas facile pour ce jeune garçon de briller aux côtés de monstres sacrés comme Simone Signoret et Claude Dauphin. Enfin, signalons l'interprétation bien sentie de Mohammed Zineth interprétant monsieur Yoûssef Kadir, homme malade qui souffre d'un complexe de persécution.

9 Intertextualité

Le texte romanesque donne en quelque sorte à lire le texte de la culture. Il s'inscrit toujours dans une série qu'il continue et transforme, parodie ou reprend, enrichit. Semblablement, d'autres textes viennent après lui, qui le continuent et le transforment. Où l'on parlait autrefois d'influence, on parle plutôt ici d'intertextualité au sens large, c'est-à-dire que les textes présentés ici sont dans un rapport textuel et intertextuel avec le roman.

Nous proposons une dizaine de textes dans le prolongement de la lecture de *La Vie devant soi*. Ils sont groupés en trois ensembles : le premier comprend des extraits d'autres romans de Romain Gary; le second se réfère à des allusions, à des contenus du roman; le troisième donne à lire des extraits d'œuvres qui sont dans le prolongement du roman.

Œuvres de Romain Gary

1 : *Les Cerfs-volants*

Ludo, le narrateur des Cerfs-volants, *raconte son amour pour Lila, les souffrances de la séparation et de la guerre, et surtout le courage de son oncle et tuteur, Ambroise Fleury, qui exprime, dans ses cerfs-volants, sa fidélité à la France et à la liberté. Le Clos Joli est un restaurant que le propriétaire Duprat s'entête à laisser ouvert.*

Les Cerfs-volants

Ce fut pourtant durant cette période particulièrement dangereuse pour nous que mon oncle se laissa aller à un geste insensé. À la fin de juillet 1942, la nouvelle de la rafle du Vel' d'hiv' parvint à Cléry. Nous étions ce soir-là au Clos Joli : une de ces réunions autour d'une vieille bouteille à laquelle le maître du lieu invitait fréquemment son ami Ambroise Fleury. Parfois Duprat, qui avait de la plume, nous lisait un de ses poèmes en alexandrins. Mais ce soir-là, il paraissait d'humeur particulièrement sombre.

— Tu as entendu la nouvelle, Ambroise? La rafle du Vel' d'hiv'?

— Quelle rafle?

— Ils ont ramassé tous les Juifs et les ont déportés en Allemagne.

Mon oncle se taisait. Il n'y avait plus de cerf-volant auquel il aurait pu s'accrocher à ce moment-là. Duprat cogna du poing sur la table.

— Et les enfants aussi, gronda-t-il. Ils ont livré les enfants aussi. On ne les reverra jamais vivants.

Ambroise Fleury tenait un verre de vin à la main. Ce fut la seule fois dans ma vie où je vis sa main trembler.

— Alors, voilà. Je vais te dire, Ambroise. C'est un sale coup pour le Clos Joli. Tu me diras, qu'est-ce que ç'a à voir, mais ça a *tout* à voir. *Tout*. Merde. Il n'est pas possible pour un homme comme moi, qui se crève à préserver une certaine image de la France, d'accepter une chose pareille. Tu te rends compte? Des enfants qu'on envoie à la mort. Tu sais ce que je vais faire? Je vais fermer pour une semaine. Pour protester. Bien sûr je vais rouvrir ensuite, parce que rien ne ferait plus plaisir aux nazis que si je fermais pour toujours. Il y a longtemps qu'ils cherchent à me briser. Tout ce qu'ils veulent, c'est que la France renonce à être elle-même. Mais je ferme huit jours, c'est décidé. Il y a incompatibilité entre le Clos Joli et le fait de livrer des enfants aux Boches.

Personne n'avait encore jamais entendu Duprat prononcer le mot «Boches».

Mon oncle posa son verre sur la table et se leva. Son visage était devenu gris et parut avoir deux fois plus de rides. Nous roulâmes dans la nuit sur nos vélos grinçants. Il y avait une belle lune. Devant la maison, il me laissa sans un mot et s'enferma dans son atelier. Je n'ai pas pu dormir. Je comprenais soudain qu'on se servait beaucoup des Allemands et même des nazis pour se couvrir. Une idée était venue depuis longtemps se loger dans mon esprit dont j'ai eu beaucoup de mal à me débarrasser par la suite et peut-être ne m'en suis-je jamais débarrassé entièrement. Les nazis étaient *humains*. Et ce qu'il y avait d'humain en eux, c'était leur inhumanité.

Je quittai la Motte à quatre heures du matin : je devais aller à Ronce, voir Soubabère, repérer avec lui sur la carte les nouveaux terrains d'atterrissage. Et aussi faire prévenir les camarades d'éviter la Motte, pendant quelque temps. En quittant la maison, je vis que la lumière brûlait toujours dans l'atelier. Je me dis non sans irritation qu'il fallait être un Français vraiment têtu pour assembler des cerfs-volants à une heure d'une telle bassesse. Les enfants ont toujours été leurs meilleurs amis. Il me semblait que si Ambroise Fleury s'avisait de faire monter à une heure pareille son Montaigne ou son Pascal dans le ciel, le ciel le lui recracherait dans la gueule.

Je revins à la maison le surlendemain vers onze heures du matin. Je fis les derniers kilomètres à pied, en poussant ma bicyclette. J'avais déjà rafistolé chaque pneu une dizaine de fois et il fallait ménager les restes. J'étais arrivé au lieu-dit du Petit Passage, là où il y a maintenant une stèle à la mémoire de Jean Vigot, seize ans, qui avait été pris par les miliciens les armes à la main, après le débarquement, et fusillé sur place. Je m'arrêtai pour allumer une cigarette mais elle me tomba des lèvres.

Il y avait sept cerfs-volants dans le ciel au-dessus de la Motte. Sept cerfs-volants jaunes. Sept cerfs-volants en forme d'étoiles juives.

Je lâchai mon vélo et me mis à courir. Dans le pré devant la baraque, mon oncle Ambroise se tenait entouré de quelques gosses de Clos, les yeux levés vers le ciel où flottaient les sept étoiles de la honte. Les mâchoires serrées, les sourcils froncés, la gueule dure entre ses cheveux gris en brosse et sa moustache, il ressemblait, le vieux, à une figure de proue qui aurait perdu son navire. Les enfants, cinq garçons et une fillette, et je les connaissais tous, les Fournier, les Blanc et les Bossis, avaient des visages graves.

Je murmurai :

— Ils vont venir...

Mais ce furent les autres qui vinrent d'abord. Oh, pas nombreux : les Cailleux, les Monnier et le père Simon, qui fut le premier à ôter sa casquette.

Mon oncle fut embarqué dans la soirée et ils le gardèrent quinze jours. Ce fut Marcellin Duprat qui le tira de là. Nous étions timbrés, nous autres, les Fleury, de père en fils, c'était connu, leur expliqua-t-il. Une folie héréditaire. C'est ce qu'on appelait autrefois «le mal français», ça venait de loin. Il ne fallait pas nous prendre au sérieux, ou alors on risquait d'en faire, du sérieux. Duprat fit tirer toutes les ficelles, et il en connaissait, d'Otto Abetz à Fernand de Brinon. Le lendemain de l'arrestation, la Citroën de Grüber s'arrêta devant la maison, suivie d'un camion de soldats. Ils jetèrent en vrac tous les cerfs-volants dans le pré et y mirent le feu. Grüber, les mains derrière le dos, regardait flamber ce que de vieilles mains françaises avaient si amoureusement assemblé.

La Motte fut fouillée comme jamais auparavant. Grüber avait reconnu l'ennemi. Il s'y mit lui-même, fourrant le nez partout, comme s'il se fût agi de quelque chose de palpable, de matériel, que l'on pouvait détruire.

Mon oncle fut libéré un dimanche et ramené à la Motte par Marcellin Duprat. Ses premiers mots, lorsqu'il vit l'atelier vide, toutes ses pièces parties en fumée, furent :

— On se remet au travail.

Le premier cerf-volant qu'il assembla représentait un village sur fond de montagnes, entouré d'une carte de France qui permettait de le situer. Le nom du village était Le Chambon-sur-Lignon, dans les Cévennes. Mon oncle ne m'expliqua pas pourquoi il avait choisi ce village plutôt qu'un autre. Il se borna à me dire :

— Le Chambon. Retiens ce nom.

Je n'y comprenais rien. Pourquoi s'intéressait-il à ce village, où il n'avait sans doute jamais mis les pieds et pourquoi faisait-il monter dans le ciel le cerf-volant Le Chambon-sur-Lignon, le suivant du regard avec une telle fierté? J'insistai. Tout ce que j'obtins de lui fut :

— J'en ai entendu parler en prison.

Mon étonnement ne faisait que commencer. Quelques semaines plus tard, après avoir reconstitué quelques-unes de ses pièces historiques, mon oncle m'annonçait qu'il quittait Clos.

— Où voulez-vous aller?

— Au Chambon. Ainsi que je te l'ai dit, c'est dans les Cévennes.

— Sacré nom de nom, qu'est-ce que c'est que cette histoire? Pourquoi Le Chambon? Pourquoi les Cévennes?

Il sourit. Il y avait maintenant autant de rides sur son visage que de poils dans sa moustache.

— Parce qu'ils ont besoin de moi, là-bas.

Le soir, après la soupe, il m'embrassa.

— Je pars très tôt le matin. Ne laisse pas tomber, Ludo.

— Soyez tranquille.

— Elle reviendra. Il faudra beaucoup lui pardonner.

Je ne savais pas s'il parlait de Lila ou de la France.

Lorsque je me suis réveillé, il n'était plus là. Sur la table de l'atelier, il m'avait laissé un mot : «*Ne la laisse pas tomber.*»

Il avait emporté sa boîte à outils.

Ce fut seulement quelques mois avant le débarquement allié que je connus la réponse à la question que je ne cessai de me poser : Pourquoi Le Chambon? Pourquoi Ambroise Fleury nous avait-il

202

quittés, pour aller là-bas, dans ce village des Cévennes, avec sa boîte à outils?

Le Chambon-sur-Lignon était ce village qui, sous l'égide du pasteur André Trocmé, de sa femme Magda et avec l'aide de toute la population, avait sauvé de la déportation plusieurs centaines d'enfants juifs. Toute la vie du Chambon fut vouée pendant quatre ans à cette tâche. Et que j'écrive encore une fois ces noms de haute fidélité : Le Chambon-sur-Lignon et ses habitants, et s'il y a aujourd'hui oubli en la matière, que l'on sache que nous, les Fleury, nous avons toujours été des prodiges de la mémoire, et que je récite leurs noms souvent, sans en oublier un seul, puisqu'on dit que le cœur a besoin d'exercice.

Mais j'ignorais tout cela lorsque je reçus du Chambon une photo de mon oncle, un cerf-volant à la main, entouré d'enfants, avec au dos ces mots «Tout va bien *ici*». *Ici* était souligné.

GARY, R. (1980-1990). *Les Cerfs-volants*, Paris :
Folio Gallimard, n° 1467, p. 277-282.

2 : *L'Angoisse du roi Salomon*

Dans L'Angoisse du roi Salomon, *roman d'Émile Ajar/Romain Gary très proche de* La Vie devant soi *par l'écriture et le sujet, Jeannot le narrateur, sorte de Momo vieilli de dix ans, essaie de rapprocher le vieux Salomon Rubinstein et mademoiselle Cora, séparés depuis la guerre. Le vieux Juif ne pardonne pas à Cora de l'avoir laissé seul dans sa cachette durant toute la guerre; Cora voudrait que ce soit ce dernier qui fasse les premiers pas.*

L'Angoisse du roi Salomon

— Mademoiselle Cora, faites ça pour nous, faites ça pour nous tous. On a besoin d'un peu d'humanité, mademoiselle Cora. Écrivez quelque chose de joli. Faites ça pour la gentillesse, pour la sympathie, faites ça pour les fleurs. Que ce soit un rayon de soleil dans sa vie, nom de Dieu. Il y en a ras le bol de vos vieilles putes de chansons réalistes, mademoiselle Cora, faites-nous quelque chose de bleu et de rose, je vous jure qu'on en a besoin! Un susucre, mademoiselle Cora, un susucre à la vie, elle a besoin de quelque chose de doux, pour changer. À votre bon cœur, mademoiselle Cora. Écrivez-lui quelque chose comme au temps des cerises, comme si c'était encore possible. Que vous ne pouvez plus, sans lui, et que le remords vous rongeait depuis trente-cinq ans, et que tout ce que vous demandez avant de mourir, c'est qu'il vous pardonne! Mademoiselle Cora, c'est un très vieil homme, il a besoin de quelque chose de joli. Donnez-lui un peu de joie au cœur, un peu de tendresse, merde. Mademoiselle Cora, faites-le pour les chansons, faites ça pour la vieillesse heureuse, faites ça pour nous, faites ça pour lui, et faites ça...

Et c'est là que j'ai eu cette idée géniale :

— Faites ça pour les Juifs, mademoiselle Cora.

Alors là ça lui a fait le meilleur effet. Tout son petit visage est parti en capilotade, ça s'est froissé, ça s'est ridé, ça s'est fripé et elle a commencé à sangloter et à se fourrer le poing dans les yeux.

C'était l'ouverture.

— Faites ça pour Israël, mademoiselle Cora.

Elle se cachait le visage dans les mains et alors là, quand on ne le voyait pas en entier, elle était vraiment comme une fillette, fillette, dans cette chanson qu'elle avait chantée au *Slush*. *Si tu t'imagines Fillette, fillette Si tu t'imagines Qu'ça va qu'ça va qu'ça...* Je ne me souvenais plus. J'étais claqué, j'avais envie de me lever et de tout changer, de prendre les choses en main et de sauver le monde, du début jusqu'à la fin, en réparant tout depuis le début qui a été mal fait jusqu'à présent et qui n'a pas été sans causer des torts, et de revoir tout ça en détail, en bricolant des améliorations, de revoir tout en détail, tous les douze volumes de l'Histoire universelle et de les sauver tous jusqu'au dernier des goélands. Ça ne pouvait pas durer dans l'état où ça se trouvait. J'allais retrousser mes manches de bricoleur et je reprendrais ça depuis le début et je répondrais à tous les S.O.S. qui se sont perdus dans la nature depuis les tout premiers et je les dédommagerais avec ma générosité proverbiale et leur rendrais justice et je serais le roi Salomon, le vrai, pas le roi du pantalon et du prêt-à-porter ni celui qui coupe les enfants en deux, mais le vrai, le vrai roi Salomon, là-haut où ça manque de roi Salomon comme c'est pas permis et à tous égards et je prendrais les choses en main et je ferais pleuvoir sur leurs têtes mes bienfaisances et mon salut public.

— Mademoiselle Cora! Écrivez-lui des mots d'amour! Faites ça pour l'amour, faites ça pour l'humanité! On peut pas, sans ça. Il faut de l'humanité pour vivre! Je sais que vous avez raison d'être vache avec lui après tout ce qu'il vous a fait en restant quatre ans dans cette cave comme un vivant reproche, mais ce n'est même pas gentil pour les vaches d'être vache à ce point. Merde, il va finir par croire que vous êtes antisémite!

— Ah non, alors! dit mademoiselle Cora. Si j'étais antisémite, je n'aurais eu qu'un mot à dire... et il n'aurait pas passé quatre ans dans une cave, crois-moi! Même quand c'était légal et bien vu et qu'ils ont fait cette rafle au Vel' d'hiv', pour envoyer les derniers Juifs en Allemagne, je n'ai rien dit.

— Mademoiselle Cora, écrivez! Adoucissez ses derniers jours et les vôtres aussi! Vous ne savez même pas à quel point vous avez besoin de douceur, tous les deux! Écrivez, cher monsieur Salomon, puisqu'il n'y a rien à faire et que vous ne voulez pas de moi à titre définitif, je soussignée Cora Lamenaire, mets fin à mes jours! Signé et daté d'avant-hier, parce qu'il est méfiant. Mademoiselle Cora, écrivez pour que ça finisse avec le sourire, entre vous deux!

Mais il n'y eut rien à faire.

— Je ne peux pas. J'ai ma fierté de femme. S'il veut que je lui pardonne, il n'a qu'à venir s'excuser. Qu'il m'apporte des fleurs, qu'il me baise la main comme il sait le faire et qu'il dise, Cora, pardonnez-moi, j'ai été dur, injuste et impardonnable et je le regrette amèrement et je serais heureux si vous me repreniez et si vous acceptiez de vivre avec moi à Nice dans un appartement avec vue sur la mer!

AJAR, É. (1979). *L'Angoisse du roi Salomon*, Paris : Mercure de France, p. 332-334.

3 : L'humour

Les deux textes qu'on va lire jettent un éclairage sur l'écriture de Romain Gary. Le premier, tiré de La Promesse de l'aube, *explique les ressources de l'humour. Le second, extrait de la note de l'auteur en tête des* Clowns lyriques, *précise, in extremis (nous sommes en 1979), comment il faut entendre son ironie et son humour.*

La Promesse de l'aube

Toutes ces mésaventures firent que je m'enfermais de plus en plus dans ma chambre et que je me mis à écrire pour de bon. Attaqué par le réel sur tous les fronts, refoulé de toutes parts, me heurtant partout à mes limites, je pris l'habitude de me réfugier dans un monde imaginaire et à y vivre, à travers les personnages que j'inventais, une vie pleine de sens, de justice et de compassion. Instinctivement, sans influence littéraire apparente, je découvris l'humour, cette façon habile et entièrement satisfaisante de désamorcer le réel au moment même où il va vous tomber dessus. L'humour a été pour moi, tout le long du chemin, un fraternel compagnonnage; je lui dois mes seuls instants véritables de triomphe sur l'adversité. Personne n'est jamais parvenu à m'arracher cette arme, et je la retourne d'autant plus volontiers contre moi-même, qu'à travers le «je» et le «moi», c'est à notre condition profonde que j'en ai. L'humour est une déclaration de dignité, une affirmation de la supériorité de l'homme sur ce qui lui arrive. Certains de mes «amis», qui en sont totalement dépourvus, s'attristent de me voir, dans mes écrits, dans mes propos, tourner contre moi-même cette arme essentielle; ils parlent, ces renseignés, de masochisme, de haine de soi-même, ou même, lorsque je mêle à ces jeux libérateurs ceux qui me sont proches, d'exhibitionnisme et de muflerie. Je les plains. La réalité est que «je» n'existe pas, que le «moi» n'est jamais visé, mais seulement franchi, lorsque je tourne contre lui mon arme préférée; c'est à la situation humaine que je m'en prends, à travers toutes ses incarnations éphémères, c'est à une condition qui nous fut imposée de l'extérieur, à une loi qui nous fut dictée par des forces obscures comme une quelconque loi de Nuremberg. Dans les rapports humains, ce malentendu fut pour moi une source constante de solitude, car, rien ne vous isole plus que de tendre la main fraternelle de l'humour à ceux qui, à cet égard, sont plus manchots que les pingouins.

GARY, R. (1966-1980). *La Promesse de l'aube*, Édition définitive, Paris : Gallimard, p. 160-161.

Les Clowns lyriques

Je tiens cependant à mettre en garde le lecteur peu familiarisé avec mon genre de drôlerie : je demeure entièrement fidèle aux aspirations que je moque et agresse dans mes livres afin de mieux en éprouver la constance et la solidité. Depuis que j'écris, l'ironie et l'humour ont toujours été pour moi une mise à l'essai de l'authenticité des valeurs, une épreuve par le feu à laquelle un croyant soumet sa foi essentielle, afin qu'elle en sorte plus souriante, plus sûre d'elle-même, plus souveraine.

GARY, R. (1979-1990). *Les Clowns lyriques*, «Note de l'auteur», Paris : Folio Gallimard, n° 2084, p. 11.

Allusions

4 : *Le Coran*

Le Coran, auquel il est souvent fait allusion dans le roman, est le livre sacré des musulmans, l'équivalent de la Bible pour les chrétiens, un livre sacré, un livre inspiré. Pour monsieur Hamil, seul peut-être *Les Misérables*, le roman de Victor Hugo, pourrait lui être comparé.

Le Coran

Sourate 3

Sourate de la Famille d'Imran

Au nom d'Allâh, Le Très Miséricordieux, Le Compatissant.

1. Elif, Lâm Mîm. Allâh! Il n'y a pas de Dieu, si ce n'est Lui, Le Vivant, qui existe par Soi-même.

2. Il t'a révélé, le Livre de vérité, confirmant ce qui était avant lui. Il a révélé auparavant la Loi et l'Évangile, guides pour les hommes; puis Il a révélé la distinction entre le bien et le mal.

3. En vérité, ceux qui ne croient pas aux signes d'Allâh, à eux (est réservé) un châtiment terrible. Car Allâh est puissant; Il est Le Maître de la vengeance.

4. En vérité, Allâh! Rien ne lui est caché sur la terre et dans les cieux. C'est Lui qui vous forme dans le sein (maternel), comme Il (le) veut. Il n'y pas de Dieu si ce n'est Lui, Le Puissant, Le Sage.

5. C'est Lui qui t'a révélé le Livre. Il contient des versets précis qui sont la mère du Livre et d'autres obscurs. Quant à ceux, dans le cœur desquels est le doute, ils suivent ce qui est ambigu (dans le Livre), par désir de désordre et par désir d'interprétation (personnelle). (Mais) personne ne connaît son interprétation, si ce n'est Allâh. (Mais) ceux qui sont fermes dans la connaissance disent : «Nous croyons en lui; tout y est de notre Seigneur.» Ne se souviendront (de cela) que ceux qui sont doués d'intelligence.

6. Ô notre Seigneur! Ne détourne pas nos cœurs de la voie droite, après nous (y) avoir guidés, et donne-nous de Ta part la Miséricorde; car, en vérité, c'est Toi qui es Le Donneur (par excellence).

7. Ô notre Seigneur! C'est Toi, en vérité, qui rassembleras les hommes au jour, au sujet duquel il n'y a pas de doute. En vérité, Allâh ne renie pas (Sa) promesse. [...]

16. Allâh rend témoignage Lui-même qu'il n'y a pas de Dieu si ce n'est Lui. Et les anges et ceux qui possèdent la science et qui se

dressent pour la justice (témoignent) qu'il n'y a pas de Dieu si ce n'est Lui, Le Puissant, Le Sage.

Le Coran, sourate 2, v. 1-7 et 16, Paris, Payot, p. 127-129.

5 : *Les Misérables*

Non sans humour, surtout dans la bouche d'un enfant, mais vraisemblablement aussi, non sans profondeur, Momo dit à monsieur Hamil qu'il écrira un jour les misérables (p. 85). Cette simple allusion au roman de Victor Hugo, magnifié dans La Vie devant soi et placé à côté du Coran par monsieur Hamil, est comme une clef de lecture de l'histoire de Momo. C'est vrai que, comme Hugo, Gary a donné la voix aux misérables, à ces «paumés» de Belleville qui montrent tant d'humanité. L'extrait proposé met en scène le personnage de Gavroche, une des plus célèbres créations littéraires de Hugo, le gamin, le «titi» de Paris. La scène se passe en 1832, en pleine insurrection.

Les Misérables

En ce moment un enfant déguenillé qui descendait par la rue Ménilmontant, tenant à la main une branche de faux ébénier en fleurs qu'il venait de cueillir sur les hauteurs de Belleville, avisa dans la devanture de boutique d'une marchande de bric-à-brac un vieux pistolet d'arçon. Il jeta sa branche fleurie sur le pavé, et cria :

— Mère Chose, je vous emprunte votre machin.

Et il se sauva avec le pistolet.

Deux minutes après, un flot de bourgeois épouvantés qui s'enfuyait par la rue Amelot et la rue Basse, rencontra l'enfant qui brandissait son pistolet et qui chantait :

La nuit on ne voit rien,
Le jour on voit très bien,
D'un écrit apocryphe
Le bourgeois s'ébouriffe,
Pratiquez la vertu,
Tutu chapeau pointu!

C'était le petit Gavroche qui s'en allait en guerre.

Sur le boulevard il s'aperçut que le pistolet n'avait pas de chien.

De qui était ce couplet qui lui servait à ponctuer sa marche, et toutes les autres chansons que, dans l'occasion, il chantait volontiers? nous l'ignorons. Qui sait? de lui peut-être. Gavroche d'ailleurs était au courant de tout le fredonnement populaire en circulation, et il y mêlait son propre gazouillement. Farfadet et galopin, il faisait un pot-pourri des voix de la nature et des voix de Paris. Il combinait le répertoire des oiseaux avec le répertoire des ateliers. Il connaissait des rapins, tribu contiguë à la sienne. Il avait, à ce qu'il paraît, été trois mois apprenti imprimeur. Il avait fait un jour une commission pour monsieur Baour-Lormian, l'un des quarante. Gavroche était un gamin de lettres. [...]

Cependant, il était parvenu, son pistolet au poing, rue du Pont-aux-Choux. Il remarqua qu'il n'y avait plus, dans cette rue, qu'une boutique ouverte, et, chose digne de réflexion, une boutique de pâtissier. C'était une occasion providentielle de manger encore un chausson aux pommes avant d'entrer dans l'inconnu. Gavroche s'arrêta, tâta ses flancs, fouilla son gousset, retourna ses poches, n'y trouva rien, pas un sou, et se mit à crier : Au secours!

Il est dur de manquer le gâteau suprême.

Gavroche n'en continua pas moins son chemin.

Deux minutes après, il était rue Saint-Louis. En traversant la rue du Parc-Royal il sentit le besoin de se dédommager du chausson aux pommes impossible, et il se donna l'immense volupté de déchirer en plein jour les affiches de spectacles.

Un peu plus loin, voyant passer un groupe d'êtres bien portants qui lui parurent des propriétaires, il haussa les épaules et cracha au hasard devant lui cette gorgée de bile philosophique :

— Ces rentiers, comme c'est gras! Ça se gave. Ça patauge dans les bons dîners. Demandez-leur ce qu'ils font de leur argent. Ils n'en savent rien. Ils le mangent, quoi! Autant en emporte le ventre.

L'agitation d'un pistolet sans chien qu'on tient à la main en pleine rue est une telle fonction publique que Gavroche sentait croître sa verve à chaque pas. Il criait, parmi des bribes de la *Marseillaise* qu'il chantait :

— Tout va bien. Je souffre beaucoup de la patte gauche, je me suis cassé mon rhumatisme, mais je suis content, citoyens. Les bourgeois n'ont qu'à se bien tenir, je vas leur éternuer des couplets subversifs. Qu'est-ce que c'est que les mouchards? c'est des chiens. Nom d'unch! ne manquons pas de respect aux chiens. Avec ça que je voudrais bien en avoir un à mon pistolet. Je viens du boulevard, mes amis, ça chauffe, ça jette un petit bouillon, ça mijote! Il est temps d'écumer le pot. En avant les hommes! qu'un sang impur inonde les

sillons! Je donne mes jours pour la patrie, je ne reverrai plus ma con-
cubine, n-i-ni, fini, oui, Nini! mais c'est égal, vive la joie! Battons-
nous, crebleu! j'en ai assez du despotisme.

Hugo, V. (1862-1959). *Les Misérables*, Lausanne : Éditions
Rencontre, Tome VI, p. 456-459.

6 : Waterloo! Waterloo! morne plaine!

*Le célèbre vers de Victor Hugo «Waterloo! Waterloo! Waterloo! morne
plaine!», récité par monsieur Hamil en pleine mosquée (p. 61), renvoie
certes au poème L'Expiation, mais laisse songeur quand on sait que son
sens est le suivant : la défaite de Moscou — qu'on pense au colonel
Chabert, laissé pour mort à Eylau —, la bataille de Waterloo, la captivité
à Sainte-Hélène ne sont rien à comparer au châtiment suprême : le coup
d'État de Napoléon III, en expiation du coup d'État de Napoléon, le
fameux coup d'État du 18 Brumaire par lequel Bonaparte renversa le
régime du Directoire.*

*Le texte qu'on va lire raconte la déroute de Waterloo. Napoléon aurait
perdu la bataille de Waterloo notamment parce que le général Grouchy
— qui devait poursuivre les Prussiens qui étaient sous le commandement
de Blücher — ne réussit pas à les empêcher de faire leur liaison avec les
troupes de Wellington.*

L'Expiation

Waterloo! Waterloo! Waterloo! morne plaine!
Comme une onde qui bout dans une urne trop pleine,
Dans ton cirque de bois, de coteaux, de vallons,
La pâle mort mêlait les sombres bataillons.
D'un côté c'est l'Europe et de l'autre la France.
Choc sanglant! des héros Dieu trompait l'espérance;
Tu désertais, victoire, et le sort était las.
O Waterloo! je pleure et je m'arrête, hélas!
Car ces derniers soldats de la dernière guerre
Furent grands; ils avaient vaincu toute la terre,
Chassé vingt rois, passé les Alpes et le Rhin,
Et leur âme chantait dans les clairons d'airain!

Le soir tombait; la lutte était ardente et noire.
Il avait l'offensive et presque la victoire;
Il tenait Wellington acculé sur un bois.
Sa lunette à la main, il observait parfois
Le centre du combat, point obscur où tressaille

La mêlée, effroyable et vivante broussaille,
Et parfois l'horizon, sombre comme la mer.
Soudain, joyeux, il dit : Grouchy! — C'était Blücher.
L'espoir changea de camp, le combat changea d'âme,
La mêlée en hurlant grandit comme une flamme.
La batterie anglaise écrasa nos carrés.
La plaine où frissonnaient les drapeaux déchirés,
Ne fut plus, dans les cris des mourants qu'on égorge,
Qu'un gouffre flamboyant, rouge comme une forge;
Gouffre où les régiments, comme des pans de murs,
Tombaient, où se couchaient comme des épis mûrs
Les hauts tambours-majors aux panaches énormes,
Où l'on entrevoyait des blessures difformes!
Carnage affreux! moment fatal! l'homme inquiet
Sentit que la bataille entre ses mains pliait.
Derrière un mamelon la garde était massée.
La garde, espoir suprême et suprême pensée!
— Allons! faites donner la garde, cria-t-il! —
Et Lanciers, Grenadiers aux guêtres de coutil,
Dragons que Rome eût pris pour des légionnaires,
Cuirassiers, Canonniers qui traînaient des tonnerres,
Portant le noir colback[1] ou le casque poli,
Tous, ceux de Friedland et ceux de Rivoli,
Comprenant qu'ils allaient mourir dans cette fête,
Saluèrent leur dieu, debout dans la tempête.
Leur bouche, d'un seul cri, dit : vive l'empereur!
Puis, à pas lents, musique en tête, sans fureur,
Tranquille, souriant à la mitraille anglaise,
La garde impériale entra dans la fournaise.
Hélas! Napoléon, sur sa garde penché,
Regardait, et, sitôt qu'ils avaient débouché
Sous les sombres canons crachant des jets de soufre,
Voyait, l'un après l'autre, en cet horrible gouffre,
Fondre ces régiments de granit et d'acier
Comme fond une cire au souffle d'un brasier.
Ils allaient, l'arme au bras, front haut, graves, stoïques.
Pas un ne recula. Dormez, morts héroïques!
Le reste de l'armée hésitait sur leurs corps
Et regardait mourir la garde. — C'est alors

---

1. Ancienne coiffure militaire.

Qu'élevant tout à coup sa voix désespérée,
La Déroute, géante à la face effarée,
Qui, pâle, épouvantant les plus fiers bataillons,
Changeant subitement les drapeaux en haillons,
À de certains moments, spectre fait de fumées,
Se lève grandissante au milieu des armées,
La Déroute apparut au soldat qui s'émeut,
Et, se tordant les bras, cria : Sauve qui peut!
Sauve qui peut! affront! horreur! toutes les bouches
Criaient; à travers champs, fous, éperdus, farouches,
Comme si quelque souffle avait passé sur eux,
Parmi les lourds caissons et les fourgons poudreux,
Roulant dans les fossés, se cachant dans les seigles,
Jetant schakos[2] , manteaux, fusils, jetant les aigles,
Sous les sabres prussiens, ces vétérans, ô deuil!
Tremblaient, hurlaient, pleuraient, couraient! — En un clin d'œil,
Comme s'envole au vent une paille enflammée,
S'évanouit ce bruit qui fut la grande armée,
Et cette plaine, hélas, où l'on rêve aujourd'hui,
Vit fuir ceux devant qui l'univers avait fui!
Quarante ans sont passés, et ce coin de la terre,
Waterloo, ce plateau funèbre et solitaire,
Ce champ sinistre où Dieu mêla tant de néants,
Tremble encor d'avoir vu la fuite des géants!

Napoléon les vit s'écouler comme un fleuve;
Hommes, chevaux, tambours, drapeaux; — et dans l'épreuve
Sentant confusément revenir son remords,
Levant les mains au ciel, il dit : — mes soldats morts,
Moi vaincu! mon empire est brisé comme verre.
Est-ce le châtiment cette fois, Dieu sévère? —
Alors parmi les cris, les rumeurs, le canon,
Il entendit la voix qui lui répondait : Non!

HUGO, V. (1853-1967). «L'Expiation», *Les Châtiments*, Paris : «Bibliothèque de la Pléiade», *Œuvres poétiques*, tome II, p. 137-140.

---

2. Coiffures militaires.

7 : *Tanguy*

L'extrait qu'on va lire de Tanguy, *le roman de Michel del Castillo, racon-te un épisode auquel fait souvent allusion madame Rosa : la fameuse rafle du Vel' d'hiv de 1942. En effet, en 1942, plusieurs milliers de Juifs furent rassemblés dans le Vélodrome d'hiver de Paris avant d'être envoyés dans les camps de concentration nazis.*

La scène raconte la rencontre du jeune héros, Tanguy, avec un petit Juif : Guy. Ce dernier mourra quelques jours plus tard. Tanguy, pour sa part, restera interné jusqu'en 1945, parce que sa mère, Espagnole, avait été dénoncée comme activiste politique, par son père, d'origine française.

Tanguy

Le détenus furent conduits au Vélodrome d'hiver. Là, des centaines, des milliers peut-être de prisonniers attendaient, couchés sur la paille. La plupart d'entre eux portaient cette étoile jaune avec, dessus, en lettres noires, le mot «juif». Tanguy ne les regarda pas. Il baissa la tête et alla rejoindre le groupe des enfants. Il y en avait environ une cinquantaine, entre six et quatorze ans. Ils étaient tous «juifs».

Tanguy s'assit par terre, sur la paille. Il avait froid. La fatigue, qu'il n'avait pas ressentie jusque-là, envahissait ses membres. Ses forces le lâchaient. Comme des ressorts trop longtemps comprimés ses nerfs se détendaient. Les larmes luttaient pour sortir. Un garçonnet d'en-viron sept ans, qui était assis à côté de lui, le regarda avec gentillesse. Tanguy lui rendit ce regard et chercha à esquisser un sourire. Mais les sanglots l'étouffaient. Il ne pleurait pourtant pas.

Tout ce qu'il n'avait encore qu'à demi compris lui apparut brusquement : qu'il était définitivement seul, qu'il allait être traité en homme, qu'il avait cessé d'être un enfant. Une lassitude extrême s'emparait de lui. «... Il ne peuvent pas m'emmener, se dit-il. Ils n'ont pas le droit... Je ne suis pas juif; je ne suis même pas français... Je suis espagnol... Je le leur dirai et ils me comprendront. Il y a sûrement une erreur. Je parlerai avec un supérieur... C'est la faute de l'Admi-nistration...»

— Tu n'es pas juif? C'était le garçonnet qui avait regardé Tanguy qui lui posait cette question. C'était un petit garçon brun, aux cheveux longs, aux yeux fiévreux, aux lèvres épaisses. Il avait le nez droit. Tanguy en fut étonné, car il s'imaginait que les «Juifs» avaient tous des nez busqués et très gros.

— Non, répondit Tanguy.

— Pourquoi es-tu ici alors?

Tanguy ne trouva rien à dire. Alors :

— C'est une erreur, balbutia-t-il.

Le petit Juif le dévisagea avec intérêt. Tanguy rougit. Mais il n'avait rien trouvé d'autre à dire, car il ne savait pas pourquoi il était là.

— Comment t'appelles-tu? demanda Tanguy.

— Guy. Et toi?

— Moi, j'ai ton prénom dans mon prénom : Tan-guy.

Guy esquissa un sourire. Il prit la main de Tanguy et la balança dans la sienne. Tanguy chercha encore à sourire. Il n'y parvint pas. Il ne pouvait presque pas parler tant son angoisse étreignait sa poitrine.

— Guy, sais-tu ce qu'ils vont faire de nous?

— Ils nous emmènent.

— Où cela?

— En Allemagne. Ils nous emmènent dans des camps.

Tanguy jeta un regard désespéré à l'enfant. Ce dernier ne se rendait pas compte de ce qui lui arrivait. Il disait cela du même ton qu'il aurait dit : «Allons jouer.»

— Comment le sais-tu? interrogea Tanguy.

— C'est mon père qui l'a dit. Il est là-bas, avec les grandes personnes. Ma mère aussi est là-bas. Et ma tante... Ils nous emmènent tous.

Tanguy n'eut plus la force d'en apprendre davantage. Il se coucha sur la paille. La nuit était tout à fait venue. Sur un grand mur blanc l'ombre d'une sentinelle se dessinait, qui allait et venait. Çà et là l'on entendait quelques chuchotements, quelques reniflements, des sanglots aussi.

Tanguy sortit de sa poche la photographie de sa mère. Il se dit qu'il ne la reverrait peut-être jamais. Il eut plus mal encore. Maintenant, il pouvait pleurer. Il pleurait si fort qu'il croyait que quelque chose se déchirait de sa chair. Il embrassa la photographie, «Maman... ma petite Maman... murmura-t-il... Tu sais que je n'ai rien fait. Je ne veux pas qu'on m'emmène... Je ne veux pas aller dans un camp. Maman!...» Petit à petit ses larmes tarirent. Il ne trouvait plus la force de pleurer. Il tremblait. De longs frissons parcouraient son corps. Ses cheveux lui faisaient mal. Il essaya de dormir, mais ne le put. Toute la nuit, il resta seul face à sa douleur et à l'ombre de cette sentinelle qui, sur le mur blanc, allait et venait. Autour de lui, tout était silence.

CASTILLO, M. del (1959-1974). *Tanguy*, Paris : J'ai lu, n° 165, p. 49-52.

Prolongements

8 : *Le Petit Prince de Belleville*

Le Petit Prince de Belleville *de Calixthe Beyala doit beaucoup à* La Vie devant soi. *Il raconte la vie d'un petit Français noir de Belleville qui apprend, un jour, que sa mère, celle qu'il appelle depuis toujours «M'am», n'est pas sa mère. Il finira par connaître sa vraie mère et, à l'africaine, pourrait-on dire, il continuera à aimer celle qui l'a élevé.*

Le Petit Prince de Belleville

Je dors, je me réveille. Je dors, je me réveille encore, je me rendors, je me réveille toujours. C'est vrai quoi, j'arrive pas à dormir vraiment. Je travaille toute la journée. Je lis, Je nage. Je fabrique des bracelets. Mais j'arrive pas à m'endormir. Je fais le truc de compter des moutons, ça marche pas non plus. Je fais venir Superman. Superman, c'est le chien que je m'ai fabriqué dans la tête quand M'am a dit que «quand y a pas de quoi nourrir des hommes, y a rien pour gaver le chien». Superman me lèche la figure comme ça avec sa langue, mais bon Dieu, ça marche pas non plus. Alors, je reste éveillé jusqu'à ce que M'am dise : «Ça coûte cher, la lumière.» Alors j'éteins. Mais je dors toujours pas. Peut-être bien que j'ai fait quéque chose que le bon Dieu il me punit. Alors, je réfléchis : ouais, c'est à M'am que j'ai fait de la peine.

Je me lève. C'est rudement tranquille. Tellement tranquille qu'on s'entend respirer. Moi, ça me plaît bien; ça change des bruits de Paris dans la journée. Dans la rue, il y a un chien qui marche tout seul en plantant son nez dans le goudron.

— Quéqu'il y a? Tu dors pas? M'am demande.

— J'ai pas envie.

— T'es malade?

Je dis que non. Elle fronce les sourcils puis elle dit :

— Quand un homme dort pas, c'est la conscience.

— Ouais.

— Mmmm, je vois.

Je vois dedans ses yeux qu'elle voit, qu'elle a déjà tout vu et qu'elle connaît les mêmes tracasseries et qu'elle réfléchit aussi.

— J'ai vraiment honte, M'am. J'ai pensé du mal de toi et d'autres personnes aussi, parce que t'es pas ma maman.

— Ça me fait aucun plaisir, Loukoum.

— Où elle est ma maman?

— J'en sais rien. Je l'ai jamais vue.

— Et t'as jamais eu des nouvelles?

— Non.

— Elle doit être morte.

— Va donc parler à ton papa, elle me donne comme conseil. C'est quand même ton papa. Il aura bien quéques idées là-dessus.

— Je t'aime, M'am.

Elle a souri, puis elle a porté les mains à son visage.

BEYALA, C. (1992). *Le Petit Prince de Belleville*, Paris : Albin Michel, p. 82-83.

9 : *Mondo*

Mondo, *la nouvelle de Jean-Marie (Gustave) Le Clézio, doit probablement beaucoup à* La Vie devant soi. *Le héros, Mondo, est un jeune étranger qui se promène dans la ville en demandant :* «Voulez-vous m'adopter?» *La scène qu'on va lire nous semble une adaptation du roman de Gary/Ajar. À vous de juger!*

Mondo

Sur la place du marché, il n'y avait pas grand monde. Les gens allaient à la messe par petits groupes, ou bien se promenaient vers la mer. C'était les jours de fête que Mondo aurait bien voulu rencontrer quelqu'un pour lui demander :

«Est-ce que vous voulez m'adopter?»

Mais peut-être que ces jours-là, personne ne l'aurait entendu.

Mondo entrait dans les halls des immeubles, au hasard. Il s'arrêtait pour regarder les boîtes aux lettres vides, et les tableaux d'incendie. Il pressait sur le bouton de la minuterie, et il écoutait un instant le tic-tac, jusqu'à ce que la lumière s'éteigne. Au fond du hall, il y avait les premières marches des escaliers, la rampe de bois ciré, et un grand miroir terne encadré par des statues de plâtre. Mondo avait envie de faire un tour en ascenseur, mais il n'osait pas, parce que c'est défendu de laisser les enfants jouer avec l'ascenseur.

Une jeune femme entrait dans l'immeuble. Elle était belle, avec des cheveux châtains ondulés et une robe claire qui bruissait autour d'elle. Elle sentait bon.

Mondo était sorti de l'encoignure de la porte, et elle avait sursauté.

«Qu'est-ce que tu veux?»

«Est-ce que je peux monter dans l'ascenseur avec vous?»

La jeune femme souriait gentiment.

«Bien sûr, voyons! Viens!»

L'ascenseur bougeait un peu sous les pieds comme un bateau.

«Où est-ce que tu vas?»

«Tout à fait en haut.»

«Au sixième? Moi aussi.»

L'ascenseur montait doucement. Mondo regardait à travers les vitres les plafonds qui reculaient. Les portes vibraient, et à chaque étage on entendait un drôle de claquement. On entendait aussi les câbles siffler dans la cage de l'ascenseur.

«Tu habites ici?»

La jeune femme regardait Mondo avec curiosité.

«Non madame.»

«Tu vas voir des amis?»

«Non madame, je me promène.»

«Ah?»

La jeune femme regardait toujours Mondo. Elle avait de grands yeux calmes et doux, un peu humides. Elle avait ouvert son sac à main et elle avait donné à Mondo un bonbon enveloppé dans du papier transparent.

Mondo regardait les étages passer très lentement.

«C'est haut, comme en avion», disait Mondo.

«Tu es déjà allé en avion?»

«Oh non, madame, pas encore. Ça doit être bien.»

La jeune femme riait un peu.

«Ça va plus vite que l'ascenseur, tu sais!»

«Ça va plus haut aussi!»

«Oui, beaucoup plus haut!»

L'ascenseur était arrivé avec un gémissement, et une secousse. La jeune femme sortait.

«Tu descends?»

«Non», disait Mondo; «je vais retourner en bas tout de suite.»

«Ah oui? Comme tu veux. Pour redescendre, tu appuies sur l'a-vant-dernier bouton, là. Fais attention à ne pas toucher au bouton rouge, c'est la sonnette d'alarme.»

Avant de refermer la porte, elle souriait encore.

«Bon voyage!»

«Au revoir!» disait Mondo.

Le Clézio, J. M. G. (1978-1992). *Mondo et autres histoires*, Paris : Folio Gallimard, n° 1465, p. 35-37.

10 Critiques du roman

Critiques

«[...] une saga, à la fois d'enfance et de vieillesse, à la fois naïve et avertie, à la fois mûre et fabuleusement préservée du cynisme et de l'amertume adulte.»

Christiane Baroche, *La Nouvelle Revue Française*, n° 277, 1976, p. 99.

«[...] *La Vie devant soi* m'a bouleversé par son bonheur amer, sa vérité, son amour de la vie, son désabusement narquois, la justesse de son écriture [...]. Comme tous les bons livres, celui-ci fait rire et pleurer à la fois.»

Jean Freustié, *Le Nouvel Observateur*, n° 567, 1975, p. 74.

«[...] roman [...] de phrases drolatiques, de tournures d'une gaucherie diaboliquement efficaces, de raccourcis foudroyants qui arrache au lecteur – qu'il le veuille ou non – les rires et les larmes.»

Michel Tournier, *Le Vol du vampire*, Paris, Mercure de France, 1981, p. 331.

«Quand Romain écrit *La Vie devant soi*, il pioche dans son vieux vestiaire de charlatan inconsolable. On y trouve une quantité étonnante de personnages affublés d'un nom et de pas grand-chose, porte-parole d'une solitude déguisée en comique bouffon.»

Paul Pavlowitch, *L'Homme que l'on croyait*, Paris, Fayard, 1981, p. 180.

Critiques du film

«Dans le roman d'Émile Ajar, ce sont le langage, l'écriture qui sont producteurs de sens, tant en ce qui concerne les personnages, leur vécu ou leur imaginaire, que leurs relations, les conflits auxquels elles peuvent donner lieu, etc. [...] Le scénario opère une sorte de vulgarisation du livre [...] ce qui est montré est lourdement signifié, que ce soit sur le plan des sentiments (la solidarité sans nuage autour de madame Rosa) ou sur celui de la narration (l'utilisation de la caricature pour traiter l'épisode Kadir). Le film édulcore la violence là où elle aurait pu choquer : celle de Momo.»

Jacques Chevalier, *La Revue du cinéma*, n° 324, 1978, p. 125.

«Lourde tâche que de transposer à l'écran l'atmosphère si particulière du roman [...] les mystérieux rapports affectifs qui lient étroitement l'âme de madame Rosa à celle de Momo. Moshe Mizrahi – transportant l'action à Belleville – semble avoir cherché plutôt à édulcorer tout ce qui pouvait dérouter le public français. »

«[...] Simone Signoret va sauver le film en y apportant sa dimension d'immense artiste. Physiquement imposante, elle contrebalance tout ce que cette autorité impériale pourrait avoir de féroce par une gentillesse, une bonhomie, un amour véritable de l'enfance, de la jeunesse et de la vie si vrais, si intensément ressentis qu'elle nous bouleverse.

[...] Sur le plan spirituel, elle compose cette Israélite fervente – et tolérante!»

Joëlle Monserrat, *Simone Signoret*, Paris, Éd. PAC, 1983 p. 254.

C'est donc avec une subtilité recherchée que Mizrahi impose des concepts sionistes plutôt primaires. De plus, si l'on considère que le personnage-clé du livre d'Ajar était Momo et que dans le film ce rôle revient à madame Rosa, les bonnes intentions anti-racistes de Moshe Mizrahi perdent de leur crédibilité. *La Vie devant soi*, après un excellent début, devient de plus en plus décevant. Les comportements révélateurs sont soulignés par des gros-plans qui se veulent explicatifs. Le langage cinématographique régresse au fur et à mesure à l'illustration pure et simple. Ce sont de grosses unités dramatiques (infarctus suivi de feu sur le rideau, souvenirs du passé succédés de visite du voisin amoureux, etc.) qui traînent la trame jusqu'à un final absolument grotesque où agonie et chandelles s'accompagnent mutuellement vers la mort. Certes, certains raccords sont assez réussis (rappel du décès de la mère de Momo et mort de Virna Lisi sur la table de montage), mais *La Vie devant soi* restera à tous les niveaux un film qui dégage des idées et une sensibilité primaires pour spectateurs primaires à la recherche de mélos rétro.

Léonardo de La Fuente, «La Vie devant soi»,
Cinéma 78, n° 229, 1978, p. 93.

Bibliographie

AJAR, É. (1979). *L'Angoisse du roi Salomon*, Paris : Mercure de France.

BAKHTINE, M. (1978). *Esthétique et théorie du roman*, Paris : Gallimard.

BAROCHE, C. et AJAR, É. (1976). «La Vie devant soi», *La Nouvelle Revue française*, n° 227, p. 98-99.

BEHAR, T. (1995), «Sauver Babelville», *Paris Capitale*, n° 19, p. 56-62.

BERSTEIN, S. et MILZA, P. (éd.) (1983). *Histoire, classe terminale, de 1939 à nos jours*, Paris : Hatier.

BEYALA, C. (1992). *Le Petit Prince de Belleville*, Paris : Albin Michel.

BONA, D. (1987). *Romain Gary*, Paris : Mercure de France, (Pour le Canada : Éditions Lacombe.)

BREMOND, C. (1973). *Logique du récit*, Paris : Seuil.

CASTILLO, M. del (1957-1974). *Tanguy*, Paris : J'ai lu, n° 165.

CATONNÉ, J.-M. (1990). *Romain Gary/Émile Ajar*, Paris : Belfond.

CHEVALIER, J. (1978). «La Vie devant soi», *La Revue du cinéma*, n° 324, p. 125.

CLUNY, C. M. (1975). «Au Mercure de France, *La Vie devant soi* par Émile Ajar», *Le Magazine littéraire*, n° 106, p. 32.

Coran (Le) (1929). Paris : Payot.

COT, J. A., et PELLET, A. (éd.) (1991). *La Charte des Nations Unies, Commentaire article par article*, Paris : Éditions Économica.

DE BEAUVOIR, S. (1963). *La Force des choses*, Paris : Gallimard.

DE FONTETTE, F. (1988). *Histoire de l'antisémitisme*, Paris : Presses Universitaires de France, «Que sais-je?» n° 2039.

DE LA FUENTE, L. (1978). «La Vie devant soi, Mélorétro pour sinistres», *Cinéma 78*, n° 229, p. 92-93.

DE MONT-VALLON, J. B. (1995). «M. Chirac reconnaît la "faute collective" commise envers les Juifs», *Le Monde*, 18 juillet, n° 15699, p. 6.

État du monde (L') (1995). Paris/Montréal : Éditions La Découverte/ Éditions du Boréal.

FREUSTIÉ, J. (1975). «Le Gamin et la monstresse», *Le Nouvel Observateur*, n° 567, p. 74.

GARY, R. (1949). *Le Grand Vestiaire*, Paris : Gallimard.

GARY, R. (1960-1980). *La Promesse de l'aube*, Édition définitive, Paris : Gallimard.

GARY, R. (1967). *La Danse de Gengis Cohn*, Paris : Gallimard.

GARY, R. (1979-1990). *Les Clowns lyriques*, Paris : Folio Gallimard, n° 2084.

GARY, R. (1980-1990). *Les Cerfs-volants*, Paris : Folio Gallimard, n° 1467.

GARY, R. (1981). *Vie et mort d'Émile Ajar*, Paris : Gallimard.

GASSAMA, M. (1978). *Kuna : interrogation sur la littérature nègre de la langue française (poésie-roman)*, Dakar-Abidjan : Les Nouvelles Éditions africaines.

GENETTE, G. (1972). *Figures III*, Paris : Éditions du Seuil.

GRIMAL, H. (1965). *La Décolonisation 1919-1963*, Paris : Armand Colin, collection «U».

HEINEMANN, J. (1984). *La prière juive*, Lyon : Les Cahiers de l'Institut catholique de Lyon, n° 13.

Histoire (L'). (1995). «Auschwitz 1945, La révélation», dossier.

Historia. (1995). «Les Camps de la mort», numéro spécial, n° 34.

HUGO, V. (1853-1967). «L'Expiation», *Les Châtiments*, Paris : Gallimard, «Bibliothèque de la Pléiade», Œuvres poétiques, tome II.

HUGO, V. (1862-1959). *Les Misérables*, Lausanne : Éditions Rencontre, tome VI.

HUSTON, N. (1995). *Tombeau de Romain Gary*, Montréal : Leméac/Actes Sud.

JARQUE, A. (1990). *L'Ironie et l'humour dans l'œuvre de Romain Gary et d'Émile Ajar*. Mémoire de maîtrise, Université de Montréal, Faculté des études supérieures/Faculté des arts et des sciences.

KAÏDI, L. (1995). *L'islam*, Paris : Hachette, collection «Qui? Quand? Quoi?».

LALANDE, B. (1981). «Ajar, Pour une lecture de *La Vie devant soi*», *Le Français dans le monde*, n° 158, p. 37-40 et 57-59.

LECLERCQ, P.-R. (1988). «Les deux morts de Romain Gary», *Le Magazine littéraire*, n° 256, p. 61-62.

LOUYOT, A. (1995). *La Palestine*, Paris : Hachette, collection «Qui? Quand? Quoi?».

LE CLÉZIO, J. M. G. (1978-1992). *Mondo et les autres histoires*, n° 1365, Paris : Gallimard.

MAIRIE DE PARIS. (1992). *Le Temps des rafles*, Paris : Mairie de Paris.

MARSEILLE, J. et LANEYIRE-DAGEN, N. (éd.) (1992). *Les Grands Événements de l'histoire du monde*. Paris : Larousse, collection «La mémoire de l'humanité».

MONIQUET, C. (1989). *Histoire des Juifs soviétiques, 1948-1988*, Paris : Olivier Orban.

MONSERRAT, J. (1983). *Simone Signoret*, Paris : Éditions PAC, p. 254.

MOREAU, J. A. (1975). «Le Langage devant soi», *Critique*, tome XXX, n° 342, p. 1197-1199.

MORIN, E. (dir.) (1969). *La Rumeur d'Orléans*, Paris : Éditions du Seuil.

PASSEGUE, A. *et al.* (1986). *Les Grandes Fêtes des religions*, Paris : Éditions du Pélican.

PAVLOWITCH, P. (1981). *L'homme que l'on croyait*, Paris : Fayard.

SIPRIOT, P. (dir.) (1988). *Montherlant et le suicide*, s.l. : Éditions du Rocher.

TOURNIER, M. (1981). *Le Vol du vampire, Notes de lecture*, Paris : Mercure de France.

TOURNIER, M. (1985). *La Goutte d'or*, Paris : Gallimard.

VINAY, A.-P. (1995). «L'insoutenable univers des femmes et des enfants», *Historia*, n° 34, p. 60-65.

ZBOROWSKI, N., et HERZOG, E. (1952-1992). *Olam. Dans le Shtetl d'Europe centrale avant la Shoah*, Paris : Plon, collection «Terre humaine».

ZEGHIDOUR, S. (1990). *50 mots. l'Islam*, Paris : Desclée de Brouwer.

Dans la même collection